IN DE GREE

Henri van der Zee

In de greep van de Octopus

De mafia-terreur in Italië

Uitgeverij BZZTôH,
's-Gravenhage, 1993

Foto omslag: Hollandse Hoogte / Jos Lammers
Ontwerp omslag: Studio Tint
Zetwerk: No lo sé prod.
Drukwerk: Tulp, Zwolle
Bindwerk: Pfaff, Woerden

ISBN 90 6291 820 4

CIP-GEGEVENS KONINKLIJKE BIBLIOTHEEK, DEN HAAG

Zee, Henri van der

In de greep van de Octopus : de mafia-terreur in Italië / Henri van der Zee. – 's-Gravenhage : BZZTôH
ISBN 90-6291-820-4
NUGI 641
Trefw.: mafia ; Italië.

Introductie

Als ik dit boek een jaar eerder had geschreven, was het werk heel simpel geweest. De mafia werd toen gezien als een criminele organisatie, wier hoofdkwartier zich op Sicilië bevond en die als een octopus van daaruit haar walgelijke tentakels over Europa en tot in de VS uitstrekte.
Af en toe kwam Cosa Nostra in het nieuws door een spectaculaire moord, maar daarmee was het vrijwel afgelopen. Een beetje meewarig volgde men in de rest van Europa hoe de Italiaanse autoriteiten in totale machteloosheid probeerden het monster te temmen.
Nu, een jaar later, is de situatie volkomen veranderd. De moord op twee populaire rechters, Giovanni Falcone en Paolo Borsellino, heeft niet alleen Italië diep geschokt, maar de hele wereld ontsteld. Nog nooit werd in zo'n korte tijd zo duidelijk gemaakt wat voor een soort mensen mafiosi eigenlijk zijn: meedogenloze moordenaars, die alles zullen vernietigen dat hen kan hinderen in hun criminele arbeid.
De verbijsterende onthullingen van de 'pentiti', de spijtoptanten of 'verraders' van Cosa Nostra, die vooral in 1992 en masse naar voren zijn gekomen, hebben deze gevaarlijke kant van de Octopus nog eens onderstreept.
In Italië hebben de recente ontwikkelingen inmiddels tot een ingrijpende actie en reactie geleid. Men kan geen krant meer openslaan of men wordt geconfronteerd met nieuwe en vaak verbazingwekkende onthullingen van de 'pentiti' en/of drastische maatregelen van de regering.
'Voor de eerste maal heeft iedereen het gevoel dat de autoriteiten dezelfde weg volgen en besloten hebben Cosa Nostra daadwerkelijk te vernietigen,' zo verklaarde de voorzitter van de antimafia-commissie Luciano Violante tijdens het congres 'Mafia che fare' dat in december 1992 in Palermo werd gehouden.
De snelheid waarmee nu plotseling alles gebeurt, maakt echter het risico heel groot dat de feiten alweer achterhaald zijn wanneer dit boek wordt gepubliceerd. Zo verzekerde de minister van Binnenlandse Zaken, Nicola Mancino, op het congres in Palermo dat mafia-'boss' Totò Riina 'grijpbaar' was. Volgens hem had de politie de nodige middelen daartoe. Een grimmige politiecommissaris Vincenzo Parisi bevestigde ietwat voorzichtiger dat de arrestatie van Riina

inderdaad 'een doel is dat binnen een redelijke tijd bereikt kan worden'. Nog geen maand later, juist toen dit boek ter perse zou gaan, werd bekend dat 'de nodige middelen' hadden gewerkt en dat Riina was gearresteerd.

Niet alleen de snelheid waarmee alles nu geschiedt, is een probleem voor een journalistieke geschiedschrijving van de mafia, ook de hoeveelheid van het materiaal. Ik heb mij daarom zoveel mogelijk geconcentreerd op de mafia zoals zij door de Italianen wordt gezien, dus als een Siciliaans fenomeen. Hierdoor zijn haar sinistere 'zustermaatschappijen', de Napolitaanse Camorra, de Calabrese 'Ndrangheta en de Pugliëse Sacra Corona in de verdrukking gekomen. Een troost voor deze onvolledigheid is evenwel dat volgens de laatste 'pentiti' deze organisaties in feite niet bestaan en gewoon deel uitmaken van de mafia.

Ook komt Cosa Nostra in de Verenigde Staten slechts sporadisch ter sprake. De geschiedenis van deze 'zusteronderneming' is op zichzelf te fascinerend en veelomvattend om deze in dit boek de tweede viool te laten spelen. Bovendien zijn de relaties tussen de twee mafia's over het algemeen niet zo nauw geweest.

Zelfs bij het geschiedschrijven van de mafia op Sicilië is volledigheid uitermate moeilijk. De Octopus heeft zijn tentakels inderdaad overal ingestoken. Dit is gebleken uit recente onthullingen over zijn contacten met de vrijmetselarij. Belangrijke personen zoals de bandiet Salvatore Giuliano en de bankiers Michele Sindona en Roberto Calvi zijn echter randfiguren geweest in de geschiedenis van Cosa Nostra, en komen daarom helaas slechts oppervlakkig ter sprake.

Ten slotte wil ik bekennen dat ik voor dit boek, afgezien van mijn eigen ervaringen en gesprekken, voornamelijk gebruik heb gemaakt van secundaire bronnen. Deze heb ik zo vaak mogelijk in het boek aangeduid. Ik bedank hierbij de collega's wier woorden ik heb gebruikt en bied mijn excuses aan indien ik enkelen van hen heb gepasseerd.

Rome, januari 1993

Inhoudsopgave

Voor Barbara en Bibi

I - De Octopus in de val

Vrijdagochtend 15 januari 1993, half negen, spitsuur in Palermo. Over de drukke Via Leonardo da Vinci kruipt een grijze Citroën ZX heel langzaam met het verkeer mee in de richting van de ringweg, de Viale Regione Siciliana.
De chauffeur en zijn passagier, een korte gedrongen man, hebben geen oog voor hun omgeving en zijn druk in gesprek. Geschrokken kijken zij op terwijl ze, aangekomen op de rotonde vlak voor het Motel Agip, in hun Citroën plotseling worden geblokkeerd door twee auto's. In een oogwenk zijn ze omsingeld door twaalf man met revolvers in de hand.
'We openden snel de deuren en trokken de twee mannen naar buiten,' vertelde later 'Ultimo', de jonge carabinieri-officier die de operatie had geleid. 'Ze hebben geen tijd gehad om ook maar iets te zeggen, want we vertelden ze op de weg te gaan liggen, met het gezicht naar beneden.'
Terwijl voorbijgangers verbaasd toekeken, werd het tweetal in een snel toeschietende auto geschoven, die met gillende sirenes naar de dichtstbijzijnde kazerne Bonsignore reed. Zonder enige plichtpleging de kleine man vasthoudend aan de groene sjaal rond zijn nek, sleepte 'Ultimo' hem daar weer uit de auto en meteen de kamer binnen van kolonel Mario Mori.
'Jij bent Totò Riina,' vertelde deze de bejaarde arrestant, gestoken in bruin ribfluweel. Er kwam geen reactie. De man met het hoofd van een onschuldige landbouwer keek de militair onbewogen aan. Pas nadat deze de vraag nog twee maal had herhaald, knikte hij bevestigend.
'Ja, dat ben ik. Roep een advocaat, mijn advocaat.' En met vermoeide stem voegde hij eraan toe: 'Bravo. Complimenti.'
Mori kon een zucht van opluchting niet onderdrukken. 'Operazione Belva', Operatie Roofdier, was geslaagd. De carabinieri hadden geschiedenis gemaakt. Op vrijdag 15 januari 1993 kwam er na 23 jaar, zes maanden en acht dagen een einde aan de jacht op de meest gezochte misdadiger van Italië, mafia-'boss' 'numero uno', de 62-jarige Salvatore 'Totò' Riina. De 'padrino' van de beruchte clan der Corleonesi en de dictator van de Cupola, de 'raad van bestuur' van de mafia, was in de val gelopen. Een beslissing, nog geen jaar eerder genomen, was hem funest geworden.

Het was mafia-'boss' Leonardo 'Narduzzu' Messina die de Italiaanse autoriteiten voor het eerst vertelde hoe Riina en zijn trawanten in februari 1992 de terroristische strategie hadden uitgewerkt, die moest leiden naar de totale zege van de mafia, maar die in plaats daarvan het begin van het einde inluidde voor de 'capo di tutti i capi'.
Messina ontdekte dit volkomen bij toeval toen hij, op bezoek in Enna, besloot even binnen te wippen bij zijn advocaat Raffaele Bevilacqua. In tegenstelling tot andere malen was hij heel duidelijk niet welkom en ook enkele mafiavrienden, die bij de advocaat op bezoek waren, reageerden gespannen en vreemd.
Messina, een doorgewinterde mafioso en eveneens een informateur van de Italiaanse contraspionage, de Sisde, was ervan overtuigd dat men iets probeerde te verbergen voor hem. Hij wist heel goed dat Bevilacqua als christen-democratisch raadslid van Enna en als lid van de plaatselijke commissie van Cosa Nostra al jaren een dubbelspel speelde en was uiteraard nieuwsgierig naar wat deze nu uitspookte. Na wat aandringen vertelde de advocaat hem dat hij bezig was een bijeenkomst voor te bereiden van de Cupola.
Narduzzu wist genoeg. 'Als alle "mammasantissime" bij elkaar komen, is dat niet voor niets,' zo vertelde hij Gianni Tinebra, de procureur van Caltanissetta, toen hij enkele maanden later als 'pentito' zijn verhaal deed. En als Riina, sinds 1969 voortvluchtig, erbij was, moest het wel heel bijzonder zijn.
Messina vond het intrigerend genoeg om, tegen het gebruik in, zijn contact bij de Sisde te waarschuwen dat hij iets belangrijks had te vertellen. De man kwam niet opdagen en liet Messina weten dat als er afspraken gemaakt moesten worden, hij die wel zou regelen. 'Dat was erg jammer,' merkte Messina later droogjes op, 'we hadden heel wat levens kunnen redden.'
Wat er precies besloten was op die topconferentie begon namelijk op 12 maart enigszins duidelijk te worden. Op die dag werd in Mondello, niet ver van Palermo, Salvo Lima vermoord. Deze 64-jarige christen-democratische Europarlementariër was niet alleen lange tijd burgemeester geweest van Palermo, hij had bovendien als proconsul van de politieke veteraan van Italië, Giulio Andreotti, garant gestaan voor een vreedzame coëxistentie van mafia en politici.
Pas op 23 mei en 18 juli drong het tot Messina door dat de

bijeenkomst van de 'bloedraad' veel belangrijker was geweest dan hij had kunnen vermoeden. Op die dag vermoordde 'la Piovra', de Octopus, moeiteloos eerst Giovanni Falcone en vervolgens Paolo Borsellino, de twee Palermitaanse magistraten die in de jaren tachtig met hun befaamde antimafia-'pool' de schrik waren geweest van alle mafiosi.
De Cupola had kennelijk besloten de Italiaanse staat een lesje te leren. Giuseppe Ayala, die jaren met het tweetal had samengewerkt maar de politiek was ingegaan om republikeins kamerlid te worden, beschreef het als een boodschap van Cosa Nostra. 'Deze wil hiermee aantonen hoe sterk ze is en dat ze kan doen wat ze wil. Ze wil vooral vergeten en met rust gelaten worden.'
Het dreigement zou tot voor kort gewerkt hebben, maar deze maal reageerden de Italianen anders dan voorheen. Woedend over de dood van twee populaire rechters, Falcone's vrouw Francesca en acht politieagenten, onder wie een vrouw, gingen zij de straat op en dwongen de regering tot actie. De Octopus had te ver gereikt.

De moord op Lima was voor de Italianen een raadsel. Ruim 35 jaar lang had deze geslepen politicus een dubbelrol gespeeld. Achter een masker van christen-democratisch burgerfatsoen onderhield deze zoon van een mafia-'boss' zelf ook zeer nauwe relaties met de 'vrienden' van zijn vader.
Niet alleen had Lima in de acht jaren dat hij burgemeester van Palermo was de mafia in de kaart gespeeld door het verstrekken van bouwvergunningen, met rampzalige gevolgen voor de stad, bovendien droeg hij dank zij zijn contacten 180.000 mafia-stemmen aan voor de Democrazia Cristiana. Al in 1976 werd hij 149 maal in een rapport van de parlementaire antimafia-commissie genoemd als een persoon met verdachte contacten en in een rapport van 1988 besteedde de commissie liefst 34 pagina's aan deze ogenschijnlijk zo degelijke vader van twee kinderen.
Zijn mafiose reputatie heeft hem echter niet kunnen redden. Terwijl hij op donderdagochtend 12 maart met twee vrienden op weg was naar een bijeenkomst waar onder andere het menu moest worden samengesteld, bedoeld voor een komend bezoek van Andreotti, doken bij een stoplicht twee motorrijders op, onherkenbaar dank zij hun helmen. Nog voordat zij begonnen te schieten, probeerde Lima uit

de auto te duiken, maar het was vergeefs. Nadat eerst zijn jas bleef haken en hij daarna uitgleed, was zijn executie voor de twee moordenaars een peuleschil. Een schot in zijn nek velde hem.
De moord op Lima maakte in Italië over het algemeen geen grote indruk. Algemene verkiezingen stonden voor de deur en in die omstandigheden was de begrafenis van een verdacht politicus een onwelkome gebeurtenis. Volgens velen was bovendien zijn dood die van een man die voor de mafia had gewerkt en door deze was afgedankt. Hij zou geen nut meer hebben gehad als bemiddelaar met Rome aangezien zijn 'patroon' Andreotti op een zijspoor was gezet.
Uiteindelijk was deze de enige die zijn 'vazal' na zijn dood verdedigde tegen de beschuldiging mafioso te zijn, en was hij ook de enige belangrijke politicus die de kerkdienst in Palermo bijwoonde. De rest van de christen-democraten gaf er de voorkeur aan de moord snel te vergeten. Het zag er dan ook naar uit dat de Cupola haar zin kreeg en met rust gelaten zou worden. Een psychologische misgreep midden 1992 maakte echter een einde aan deze hoop.

Op zaterdag 23 mei, even voor zes uur, jakkerde een Fiat Croma over de autoweg van het vliegveld Punta Raisi naar Palermo. In de geblindeerde wagen zaten Giovanni Falcone, 53 jaar, zijn vrouw Francesca Morvillo en de chauffeur. Het drietal werd voorafgegaan en gevolgd door twee politiewagens. De helikopter, die tot voor kort de rechter had geschaduwd, ontbrak deze maal.
Zoals wel vaker zat de magistraat zelf achter het stuur, maar zijn gedachten waren elders. Toen de chauffeur, die achterin zat, ter hoogte van het dorp Capaci vroeg of hij later het contactsleuteltje kon hebben zodat hij maandag het paar kon komen ophalen, trok Falcone de sleutel ter plaatse uit het slot.
'De auto begon te slingeren en ik vroeg hem angstig wat hij deed,' zo vertelde de chauffeur later. Zich excuserend stopte Falcone het contactsleuteltje weer haastig terug in het slot. Precies op dat moment - het was 17.58 uur - drukte iemand in de buurt op een knop en explodeerde zeshonderd kilo trotyl. De voorste politiewagen werd door de luchtdruk honderd meter verder in een boomgaard geslingerd, terwijl Falcone's eigen wagen zwaar beschadigd onder het zand

werd bedolven. Rondom was alles totaal vernietigd en naar later bleek waren er in vier auto's, die net passeerden, ook nog acht gewonden.
Een doodse stilte volgde op het oorverdovende geweld, uiteindelijk verbroken door andere automobilisten, die toeschoten. De politiemannen in de volgauto, die erin slaagden Falcone en Francesca uit hun Fiat te halen, ontdekten dat beiden zwaar gewond maar nog steeds in leven waren.
De hoop dat zij het zouden overleven, werd echter al snel vernietigd. Bij aankomst in het ziekenhuis te Palermo bleek Falcone overleden te zijn. Francesca, die half-bewusteloos toch nog vroeg hoe het met Giovanni was, werd haastig naar de operatiekamer gereden. Drie uur later stierf zij op de operatietafel. De chauffeur, zwaar gewond, overleefde de explosie, maar de drie agenten van Falcone's lijfwacht in de voorste wagen waren op slag gedood.
'Het was een aanslag in Libanese stijl,' merkte een politieman later op. 'De lading, die in waterpijpen onder de weg was aangebracht, heeft een krater van vier meter diepte en met een doorsnee van vijftig meter in de weg geslagen.'
Falcone had een dergelijke aanslag al jarenlang verwacht. Zelfs nadat hij in 1991 Palermo, waar hij jarenlang de vaandeldrager was geweest in de strijd tegen de mafia, had verlaten om in Rome directeur-generaal van strafzaken te worden, wist hij dat de mafia hen niet had vergeven en niet was vergeten.
'De afrekening moet nog komen,' zo vertelde hij dikwijls in interviews, 'en die komt alleen met mijn dood.' Op 23 mei was het zover. Het feit dat de Falcone's in een speciaal toestel van de Italiaanse geheime dienst reisden, maakte voor de Cupola niets uit. Zij had - zo ontdekte men later - een 'mol' in het Ministerie van Defensie te Rome, die de moordenaars een seintje had gegeven.
Voor de Italianen was zijn dood een tragedie en voor zijn begrafenis liepen duizenden Sicilianen in de stromende regen voor de basiliek van San Domingo te hoop. In de kerk zelf heerste een enorme spanning, maar de situatie werd gered door Rosaria Schifani, de weduwe van een der politiemannen. Het emotionele beroep van deze Siciliaanse op de mafiosi om hun misdadige activiteiten op te geven en op hun knieën vergiffenis te vragen, ontroerde niet alleen heel Italië, maar had ook andere consequenties. Enkele mafiosi kwamen tot de conclusie dat ze genoeg hadden van al het geweld.

Overheerste bij de begrafenis van Falcone in Palermo het grote verdriet, nog geen twee maanden later was de stemming er een van woede. Op 19 juli slaagde de mafia er namelijk in ook de zwakke plek in de bescherming rond de 52-jarige rechter Paolo Borsellino te vinden. Terwijl deze op die zondagmiddag om vijf minuten voor vijf, omringd door zijn lijfwachten, van zijn auto naar de voordeur van zijn moeder wandelde voor zijn gebruikelijke bezoek, drukte een man, verstopt in een flat aan de overkant in de Via Mariano d'Amelio, op een knop. Een kleine Fiat, die de politie om onverklaarbare redenen niet had gecontroleerd, vloog voor het flatgebouw de lucht in.

Zo luid was de explosie, veroorzaakt door tachtig kilo springstof, dat zij tot kilometers in de omtrek te horen was. Zij doodde niet alleen Borsellino, wiens rechterarm meters verder werd gevonden, maar ook de vier politiemannen en de ene agente die hem moesten beschermen. In de straat, bezaaid met glas, raakten achttien personen gewond, terwijl talloze huizen en auto's zwaar beschadigd werden.

Net als Falcone had Borsellino geweten dat de mafia op de loer lag. 'Het is afgelopen,' zei hij acht weken voor zijn dood, staande bij de kist van Falcone. Desondanks stortte de jurist zich op zijn werk en nu zijn vriend dood was, bereidde hij zich erop voor de pas gecreëerde taak van superprocureur, de nationale aanklager in mafia-zaken, op zich te nemen.

Dat Borsellino niet helemaal geloofde in deze toekomst bleek uit enkele opmerkingen, kort voor zijn dood gemaakt. 'Ik heb niet veel tijd meer,' zei hij tegen een collega en enkele uren voor de aanslag vertelde hij een vriend: 'Ook voor mij is het trotyl gearriveerd.'

In tegenstelling tot Falcone's familie wilden de Borsellino's geen staatsbegrafenis voor de procureur. Zijn vrouw en drie kinderen wensten niet mee te doen aan de maskerade, al te goed wetend dat diegenen, die hun man en vader jarenlang dwars gezeten hadden, op de voorste rij zouden zitten.

De vijf lijfwachten werden wel met alle eer begraven, maar het scheelde weinig of het was op een opstand uitgelopen. Voor de Sicilianen waren deze moorden een totale nederlaag van de autoriteiten, die er zelfs niet in slaagden degenen te beschermen die de mafia te lijf gingen. Zij reageerden navenant. Ministers en hoge politiefunctionarissen wer-

den met gejouw, gefluit en met muntjes ontvangen en zij moesten de dienst via een achterdeur verlaten om erger geweld te voorkomen.
Oscar Luigi Scalfaro, na de dood van Falcone haastig in de zestiende ronde tot president van Italië gekozen, verzuchtte: 'Wee ons, tegenover ons geweten, als we niet reageren op deze barbaarsheden.' En een krant waarschuwde: 'Met Falcone's dood waren er tranen, met die van Borsellino vuisten, met een derde dood is er revolutie.'

Hoe verschrikkelijk vooral deze laatste twee moorden ook zijn geweest, ze hadden ook een positief aspect. Toen in 1979 een andere bekende Palermitaanse rechter, Cesare Terranova, vermoord werd, verscheen er slechts een tiental personen op zijn begrafenis en zeker geen ministers. In Italië was men niet geïnteresseerd en op Sicilië was men bang. Ruim een jaar later, toen mafia-peetvader Stefano Bontade met een kalashnikov werd vermoord, waren er duizenden Sicilianen op de been voor de begrafenis en was de door acht zwarte paarden getrokken koets bedolven onder de bloemen.
Dat zou nu niet meer kunnen. Cosa Nostra is voor de Sicilianen niet langer een gerespecteerde organisatie van 'uomini d'onore', geleid door wijze 'peetvaders', aan wie men om advies vraagt en die met strenge, maar rechtvaardige hand de orde handhaven omdat de regering daar niet toe in staat is. Ook de meeste Sicilianen zijn er nu van doordrongen dat Cosa Nostra een groot gevaar is. Vooral de moord op de twee rechters heeft duidelijk gemaakt dat de mafia een kwade kracht is, die als een octopus erop uit is de mensheid in zijn greep te krijgen en te wurgen.
Voor de mafia had de executie van de twee magistraten en hun escorte in opdracht van Riina en de Cupola een boemerang-effect. Diep geschokt door deze gruwelijke daad en gedwongen door de publieke opinie mobiliseerde de regering in Rome eindelijk alle mogelijke krachten in de strijd tegen Cosa Nostra en verdween Totò Riina achter de tralies.
'Giovanni en Paolo,' aldus een collega van hen in Palermo, 'zijn niet vergeefs gestorven.'

II - 'Capo di tutti i capi'

Corleone, ruim vijftig kilometer van Palermo, is op het eerste gezicht geen onaantrekkelijk stadje. Gedomineerd door een scheve rots, waarop een vervallen gevangenis staat die door franciscaner monniken is gekraakt, tonen de straatjes een levendige mengeling van oud en nieuw. In het hart van de stad staat tegenover een kleurige bloemenkraam een modern beeld van Sint Franciscus met zijn armen gespreid in een gebaar van welkom of wanhoop.
Terwijl oude mannetjes op de muur langs het park het laatste nieuws bespreken, wordt overal gehamerd en gegraven. Enkele grote borden herinneren veelzeggend aan de aardbeving die in 1968 het stadje teisterde en die nu deze activiteiten - zij het wat vertraagd - noodzakelijk maakt.
Ook al heeft het niet veel meer weg van het 'grauwe en lelijke stadje zonder bloemen, maar vol vuil', waarover Gaya Servadio in de jaren zeventig schreef in haar boek over de mafia, er is ook weinig gelijkenis met het beeld dat de film 'The Godfather' gaf met zijn dansende meisjes en gezellige tavernes. Het enige dat daaraan herinnert, is een bar in het centrum, die de naam van de film draagt.
Hoewel dit rommelige stadje met zijn twaalfduizend inwoners en ruim duizend werkelozen weinig verschilt van honderden andere op Sicilië, is het geen toeval dat schrijver Mario Puzo de naam van Corleone koos voor de mafia-familie in zijn boek. Zeker niet vanwege de herkomst van de naam Corleone, Leeuwenhart, maar eerder omdat het stadje generaties lang de reputatie heeft gehad het hoofdkwartier te zijn van de machtigste mafia-clan op Sicilië, die der Corleonesi.
Dat deze 'cosca' het zover heeft geschopt is vooral te danken aan de reeks van meedogenloze en slimme 'capi dei capi', van wie de laatste een goed voorbeeld is. Salvatore Riina, die volgens sommige bronnen op 3 en volgens andere op 16 november 1930 werd geboren en die erin slaagde zich 23 jaar lang voor de politie te verbergen, tot 15 januari 1993, is volgens de vroegere mafia-'boss' Tommaso Buscetta niet alleen uitermate wreed, maar ook heel intelligent.
Nino Calderone, een spijtoptant, beschrijft hem als iemand die, net als zijn voorgangers in de Corleone-familie, volkomen onontwikkeld, maar slim en duivelsachtig is.

'Totò Riina wist werkelijk niets, maar had intuïtie,' vertelde Calderone de mafia-socioloog Pino Arlacchi. 'Hij was iemand die snel leerde. Hij was moeilijk vast te leggen en had iets van een wild beest.'

Giuseppe Marchese, die jarenlang voor Riina werkte totdat hij besloot dat deze onbetrouwbaar was en hem in de steek liet juist toen Riina hem nodig had, vertelde de politie dat zijn vroegere baas hem als het ware kon beheksen. 'Hij heeft zo'n macht over je, zo'n overredingsgave, dat je zelfs je broer voor hem zou doden,' aldus Marchese.

Volgens zijn werkboekje, dat in de zomer van 1992 bij een razzia in Corleone in het huis van zijn zuster werd gevonden en dat uit de jaren vijftig dateert, was Totò toen een dagloner en analfabeet. Het pleit zeker voor zijn intelligentie dat deze zelfde man volgens welingelichte bronnen sinds Kerstmis 1991 de vertegenwoordiger was geworden van de commissie die de internationale mafia verenigt, een wereld-Cupola dus.

Vrijwel zeker was deze positie voor een groot deel te danken aan de stijl die Riina zich had aangemeten. Als iemands uiterlijk bedrieglijk is, is het dat van deze 'boss'. Hij heeft ontegenzeglijk autoriteit, maar kon ondanks zijn reputatie van een wrede en bloeddorstige leider zich eveneens voordoen als een aardige oom, de 'Zio Totuccio' van vele mafiosi.

Dat was de eerste indruk die hij maakte toen hij in januari werd gearresteerd. Een bedaarde man die, in tegenstelling tot vele mafiosi, niets flamboyants had en eerder een trieste indruk maakte. 'Hij lijkt meer op een boertje van buiten dan op een bloeddorstige dictator,' schreef de Italiaanse journalist Attilio Bolzoni. Maar zijn ogen, waarvan het rechter een witte vlek nabij de pupil heeft, maakten duidelijk dat deze man niet zomaar iemand was. 'Ze hebben iets hypnotisch,' merkte een magistraat op, die hem had ontmoet.

Riina hoefde dan ook nooit zijn stem te verheffen om iets gedaan te krijgen. 'Zijn toon is zelfs kalmerend en bezwerend wanneer hij een moord organiseert,' aldus een 'pentito'. Marchese gaf een heel goede beschrijving van hem toen hij de antimafia-commissie op 8 januari 1993 vertelde: 'Als je Riina ziet en als je met hem praat, lijkt hij een goede man te zijn. Hij is zachtaardig, zorgzaam. Maar Totò is in realiteit als een appel, rood en mooi van buiten, maar van binnen rot en vol wurmen.'

Gaspare Mutolo, die een cel met Riina deelde toen deze tussen 1964 en 1969 voor de enige keer in zijn leven gevangen zat, vertelde: 'Ik merkte al snel dat hij belangrijk was, want de andere gevangenen stonden in de rij om hem te begroeten.' Mutolo bracht zijn tijd in de cel door met tegen Riina te dammen. 'Ik haalde allerlei trucs uit om maar niet van hem te winnen.' Hij werd daarvoor in 1970 beloond met een baan als Riina's chauffeur.
'Hij is een god of een duivel,' zei eens een opstandige mafia-leider in Palermo over de 'big boss'. 'Je ziet hem nooit, maar je voelt hem overal.' En daarmee sloeg deze man, die kort daarna spoorloos verdween en naar men aanneemt door de Corleonesi werd vermoord, de spijker op de kop. De vraag die heel Italië zich stelt, is namelijk hoe Riina erin geslaagd is sinds 7 juli 1969 uit de handen van de politie te blijven.
Op die dag verdween de toen 29-jarige boerenzoon uit het dorpje San Giovanni in Persiceto nabij Bologna, waarheen hij was verbannen. Hij was net een maand tevoren wegens gebrek aan bewijs vrijgesproken van de moord op drie mafiose concurrenten, maar mocht nog niet naar huis terugkeren.
Voor Totò drong de tijd evenwel, want de machtsstrijd over wie eventueel de toenmalige 'capo dei capi', Luciano Leggio, zou opvolgen was in volle gang en de jonge Riina wilde daarbij zijn. Ondanks het verbod zijn verbanningsoord te verlaten, keerde hij naar Sicilië terug en toen Don Luciano in 1974 op raadselachtige wijze in zijn schuilplaats te Milaan werd ontdekt en gearresteerd, stond Totò klaar om - althans voorlopig - als plaatsvervanger op te treden.
Dat was niet zoals Leggio het had gewild. Deze kende zijn pappenheimers en had vanuit de gevangenis aan de Cupola geschreven dat zijn andere luitenant, Bernardo Provenzano, bijgenaamd 'u viddanu', de boerenkinkel, zijn taak moest overnemen. Riina accepteerde deze beslissing ogenschijnlijk, maar keerde enkele maanden later snel terug toen bleek dat Provenzano geen beslissingen kon nemen. Hij nam de leiding over en vanaf dat moment was Provenzano zijn schaduw.
In 1980 nam Riina de macht volkomen over, maar niet zonder een bloedige oorlog gevoerd te hebben tegen de oude garde, welke zeker duizend levens heeft geëist.
Een nieuw tijdperk brak aan. 'De filosofie der Corleonesi

begon nu Cosa Nostra volkomen te overheersen,' vertelde Mutolo later. 'Zij zijn ervan overtuigd dat men alleen een doel kan bereiken met het gebruik maken van angst en dat men zelfs de staat kan conditioneren met behulp van terroristische activiteiten.'

Het resultaat van deze filosofie was al in 1979 voelbaar toen achtereenvolgens een politieman en een politicus werden vermoord, een praktijk die ook in de jaren tachtig werd voortgezet. De mafia had voorgoed gebroken met de traditie alleen elkaar te vermoorden en te proberen de autoriteiten op een andere en minder fatale wijze tot betere gedachten te brengen.

De moorden binnenshuis werden door Riina tegelijkertijd ook met groot enthousiasme voortgezet. 'Hij is een ijskoude man en volkomen berekenend,' vertelde zijn chauffeur. En hij was net zoals criminele leiders als Hitler en Stalin een goede strateeg. 'Hij beperkt zich niet tot het doden van mensen die hem willen vermoorden. Hij maakt voortdurend gebruik van verhalen over samenzweringen tegen hem om mensen uit de tent te lokken die in de weg zouden kunnen staan van zijn dictatuur.' Riina is een man die geen pardon kent.

Dit bleek op Kerstmis 1982. Het was tot dan toe de gewoonte geweest dat Cosa Nostra op die dag die 'uomini d'onore', die in ongenade waren gevallen, amnestie verleende. Riina brak met deze gewoonte en besloot het kerstfeest op zijn eigen wijze te vieren.

Hij nodigde alle 'bosses' uit voor een maaltijd in 'La Favarella', de boerderij van zijn bondgenoot Michele Greco, even buiten Palermo. 'De tafel was rijkelijk gedekt, er was genoeg te eten en te drinken en ook de meest argwanende 'boss', ontspannen door wat wijn en de vriendelijke atmosfeer, liet zich onderuit zakken,' herinnerde Mutolo zich. Na het maal maakten de meesten van hen een wandelingetje of hielden een siësta.

Zijn dutje werd 'boss' Rosario 'Saruzzu' Riccobono van de Pallavicino-clan fataal. 'Ze maakten hem na een tijdje wakker en deden een koord rond zijn nek,' aldus Mutolo. 'Ze waren met z'n drieën en Giuseppe Gambino zei de gebruikelijke woorden: "Saruzzu, jouw verhaal eindigt nu," terwijl ze het koord aanhaalden.'

Dat was het begin van een massale slachtpartij. Overal in de tuin en op de akkers van 'La Favarella' werden de 'soldaten'

van Riccobono opgespoord en afgemaakt, waarna ze in vaten met bijtend zuur werden gegooid om op te lossen.
Riina was daarmee nog niet tevreden. Hij zond zijn mannen Palermo in om jacht te maken op die mensen van de Riccobono-familie, die niet op het feest waren geweest. Sommigen werden thuis aangetroffen, anderen waren bijeen in de populaire mafia-bar 'Singapore Two'.
Een dergelijke nacht der lange messen was tekenend voor Riina, die honderden doodvonnissen heeft getekend en heeft laten uitvoeren. Bij voorkeur voor zijn eigen ogen en vaak zonder een spoor achter te laten.
Gaspare Mutolo gaf in zijn 'biecht' daarvan een goed voorbeeld. In 1981 had Riina de belangrijke 'boss' Salvatore Inzerillo laten vermoorden. Diens broer Santo kwam verhaal halen bij de eerstkomende bijeenkomst van de Cupola. Gesteund door een vriend eiste Santo woedend dat men hem zou vertellen wie de moord had gepleegd.
De commissieleden luisterden wat geïrriteerd naar de opgewonden jongeman en toen deze voor de derde maal met de vuist op tafel sloeg, knikte Riina de anderen toe. Zonder een woord te zeggen stonden zes mannen op en wurgden zowel Santo als zijn vriend. Ze werden daarna uitgekleed, in twee vuilniszakken gestopt en ergens in een put gegooid.

Er bestaat evenwel geen twijfel aan dat Riina's twee belangrijkste slachtoffers Falcone en Borsellino zijn geweest en dat beiden wisten dat ze bovenaan de zwarte lijst van de 'capo' der Corleonesi stonden. Falcone kreeg een eerste waarschuwing in 1989, toen zijn lijfwacht een lading dynamiet onder zijn strandhuisje vond, terwijl in november 1991 een 'pentito' Borsellino vertelde door Riina te zijn aangewezen als de man die hem had moeten vermoorden.
Dat het niet eenvoudig is geweest Riina te pakken te krijgen, is niet verwonderlijk. Er bestond geen signalement van hem en men wist alleen dat hij zijn bijnaam 'u curtu', de korte, te danken had aan zijn lengte van 1,57 meter.
Het feit dat er maar drie foto's bestonden van Riina en dat de laatste dertig jaar geleden op de Piazza San Marco in Venezië werd genomen, maakte de taak hem te vinden niet gemakkelijker. Ook een identikit-foto, die de FBI in november 1992 verkreeg door hem op de laatste foto met behulp van computers te laten verouderen, bleek uiteindelijk weinig gelijkenis te hebben. In plaats van een krachtige man

van even in de zestig, vonden de carabinieri een bejaarde boer met uitgezakte wangen, een warrige franje van haren en de ogen van een man die te veel gezien heeft.
Wat het echter nog moeilijker maakte om hem te vinden, was het feit dat hij vrijwel zeker jarenlang van hogerhand bescherming kreeg. Verschillende 'pentiti' vertelden dat Riina herhaaldelijk gealarmeerd was wanneer politie of carabinieri een overval gingen plegen. Eénmaal werd in een huis behalve een aantal meesmuilende mafiosi heel uitdagend het halflege en nog warme kopje koffie gevonden, dat Riina had moeten laten staan toen hij na een tip de benen had genomen.
Volgens meer dan één 'pentito' zou een van deze bronnen van informatie Bruno Contrada zijn geweest. Dit voormalige hoofd van de mobiele brigade in Palermo, die daarna chef werd van het kabinet van antimafia-prefect De Francesco en ten slotte inspecteur-generaal van de spionagedienst Sisde, werd vlak voor Kerstmis 1992 gearresteerd, verdacht van nauwe contacten met Cosa Nostra.
Een van de mannen die Contrada's naam noemden, was Marchese. Deze onthulde dat hij op een dag in het begin van de jaren tachtig Riina moest ophalen uit zijn huis in San Lorenzo nabij Palermo. 'Mijn oom vertelde mij onmiddellijk naar hem toe te gaan omdat "il dottor Contrada" had laten weten dat de politie het huis van Riina had ontdekt en daar de volgende morgen zou binnenvallen.' Gidsend in zijn Fiat 500 had Marchese de 'boss' en zijn familie in hun Mercedes juist op tijd naar een veiliger oord gebracht.
Aanvankelijk voelde de 'onderduiker' zich zo zeker van zijn beschermers en trok hij zich zo weinig aan van het bevel tot arrestatie dat tegen hem was uitgevaardigd, dat hij zelfs in cafés werd gezien. Marchese vertelde dat Riina toen ook nog vaak in een geblindeerde auto, bewaakt door tot aan de tanden toe bewapende jongens, door Palermo rondreed.
De laatste jaren was daar verandering in gekomen. De Sicilianen kregen een toenemende afkeer van de mafia en dit noodzaakte de 'boss' veel voorzichtiger te zijn. Hij maakte zich zo onzichtbaar dat hij het kort na de moord op Falcone en Borsellino nodig vond zich even te laten gelden. Zonder twijfel in opdracht van Riina maakte zijn advocaat Cristoforo Fileccio in een televisieprogramma de verrassende

opmerking dat hij zijn cliënt geregeld in Palermo had ontmoet en dat deze gezond en wel was.
Uiteraard was dit niet bedoeld om de politie op zijn spoor te brengen, maar als een dubbele waarschuwing. Eén daarvan was bestemd voor de autoriteiten met de intentie deze te laten weten dat hij nog steeds ongestraft zijn gang kon gaan. De andere was bedoeld om de mafia te laten weten dat hij, en niemand anders, nog steeds de baas was.
Het enige dat men zeker van zijn persoonlijke leven weet, is dat hij getrouwd is en vier kinderen heeft. De laatsten zijn gewoon in Palermo in de luxueuze Clinica Noto geboren. Bij de burgerlijke stand staan ze geregistreerd als Maria Concetta, geboren in 1974, Giovanni Francesco, geboren in 1976, Giuseppe Salvatore, geboren in 1977 en de jongste Lucia, geboren op 11 november 1980. Het is echter vooral zijn huwelijk met de mafia-dochter Antonietta 'Ninetta' Bagarella, dat geschiedenis heeft gemaakt.
Ninetta ontmoette Totò in 1957 toen zij dertien jaar oud was en hij al 27. Zij vertelde dit een rechter toen zij in 1971 voor hem moest verschijnen, beschuldigd van mafiose activiteiten. Riina was toen net ontsnapt uit San Giovanni in Persiceto en was in Corleone ondergedoken.
'Ik word vervolgd omdat ik verliefd ben op Salvatore Riina,' riep het meisje in de rechtszaal uit. 'Is het een zonde van iemand te houden?' Ze biechtte op dat ze met Totò wilde trouwen, maar werd ten slotte veroordeeld tot een soort huisarrest in Corleone, waardoor het haar verboden was tussen half acht 's avonds en zeven uur 's morgens het huis te verlaten.
Ninetta hield dit tot 1975 vol om daarna te zamen met Totò voorgoed te verdwijnen. Een jaar tevoren waren ze getrouwd door pastoor Agostino Coppola, die kort daarna in de gevangenis verdween vanwege zijn speciale mafia-relaties.
Dat Totò Riina weinig zin had zijn gezicht te tonen, was begrijpelijk. Hij is onder andere bij het maxiproces van 1968 tot levenslang veroordeeld en is er ook officieel van beschuldigd opdracht gegeven te hebben tot de moord op Falcone en Borsellino en vele anderen. Verder wordt hij beschuldigd van afpersing, brandstichting, marteling, ontvoering en het smokkelen van drugs.
Ondanks de grote geheimzinnigheid die hem omringde, was de kans dat Riina ooit werd gepakt de laatste maanden

aanzienlijk toegenomen. Niet alleen was er een prijs van anderhalf miljoen gulden op zijn hoofd gezet, er waren bovendien de 'pentiti'. Onder de 270 mafiosi die zich bij de politie hadden gemeld, bevonden zich verschillende die nauw met hem hadden samengewerkt en die zijn gewoontes kenden. Niet alleen Mutolo en Marchese waren verbitterd over het verraad van hun baas. Vele anderen, onder wie de man die zijn laatste chauffeur was geweest, de 39-jarige Baldassare Di Maggio, hadden er alles voor over om Riina achter de tralies te krijgen.

III - Het grote raadsel

Corleone liet zich, zoals het een stad met zo'n uitdagende naam als 'Leeuwenhart' betaamt, al vroeg gelden. Toen Palermo in 1282 tegen de Franse bezetters in opstand kwam, sloot Corleone zich als tweede stad bij de opstandelingen aan.
De rebellie was op Paasmaandag in Palermo begonnen, nadat bij een kerk een lichtelijk aangeschoten Franse soldaat een jonge Siciliaanse had lastig gevallen. Haar echtgenoot ontstak in woede en doodde de soldaat ter plaatse, waarna de omstanders zich op diens vrienden wierpen en dezen afslachtten. Juist op dat moment begonnen de klokken voor de vespers te luiden, daarmee de opstand de geschiedenis in sturend als de 'Siciliaanse vespers'.
Nadat in Corleone de bewoners de Franse troepen hadden afgemaakt, verdween het stadje uit het nieuws tot aan het begin van deze eeuw. Corleone werd toen ook betrokken in het verbitterde conflict dat Sicilië rond de eeuwwisseling teisterde: het conflict tussen de straatarme landarbeiders en de 'gabellotti', de mafiose agenten van de afwezige grootgrondbezitters.
Het eerste slachtoffer van de mafia daar was een dagloner, Luciano Nicoletti, volgens de politierapporten een 'onvermoeibare agitator'. Zijn moord werd een jaar later gevolgd door die van dr. Orlando, die aldus de rapporten de kleine boeren had bijgestaan in hun strijd tegen de mafia.
Dit waren mogelijk de eerste manifestaties van de mafia in Corleone, maar het staat vast dat deze criminele organisatie al lang in het stadje aanwezig was, zoals overal in West-Sicilië. Hoewel het woord 'mafia' zelf pas in 1863 voor het eerst werd gebruikt - en pas in 1982 voor het eerst in een Italiaanse wet - is de mafiose mentaliteit van de Sicilianen net zo oud als hun eiland. En gezien hun geschiedenis is dat niet verwonderlijk.
Sicilië, zo strategisch voor handel en oorlog gelegen in het hart van de Middellandse Zee, is door de eeuwen heen door een vijftiental verschillende landen of vorsten bezet en geëxploiteerd geweest. Grieken, Romeinen, Oostgothen, Arabieren en Spanjaarden - om er maar een paar te noemen - hebben er dank zij vaak tirannieke regeringen hun

sporen achtergelaten en het eiland geïsoleerd gehouden van ontwikkelingen in de rest van Europa.
Zo ging het christendom aan Sicilië voorbij en kreeg de islam, waar men een mensenleven op een andere manier beschouwt dan in het christendom, er de kans wortel te schieten. Ook de Italiaanse renaissance bereikte het eiland nooit, maar wel de Spaanse inquisitie met al haar wreedheid. Het resultaat is een volk, dat uit verzet tegen vreemde overheersingen geen enkel respect heeft voor de overheid en dat alleen op zichzelf vertrouwt om zichzelf en zijn zaakjes op niets ontziende wijze te beschermen.
De Siciliaanse mentaliteit wordt misschien nog het best uitgedrukt in een klein rijmpje, dat vele eeuwen oud is.

A liggi e pri ricca
La furca e pri lu poveru
La giustizia pri li fissa.

Hetgeen vrij vertaald wil zeggen dat de wet er is voor de rijken, de galg voor de armen en de justitie voor de gekken.
Geen wonder dat banditisme welig tiert en dat geheimzinnige sekten en bewegingen gemakkelijk een greep op het onderdrukte volk konden krijgen. Een van die sekten was die van de 'Beati Paoli', die zich vanaf de twaalfde eeuw gemaskerd, moordend en stelend door de straten van Palermo bewoog. Hun motto luidde: 'Onze plicht is de zwakken tegen de sterken te beschermen. Om dat te doen hebben we maar één wapen: de terreur; en een middel om effectief te zijn: het mysterie.'
In een massieve roman, geschreven in de negentiende eeuw, wordt deze sekte met haar eigen vorm van 'justitie' zwaar geromantiseerd, maar voor vele jonge Sicilianen, die het boek ook nu nog verslinden - zij het als stripverhaal - zijn de 'Beati Paoli' met hun 'omertà', de zwijgplicht, de voorgangers van de huidige mafia.
Later hebben er verschillende broederschappen bestaan, die elkaar dikwijls te lijf gingen en die van de misdaad leefden, maar hoe ten slotte de mafia met zijn 'cosche', zijn families, tot stand is gekomen, is een groot raadsel gebleven.
Toen het woord 'mafia' in 1863 voor het eerst werd gebruikt, was dit in de titel van het toneelstuk 'I Mafiusi di la Vicaria' van Salvatore Mosca en Giuseppe Rizzotto.
Het woord raakte dadelijk in de mode nadat het stuk, dat het leven van een groep mafiosi in de toen pas gebouwde

Ucciardone-gevangenis in Palermo beschrijft met al hun rites en regels, groot succes had.
De herkomst van het woord 'mafia' is al even onbekend als de origine van de organisatie. Zo is er een onwaarschijnlijke theorie dat het woord dateert uit de tijd der Siciliaanse vespers en dat de letters staan voor 'Morte alla Francia, Italia anela', dood aan Frankrijk, eenheid voor Italië. Even onwaarschijnlijk is de leus 'Mazzini autorizza furti, incendi, avvelementi', hetgeen wil zeggen dat de negentiende-eeuwse revolutionair Mazzini diefstallen, brandstichtingen en vergiftigingen toestond teneinde het Bourbon-regime te ondermijnen.
Andere verklaringen zijn een verbastering van de smeekbede 'Madonna fammi la grazia' of van 'mia figlia' tot 'ma fia'. Sommigen beweren dat het oorspronkelijk een Arabisch woord is geweest en er bestaat dan de keuze tussen 'maha', grot, 'mahias', opschepper, en 'mahfal', bijeenkomst van vele personen.
De meest aanvaardbare uitleg is dat het woord afkomstig is uit de volksbuurt Borgo van Palermo, waar men bijvoorbeeld sprak over iets dat 'mafioso' was, meestal gebruikt voor lekker, knap, maar ook onafhankelijk.
Op 10 augustus 1965 werd het woord officieel gedoopt in een proces-verbaal van een politieman in Carini. Deze beschuldigde op die dag een arrestant ervan 'medeplichtig te zijn aan een mafioos misdrijf'.
Negen jaar later drong het woord ook door tot regeringskringen. In 1874, veertien jaar nadat Sicilië door Garibaldi van de Bourbons was bevrijd en met Italië was verenigd onder de vlag van de Savoye-familie uit Turijn, wilde men daar wel eens weten wat er zich op dat verre eiland afspeelde. Het resultaat waren verscheidene rapporten, waarin de 'maffia' - met dubbel f geschreven - er allerminst goed vanaf kwam.
'De maffia dringt door in alle lagen van de samenleving,' zo begint een verslag. Een ander legt verband tussen mafia en politiek. 'De maffioso wordt gebruikt om bij verkiezingen stemmen te werven,' zo luidt een - nu welbekende - klacht van een groep Siciliaanse rechters. 'Wordt hij gezocht door de justitie dan vindt hij sympathie en bescherming in de hoogste en invloedrijkste kringen.'
In Rome, dat sinds 1870 de hoofdstad van het koninkrijk Italië was geworden, had men geen behoefte aan dergelijke

negatieve geluiden en een in 1875 naar Sicilië gezonden commissie was gevoelig voor die wens. Ondanks de toenemende onrust tussen de snel groeiende boerenbonden en de 'gabellotti' met hun 'campieri', mafia-troepen, wees deze commissie vooral op het goede van de mafia, die op het eiland immers de orde handhaafde.

Een rapport, een jaar later gepubliceerd, vernietigde deze theorie volkomen. De twee parlementariërs die dit opstelden, waren tot de conclusie gekomen dat juist de mafia, gesteund door de regering, de belangrijkste oorzaak was van de rampzalige economische situatie en de onrust op het eiland.

Rome reageerde woedend op deze 'onvaderlandslievende kritiek' en besloot met harde hand de boerenonlusten de kop in te drukken. In 1893 werden zelfs dertigduizend soldaten naar het eiland gezonden, die op zo'n gewelddadige wijze te werk gingen, dat de Sicilianen en masse hun eiland verlieten om hun heil vooral in de Verenigde Staten te zoeken. Vertrokken er in 1870 slechts 130 Sicilianen naar de VS, in 1896 was dit aantal toegenomen tot 15.432 en in 1902 tot 127.603.

Tegelijkertijd stimuleerde de terreur vanuit Rome, vooral onder het premierschap van de mafioso Francesco Crispi, als een reactie de toenemende invloed van de mafia op Sicilië.

Deze had overigens niet veel hulp nodig. Op een eiland, waar de staat onderdrukking en uitbuiting symboliseert, was de mafia de enige zekerheid. Landeigenaars, die hun landerijen nooit bezochten, waren afhankelijk van hun 'gabellotti', de kerk rekende op de mafia voor de bescherming van haar bezittingen en politici hadden haar stemmen nodig.

Daarbij kwam dat de mafia zich tegen die tijd zo goed gecamoufleerd had, dat zij een geruststellend beeld van landelijke en vaderlijke zorg bood. Het waren vooral de 'capi', de familiehoofden, die deze indruk versterkten. Zij waren de wijze mannen die, precies zoals de 'padrino' in de film 'The Godfather', als 'uomo di rispetto' onder andere advies gaven, bemiddelden in geschillen en berispten, wanneer dit nodig was. Maar zij regeerden tegelijkertijd met harde hand en schrokken niet terug voor geweld of moord.

Giuseppe Pitre, de dichter uit het begin van deze eeuw die zichzelf beschouwde als een expert in de Siciliaanse folklo-

re, beschreef de 'capi' en hun trawanten als voorbeelden van 'edelheid, superioriteit, moed en perfectie'. Volgens hem was de mafioso zeker geen dief of een schoft, 'maar eenvoudigweg een dapper man'.
Een goed voorbeeld van de perfecte mafia-leider in de tijd van Pitre was ogenschijnlijk Don Vito Cascio Ferro. Ook door Luigi Barzani wordt deze in zijn boek 'De Italianen' beschreven als 'misschien de grootste leider, die de mafia ooit heeft gehad.'
In de eerste twintig jaren van deze eeuw was Don Vito's macht op Sicilië inderdaad absoluut. Bovendien was hij de eerste belangrijke mafioso die nauwe relaties met de Verenigde Staten onderhield nadat hij daar jaren had gewoond.
Cascio Ferro werd geboren op 25 juni 1862 in Bisacquino, niet ver van Palermo, als de zoon van een ongeletterde boer. De intelligente jongeman voelde zich al snel tot het anarchisme aangetrokken en moest, na een overval en een brandstichting te hebben gepleegd, in 1893 de wijk nemen naar Tunesië, vanwaar hij in 1898 terugkeerde om betrokken te raken bij een geruchtmakende ontvoering, die van de baronesse Di Valpetrosa.
Nadat Cascio Ferro, een beruchte Don Juan, was vrijgesproken, volgens hem omdat het om een 'crime passionnel' was gegaan, besloot hij toch maar even het veld te ruimen en vertrok hij naar de Verenigde Staten, waar hij begin 1901 arriveerde.
In New York viel de slanke en elegante nieuwkomer onmiddellijk op en hij maakte zich bijzonder populair door zijn landgenoten, die een slavenbestaan leidden, te leren hoe zij een beter bestaan konden opbouwen door het systeem van protectiegeld, de zogenaamde 'pizzo', te introduceren.
Nog belangrijker voor de criminele wereld was dat Cascio Ferro de spil werd in de relatie tussen de mafia en haar Amerikaanse versie, de Zwarte Hand, jaren tevoren door Siciliaanse immigranten opgericht. Hij legde daarmee de basis voor een samenwerking zoals die nu nog steeds bestaat.
Hij maakte een vergissing door een moord te plegen op een Italiaan, Benedetto Madonia geheten. Volgens een rapport van de carabinieri sneed hij diens lijk in stukken om dit daarna naar mafioos gebruik met de genitaliën in de mond in een ton te stoppen. Een Italiaanse politierechercheur die de moord ontdekte, Joe Petrosino, dwong Cascio

Ferro naar Sicilië te vluchten om aan een arrestatie te ontkomen, een belediging die Don Vito hem nooit vergaf en die Petrosino duur kwam te staan.
Thuisgekomen werd Cascio Ferro al snel de 'capocosca' van verschillende steden, waaronder Corleone, terwijl hij ook onmiddellijk duidelijk maakte dat er voortaan discipline moest heersen op Sicilië, zelfs in de misdaad. Het resultaat was dat Palermo een van de veiligste steden in Italië werd. Zo veilig dat volgens Barzani een belangrijk personage, dat 'per ongeluk' beroofd werd in Don Vito's gebied, zijn bezittingen binnen enkele minuten terugkreeg indien de 'capo' daartoe bevel gaf.
Veilig voor velen, maar niet voor de man die het nog steeds op Cascio Ferro had gemunt, Petrosino. De inspecteur, geboren in Padula maar naar de VS geëmigreerd toen hij dertien jaar oud was, had zich sinds Don Vito's vertrek in 1904 voornamelijk beziggehouden met een onderzoek naar de activiteiten van de Zwarte Hand. In 1909 kreeg hij opdracht eens in Italië na te trekken hoeveel misdadige Italianen de laatste jaren naar de VS waren gevlucht, wat hun achtergrond was en waarheen zij eventueel konden worden teruggescheept.
Zijn reis, die geheim had moeten blijven, kreeg echter grote publiciteit in de Amerikaanse kranten - en dus in Italië.
Aangezien het maar al te zeer bekend was hoe Don Vito over deze politieman dacht, werd hij dan ook volgens een politierapport onmiddellijk in Palermo herkend als de man 'die naar Sicilië is gekomen om van kant gemaakt te worden'.
Over hoe hij ten slotte is vermoord bestaan twee versies. Volgens de romantische en meest onwaarschijnlijke versie - ook al beweerde Don Vito dat het de ware was - schoot de 'capo', die altijd een foto van Petrosino op zak had, de Amerikaan persoonlijk vanuit een koets neer, vlak voor het gerechtsgebouw in de Piazza Marina. Volgens dit verhaal had Don Vito daarvoor zijn diner met een parlementslid even in de steek gelaten om daarna terug te keren alsof er niets was gebeurd.
De meest waarschijnlijke versie is evenwel anders. De Zwarte Hand zou twee beroepsmoordenaars naar Palermo hebben gestuurd om Petrosino daar op te wachten. Tegen de tijd dat deze zijn onderzoek bijna had voltooid, kregen ze hem te pakken. Dat was inderdaad op de Piazza Marina,

maar niet voor het gerechtsgebouw. De mannen schoten de rechercheur in de rug toen hij tegen het hek van het park 'aan een natuurlijke behoefte voldeed'.
Volgens de sterk romantiserende Barzani was dit de enige moord die Don Vito ooit had begaan. In werkelijkheid heeft men hem door de jaren heen beschuldigd van niet minder dan twintig moorden, vijf inbraken, 37 gevallen van afpersing, de kidnapping van de barones en 53 gevallen van toepassing van lichamelijk geweld. Tot 69 maal toe werd hij in staat van beschuldiging gesteld en in alle 69 gevallen werd hij vrijgesproken wegens het toen in Sicilië voor de mafia gebruikelijke gebrek aan bewijs.
Pas in 1926 werd hij gearresteerd en veroordeeld tot levenslang voor twee moorden. 'Ik heb veel misdaden begaan, maar ik word nu gestraft voor twee, die ik niet gepleegd heb,' was zijn commentaar bij het aanhoren van het vonnis.
Trots en elegant zoals altijd, verdween de man die voor lange tijd de laatste 'peetvader' van Sicilië zou zijn, achter de tralies. Voorlopig was de mafia uitgespeeld, want voor de eerste maal sinds haar bestaan werd zij geconfronteerd met een man, die nog krachtiger en meedogenlozer was dan zij.
Na zijn mars op Rome in 1922 had Benito Mussolini de macht overgenomen en een van zijn eerste beslissingen was dat de mafia moest verdwijnen.

IV - 'De ergsten van allen'

Dat een dictator als Benito Mussolini besloot op meedogenloze en willekeurige wijze een einde te maken aan de mafia was te verwachten. Cosa Nostra was immers een alternatieve macht, die onafhankelijk en niet te controleren was en daarom in strijd met zijn fascistische idealen van ordelijke nationale eenheid en eensgezindheid.
Maar zoals zovele andere Italiaanse regeringen na hem, moet ook 'il Duce' met afgunst de efficiënte organisatie, de loyale toewijding en de strenge discipline van de mafiosi hebben geconstateerd.
In de ogen van de romantische Luigi Barzani was Cascio Ferro zelfs in zijn cel een goed voorbeeld van deze orde en van het gezag dat een 'uomo di rispetto' heeft onder zijn 'picciotti', het voetvolk.
'Don Vito bevestigde gemakkelijk zijn autoriteit in de hele gevangenis, zoals een geliefd generaal wanneer hij met zijn soldaten wordt opgesloten in een concentratiekamp,' zo meldt hij in zijn boek 'De Italianen'. 'Voor de eerste maal heerste er daar orde en discipline.'
Het leven der mafiosi in de gevangenis is niet veranderd. De onderlinge discipline is streng en de hiërarchie wordt strikt gehandhaafd. Buscetta vertelde Falcone dat het de gewoonte was van zijn medegevangen om hem bij aankomst in een van zijn vele gevangenissen met alle egards te begroeten en hem de hand te kussen als teken van respect.
Vele Italianen hebben in de loop der jaren dan ook wel eens de verzuchting geslaakt dat hun staat nog wel wat zou kunnen leren van de mafia. En mafiosi, zelfs 'pentiti', gaan er altijd prat op dat zij verschillend zijn van ordinaire misdadigers. Buscetta beantwoordde eens de vraag wat het verschil was tussen een mafioso en een misdadiger met drie woorden: organisatie, intelligentie en 'omertà' (zwijgplicht). Hij vergat de politieke contacten te noemen.
Nino Calderone, een andere 'pentito', had een simpelere definitie. 'Wij zijn mafiosi, de anderen zijn, ik weet niet wat. Wij zijn "mannen van eer". En niet omdat we een eed afgelegd hebben, maar omdat we de elite van de misdaadwereld zijn. Wij zijn de ergsten van allen.'
Dat zij de elite zijn, wordt de jonge mafiosi aan het verstand gebracht vanaf het moment dat zij worden ingewijd. Gio-

vanni Falcone vertelt in het boek 'Cose di Cosa Nostra' dat hij vaak moest glimlachen bij de gedachte dat een geharde misdadiger, besmeurd met het bloed van verscheidene slachtoffers, een bidprentje in zijn handen neemt en daarop plechtig zweert de zwakken te verdedigen en niet andermans vrouw te begeren.
De magistraat voegde er onmiddellijk aan toe dat het voor een mafioso een heel serieus moment was, een stap die hem voor zijn leven vastlegde.
Calderone herinnerde zich heel goed hoe geëmotioneerd hij was toen hij in de jaren vijftig in Catania eindelijk tot de mafia werd toegelaten. Hij had via zijn oom en oudere broer kennisgemaakt met de organisatie, maar eigenlijk pas begrepen dat deze laatste een belangrijke 'boss' was toen andere mannen hem kusten, iets wat toen onder Italiaanse mannen nog ongewoon was. De dag van zijn inwijding was de mooiste van zijn leven.
Net als voor de meeste jongemannen in Zuid-Italië was er voor Calderone weinig keuze. De journalist Giorgio Bocca merkt in zijn boek 'Inferno' terecht op dat in de 'mezzogiorno', de zuidelijke provincies van Italië, een jongen maar drie mogelijkheden heeft: een mafioso te worden, in de politiek te gaan of een advocaat voor een mafia-'boss' te worden. 'Want die is de enige die betaalt.'
Gelukkig voor Italië kiest slechts een klein percentage voor de mafia. Volgens schattingen telt heel Sicilië ongeveer honderdvijftig 'cosche' met in totaal vijftienduizend leden - nog geen één procent.
De eerste die onthullingen deed over de ceremonie waarmee de jonge 'picciotti' worden ingelijfd, was een wat labiele mafioso, Leonardo Vitale geheten. Dit was in 1973 en niemand wilde zijn fantastische verhaal geloven. Pas toen Buscetta tien jaar later zich als boeteling meldde, bleek dat Vitale de waarheid had gesproken.
Buscetta onthulde hoe tijdens de plechtigheid de oudste der aanwezigen een speld in de vinger van de nieuwkomer prikte en er wat bloed uitperste. Dit moest op een bidprentje vallen, dat daarna in brand werd gestoken terwijl het door de nieuweling werd vastgehouden. Deze zwoer dan plechtig: 'Moge mijn vlees branden als dit heilige plaatje indien ik ontrouw ben aan mijn eed.'
Calderone vertelde nog hoe, voor hij deze eed aflegde, een van de oudere mannen hem vertelde dat hij als mafioso de

zwakkeren moest beschermen, niet achter de vrouwen van andere mafiosi mocht jagen en dat hij niet mocht stelen.
Giovanni, een lid van de Bontade-clan, was iedere keer weer verrast door het enthousiasme waarmee jonge mannen tot de mafia toetraden. 'Zelfs die met de grootste monden waren onder de indruk.' Het kon moeilijk anders. 'De kamer was in het donker gehuld, de woorden werden heel plechtig uitgesproken en alle gezichten waren somber,' herinnerde hij zich.
Hij realiseerde zich ook dat hier iets gebeurde wat deze jongens vast niet begrepen. 'De mannen achter de tafel zeiden niet dat je voor eeuwig loyaal moest zijn. Ze zeiden dat als je ontrouw was je ging sterven.' De hele ceremonie was volgens hem een dreigement.
Misschien begrepen ze het aanvankelijk niet, maar de meeste jongens kwamen al snel tot de conclusie dat ze konden doen wat ze wilden. De zwakkeren waren er om uit te buiten door protectiegeld te vragen en moord en diefstal hoorden er nu eenmaal bij.
'Als een mafioso kun je liegen, bedriegen, stelen en mensen vermoorden - dat is voor ons legaal,' merkte eens een 'picciotto' op. 'Je kunt verdomme alles doen wat je maar wilt en niemand kan er iets van zeggen. Wie wil dan geen mafioso zijn.'
Alleen met de kuisheidsregel der mafiosi werd niet vaak gespot. Een maîtresse was toegestaan, maar als een 'uomo d'onore' zijn vrouw verliet, liep hij het risico zwaar gestraft te worden.
Buscetta, die drie maal getrouwd is, vertelde Falcone dat hij in 1972 hoorde dat men hem had uitgestoten vanwege zijn liefdesleven. Hij protesteerde, maar aanvankelijk vergeefs. Totuccio Contorno, eveneens een ex-mafioso, herinnert zich dat een vriend van hem werd geschorst omdat hij een relatie met een lichte vrouw had. En Pino Marchese onthulde verdrietig hoe hij gedwongen was een verloofde op te geven omdat haar vader zijn vrouw had verlaten.
Voor de jongere generatie is er de laatste jaren wel het een en ander veranderd. 'De jongeren die nu lid worden, weten al alles,' klaagde Calderone. Maar aan de inwijdingsceremonie durfde zelfs Riina niet te tornen, heel goed wetend dat deze de basis vormde van de mafia-hiërarchie.
Ook deze is ondanks Riina's dictatuur niet veranderd. Nog steeds speelt de Cupola, officieel de 'regionale commissie'

genoemd, een belangrijke rol en worden er maar weinig belangrijke handelingen verricht zonder gezamenlijk overleg. Onder deze 'raad van bestuur' zitten de 'cosche', de families, die dank zij hun bloedverwantschap en onderlinge loyaliteit de mafia tot zo'n unieke en machtige bedreiging maken.
In de families zelf speelt de 'capofamiglia' - de zogenaamde 'padrino' - de eerste viool, bijgestaan door de 'consiglieri', de raadslieden. Zij vormen te zamen met de vertegenwoordigers de familieraad. Onder de vertegenwoordiger komt de 'capodecina', een soort onderofficier, die gemiddeld zo'n twintig 'picciotti' ofte wel soldaten tot zijn beschikking heeft om de beslissingen van de familieraad uit te voeren.
Ook al had Riina de Cupola in stand gehouden, hij had ook haar gezag in zekere zin ondermijnd door 'ambassadeurs' te benoemen, die hem als een soort spionnen op de hoogte moesten houden van alles wat er zich in de verschillende clans afspeelde.

Toen Mussolini in 1924 opdracht gaf de mafia te vernietigen, had deze allerminst dezelfde efficiënte structuur als tegenwoordig. De organisatie was voornamelijk een versplinterd landelijk verschijnsel, gekenmerkt door de paternalistische rol die de 'capo' vaak speelde. Dat wilde niet zeggen dat er geen bloed vloeide. Ook de agrarische mafia was bloeddorstig, mensenlevens telden niet zwaar en het was niet ongewoon dat men op één dag op Sicilië tien doden telde.
De belangrijkste bronnen van inkomsten waren ontvoeringen, veediefstallen, de controle over de watervoorziening, protectie en chantage. Zo algemeen was het verschijnsel der mafia, dat zij diep geworteld was in de sociale structuur van het eiland en in de mentaliteit der Sicilianen. 'Omertà', zwijgplicht, tegenover de vijandige buitenwereld was normaal en er bestond een gezegde: 'Chi parla muore, chi tace campa' (Wie spreekt sterft, wie zwijgt redt zich).
Mussolini realiseerde zich vrijwel onmiddellijk hoe machtig de mafia was, toen hij in 1924 voor de eerste maal Sicilië bezocht en de stad Piana dei Greci aandeed. Burgemeester Don Ciccio Cuccia maakte daar met de gebruikelijk arrogantie van een mafioso tegenover een politicus de vergissing Mussolini te vragen waarom hij zoveel 'sbirri', smerissen, bij zich had. 'Als u met mij meegaat, hebt u niets te vrezen,' vertelde hij de ontstemde dictator.

Hoewel bij zijn bezoek aan Palermo bleek dat Cosa Nostra toch niet almachtig was - Mussolini's bolhoed werd gestolen en ondanks alle pogingen van zijn mafiose gastheren niet teruggevonden - keerde hij naar Rome terug met de vaste overtuiging dat deze rivaal moest worden uitgeroeid.
'Wanneer de mafia niet meer verzorgd en gevleid wordt door de autoriteiten, wordt zij als een plant die geen water en licht krijgt. Ze kwijnt weg en sterft,' zo schreef een parlementslid uit Agrigento in 1924, maar 'il Duce' wilde veel verder gaan en de plant vertrappen. Nog geen twee weken na zijn terugkeer benoemde hij Cesare Mori tot prefect van Sicilië.
Mori was al eerder op Sicilië gestationeerd geweest en voldeed daarmee aan de eis van Mussolini, dat de mafia uitgeroeid moest worden door 'een nieuwe man, die stevig in zijn schoenen staat, een expert is in Siciliaanse zaken, maar geen Siciliaan'. Daarbij kwam ook nog dat de dictator zich Mori nog heel goed herinnerde uit de dagen dat deze als een 'ijzeren prefect' in Bologna met harde hand de fascistische relletjes had neergeslagen.
'Ik hoop dan ook dat Mori net zo krachtig optreedt tegen de mafia als tegen mijn mannen,' was Mussolini's commentaar na de benoeming. Hij hoefde zich geen zorgen te maken.
Mori ging als een razende Roeland over het eiland heen, een ieder arresterend die ook maar enigszins verdacht was. Martelingen en mishandelingen maakten deel uit van zijn arsenaal en was een dorp onwillig om mee te werken, dan werd het omsingeld en uitgehongerd. In sommige gevallen werden aquaducten dagenlang afgesloten, zodat de mensen in het toch al zo dorre en hete Sicilië zonder water kwamen te zitten.
'De mafia is als een oude prostituée, die zich opwrijft tegen de autoriteiten om deze te verleiden, te omarmen en gevangen te houden,' zo schreef Mori na enkele maanden naar Rome, maar voor de prefect bestond het gevaar verleid te worden niet. Hij sleepte de prostituée voor de rechter, zodat er tussen 1927 en 1929 op Sicilië vijftien maxiprocessen plaatsvonden. Zoals Mussolini had bevolen waren er maar heel weinig vrijspraken. 'Fascistische rechtspraak moet snel en beslissend zijn,' was diens order geweest en Mori luisterde gretig.
De aristocratie op Sicilië zag het met welbehagen aan. Zij

had het fascisme met open armen verwelkomd in de hoop dat de goede oude tijden weer zouden aanbreken en dat haar privileges zouden worden hersteld. Zij hoopte vooral dat het strenge politieregime haar zou bevrijden van de langzamerhand verstikkende greep van de 'gabellotti'.
Het leek erop dat de aristocratie haar zin kreeg. Vooral toen Mussolini voor de eerste maal het systeem invoerde van het zenden 'in confino' - een verbanning meestal naar Noord-Italië of naar een verlaten eiland - wreef zij zich in de handen. Het monster leek gebroken te worden.
Terwijl de adel de ontwikkelingen verheugd volgde, waren er maar weinigen die het voor de mafia opnamen. De politici, die altijd afhankelijk waren geweest van de mafia voor hun stemmen, waren sinds Mussolini in 1925 de verkiezingen afschafte, op een zijspoor gezet en hielden hun mond. Alleen Vittorio Emanuele Orlando, de voormalige eerste minister en ongetwijfeld de meest gerespecteerde politicus op het eiland, had de moed te protesteren tegen de vervolging.
In juli 1925 sprak hij zijn beroemde rede uit, waarin hij trots de mafia verdedigde. 'En ik zeg u dat als men met de mafia bedoelt het eergevoel, dat tot het uiterste gaat, de onverdraagzaamheid tegen overmacht, welke gaat tot het bittere einde, de weldadigheid, die de sterken confronteert maar de zwakken helpt, de trouw aan je vrienden, sterker dan de dood, als men met de mafia deze gevoelens bedoelt en deze houding, dan gaat het om de Siciliaanse ziel en dan geef ik toe dat ik mafioso ben en daar trots op ben.'
Mori trok zich van de protesten niets aan. Zoals men al in Rome bij zijn benoeming had gezegd, begreep hij niets van politiek. Dat zou ten slotte zijn val worden. Terwijl Mussolini hem nog in 1927 uitgebreid prees als de man die Sicilië van een gezwel had bevrijd door het als een knap chirurg weg te snijden, werd hij in 1929 plotseling zonder verdere uitleg teruggeroepen en tot senator gebombardeerd.
De reden daarvoor was heel eenvoudig. Mori werd geaccepteerd zolang hij zich concentreerde op de kleine visjes in de oceaan, maar toen hij tegen alle waarschuwingen in achter de grote vis aanging, moest hij tegengehouden worden. 'Il Duce' en zijn omgeving hadden ontdekt dat ook voor hen de mafia haar nut had.
'The Times' in Londen meldde: 'Mussolini heeft het monster in zijn nest gesmoord.' En ook de Italianen geloofden

de propaganda van hun regering en dachten dat de mafia was uitgeroeid. Een Engelse, die op Sicilië woonde, schreef echter met vooruitziende blik in 1930: 'Men moet zich wel realiseren dat men met een zo diep geworteld kwaad als de mafia niet in enkele maanden, of zelfs jaren, kan afrekenen.' En zij besloot met de waarschuwing: 'De mafia is nog altijd niet vernietigd.'

V - ‘Leve de mafia’

De mafia was niet vernietigd, maar wel vergeten toen de Tweede Wereldoorlog uitbrak. Mussolini had andere zorgen. Nadat Mori zijn ‘ijzeren prefectuur’ in 1929 had moeten opgeven, was ‘il Duce’ in 1937 nog eenmaal naar Sicilië gekomen om het te prijzen als het ‘geografische centrum’ van het Italiaanse imperium, dat toen ook stukken van Afrika omvatte, maar daar bleef het bij.
De doodarme Sicilianen hadden weinig aan het compliment, zij wilden brood. De mafia maakte van deze stemming gebruik om langzaam maar zeker haar come-back te maken. Ook de boeren, steeds meer geërgerd door de verwaarloosde landerijen, de ‘latifondi’, van de afwezige grootgrondbezitters, begonnen zich te roeren. Zo explosief werd de situatie, dat Rome overwoog alle ambtenaren die op Sicilië geboren waren en dus onbetrouwbaar moesten zijn, weg te halen. Voor het zover kwam, arriveerde voor de Sicilianen het einde van de oorlog.
De Amerikanen landden op 10 juli 1943 op het eiland, waar vooral de snel groeiende partij van separatisten hen met open armen ontving. Ook de mafia, die zich achter de onafhankelijkheidsbeweging had geschaard, stond vooraan. Dank zij haar onderdrukking door Mussolini en haar enthousiaste hulp aan de Amerikaanse en Engelse agenten die als voorlopers op de bevrijders per parachute waren gearriveerd om Sicilië te verkennen, had de mafia bij de geallieerden de reputatie een verzetsorganisatie te zijn.
De Amerikanen wachtten dan ook niet lang met het belonen van de moed van deze nieuwbakken vrijheidsstrijders. Nu het fascistische regime op het eiland in elkaar was geklapt, was er een bestuursvacuüm ontstaan dat door de Amerikanen voor negentig procent met separatisten werd gevuld.
Dat een groot aantal van deze mannen in feite mafioso was, kon de bevrijders niet veel schelen. Het gevolg was dat in talloze plaatsen vergeten en bejaarde ‘peetvaders’ zich plotseling tot burgemeester zagen gepromoveerd.
Heel tekenend voor die periode was de spectaculaire ‘carrière’ van Don Calogero Vizzini, de toekomstige ‘capo di tutti i capi’ van Sicilië. Drie Amerikaanse tanks bereikten al vijf dagen na hun landing, na de Duits-Italiaanse linies

doorbroken te hebben, zijn dorpje Villalba in West-Sicilië. De uitzonderlijk corpulente Don Calò, onder Mussolini gevangen gezet en failliet verklaard, kwam moeizaam naar buiten schuifelen om te zien wat er aan de hand was.
Volgens de verhalen had een van de tanks een gele zakdoek als vlag, met daarop de letter L voor 'lucky'. Toen ook Don Calò een dergelijke vlag produceerde - de doekjes waren samen met de agenten gedropt - wisten de Amerikanen dat zij de juiste man voor zich hadden. De warme begroeting tussen de Amerikaanse officier en de Siciliaanse 'peetvader' werd door de dorpelingen, inclusief de plaatselijke priester, luid toegejuicht met kreten als 'leve de mafia'.
Met de hulp van zijn petekind Dam Lumia, die hem de komende dagen tot tolk diende, klom Don Calò moeizaam in een van de tanks om voor acht dagen te verdwijnen. Volgens de overlevering opende hij op zijn triomfreis hier en daar de gevangenissen om honderden mafiosi te bevrijden en keerde hij uiteindelijk terug om als Amerikaanse kolonel en als burgemeester van Villalba een bloeiende zwarte markt te beginnen.
Vizzini's crimineel dossier, waaruit bleek dat hij onder andere 39 moorden, 36 berovingen en 63 gevallen van afpersing op zijn geweten had, was inmiddels uit de archieven verdwenen.
Volgens Luigi Barzani was Don Calò trouwens sinds de oorlog een ander en beter mens geworden. De schrijver kende hem goed en vergeleek hem met zijn andere mafia-held, Don Vito Cascio Ferro, zij het dat Vizzini niet helemaal van hetzelfde kaliber was. Met zijn romantiserende pen beschreef Barzani in zijn boek 'De Italianen' Don Calò als een 'milde en hoffelijke man' in een ribfluwelen pak en met een boerenpet op. Hij kon zich moeilijk voorstellen waarom deze onschuldig uitziende oude baas zoveel angst inboezemde. 'Alleen zijn ogen verraden hem. Zij zijn grijsbruin, klaarwakker en intelligent.'
Barzani completeerde het idyllische plaatje met de beschrijving hoe Don Calò iedere dag op hetzelfde ogenblik zijn huis verliet om vreedzaam heen en weer kuierend, de handen op de rug, te converseren met zijn broer, de bisschop. Vanuit de schaduw der huizen kwamen de mensen om hem te raadplegen.
'Ze wandelen om beurten met hem en vertellen hem hun problemen. Hij luistert, praat dan met een van de luite-

nants en roept de volgende persoon. Velen kussen dankbaar zijn hand.'
Voor Barzani en anderen moge Don Calò een respectabel persoon zijn geworden, als een goede mafioso verloor hij nooit zijn streken. Dat bleek in september 1944.
Sinds de bevrijding was op Sicilië weer het oude conflict over de 'latifondi', de verlaten landgoederen, losgebarsten. De arme boeren eisten steeds agressiever van de afwezige grootgrondbezitters dat zij een deel van hun ongebruikte landerijen zouden afstaan. En zij werden daarbij door de communisten gesteund.
Dat was uiteraard niet naar de zin van de conservatieve Don Calò en toen communistenleider Girolano Li Causi aankondigde dat hij op 16 september naar Villalba zou komen om daar de boeren toe te spreken, gaf de 'capo' hem het advies hiervan af te zien. Li Causi, kort tevoren bevrijd uit Mussolini's gevangenissen, liet zich niet opnieuw de mond snoeren en kwam toch.
Li Causi en zeventien andere personen werden zwaar gewond en Barzani vertelde later dat de communist, die bloedend was blijven liggen op het plein, plotseling gewaar werd hoe een oude man zich over hem boog en hem met een vlakke stem vroeg: 'Kan ik iets voor je doen?' Het was Don Calò zelf.
Twee maanden later bevond de 'capo dei capi' zich op een ander soort bijeenkomst. Ondanks het feit dat hij na de schietpartij in Villalba was beschuldigd van poging tot doodslag - in 1958, vier jaar na zijn dood, werd van verdere rechtsvervolging afgezien - had de Amerikaanse consul hem uitgenodigd naar Palermo te komen om eens over de toekomst van Sicilië te praten.
De Amerikanen, die zich zorgen begonnen te maken over een mogelijk communistisch regime wanneer heel Italië bevrijd zou zijn, waren zeer geïnteresseerd in de beweging voor Siciliaanse onafhankelijkheid. Dat deze ernaar streefde het eiland tot de negenenveertigste staat van de Verenigde Staten te maken was leuk, maar niet zo belangrijk.
De separatistische beweging, afgekort tot MIS, werd geleid door de kleurloze Andrea Finochiaro-Aprile, die na een ballingschap in Engeland in 1942 op Sicilië was teruggekeerd. De Amerikanen zagen echter meer in een wat agressievere benadering door de mafia en zij stelden in aanwezigheid van Don Calò en andere mafia-leiders voor Virgilio Nasi,

het hoofd van een beruchte mafia-clan in Trapani, de leiding te geven van 'een door de mafia gesteunde beweging voor Siciliaanse autonomie'.
Het kwam kennelijk tot niets, zoals blijkt uit een gesprek dat Don Calò enkele weken later had met Finochiaro-Aprile en drie andere separatistische politici. Gedachtig aan Finochiaro's woorden, dat 'als de mafia niet bestond, zij moest worden uitgevonden', besloot hij hun een typisch mafioos voorstel te doen en nodigde hij hen uit naar Catania te komen.
Daar, in het huis van dokter Santi Rindone, confronteerde hij het viertal met het aanbod de inmiddels benoemde hoge commissaris van Sicilië, de christen-democraat Salvatore Aldisio, en de negen prefecten van het eiland te vermoorden. Daarna kon de MIS de macht overnemen.
De vier separatisten hapten naar adem. Ze wisten niet wat ze hoorden, maar vertelden de verbaasde Don Calò haastig dat daar geen sprake van kon zijn. Zij waren niet bereid tot een bloedige machtsgreep. De 'capomafia' haalde zijn schouders op en het afscheid was bepaald koel.
Voor de separatisten betekende dit in feite het einde van hun beweging. De Amerikanen, die al spoedig zagen dat de christen-democraten in opkomst waren, verloren hun belangstelling en ook de mafia veranderde om dezelfde reden snel van kamp. De MIS kreeg bij de verkiezingen in 1947 niet meer dan tien procent van de stemmen en deed bij de algemene verkiezingen in 1948 niet eens meer mee.

Corleone kreeg, in tegenstelling tot de meeste gemeenten in West-Sicilië, na de landing van de Amerikanen in juli 1943 geen mafia-burgemeester. Het stadje moest tot 23 januari 1944 wachten voordat James Davies, de regionale vertegenwoordiger van de Amerikanen, als grote uitzondering de bejaarde socialist Vincenzo Schillaci tot eerste burger benoemde.
Schillaci, een kleine boer, had de jaren van fascisme redelijk goed doorstaan. Eenmaal, vlak voordat Mussolini Corleone in 1937 had bezocht, had hij vijftien dagen lang in de gevangenis opgesloten gezeten, maar voor de rest van de tijd hadden de fascisten zich beperkt tot enkele pesterijen, zoals onverwachte huiszoekingen.
Dat de Amerikanen Schillaci uitkozen, had een betekenis. Corleone had tegelijk met zijn reputatie als 'hoofdstad van

de mafia' ook een langdurige socialistische traditie. En de Amerikanen hadden kennelijk besloten deze te erkennen.
In de loop der jaren waren mafiosi en socialisten uiteraard dikwijls met elkaar in botsing gekomen. Maar vooral nadat een van de meest vooraanstaande socialisten op Sicilië, Bernardino Verro, in oktober 1910 de plaatselijke mafia ervan had beschuldigd Corleone gemaakt te hebben tot 'de rampzaligste stad van Sicilië', was het open oorlog geweest. Verro, die in 1915 burgemeester van Corleone werd, moest op 3 november van dat jaar zwaar betalen voor zijn ideeën. Hij werd met elf kogels doorzeefd.
Het fascisme en de oorlog hadden eveneens in Corleone een einde gemaakt aan de mafia-activiteiten en schijnbaar ook aan de confrontatie, maar nauwelijks was het vrede of de mafia liet zich weer gelden. In het kleine stadje met niet meer dat twaalfduizend inwoners werden er bijvoorbeeld in 1944 22 berovingen en elf moorden gerapporteerd. Twee jaar later werden er zeventien personen vermoord. Vooral het conflict over de landgoederen spitste zich toe met aan de ene kant de boeren, die land opeisten, aan de andere kant de 'gabellotti', de mafiosi die de belangen van de landeigenaars maar vooral van henzelf met geweld verdedigden. In Corleone werden de laatsten aanvankelijk geleid door de oude 'capomafia' Calogero Lo Bue, maar al in 1944 bestond er geen twijfel aan dat de echte baas dokter Michele Navarra was, de directeur van het plaatselijke Bianchi-ziekenhuis.
Navarra was een zeer gerespecteerd lid van de Corleonese samenleving, de traditionele 'man van eer', ook al fluisterde men dat hij zijn voorganger had vermoord om directeur te worden. Afgezien van het feit dat hij een echte arts was, was hij ook nog president van de Landbouwbond in Corleone en voorzitter van de plaatselijke Democrazia Cristiana.
Ondanks zijn mafia-activiteiten was hij allerminst rijk, want velen van zijn patiënten konden hem niet betalen. Bovendien gokte hij graag.
Giovanni, een jonge mafioso die enkele jaren voor Navarra als manusje-van-alles had gewerkt, beschreef hem later als een knappe man, wat corpulent, maar, zo vond hij, 'je kon onmiddellijk zien dat hij een goede opvoeding had gehad en nog nooit een hooivork in zijn handen had genomen: een gentleman'. De dokter was onmiskenbaar de 'big white chief' in het stadje, maar volgens zijn jonge employé ver-

trouwde hij niemand. 'Er bestond immers altijd het risico dat zij tegen hem zouden samenspannen.'
Navarra's argwaan was niet ongegrond. In 1945 voegde zich een nieuw lid bij zijn 'cosca': Luciano Leggio, wiens korte levensgeschiedenis weinig goeds voorspelde en die hij vanaf het begin wantrouwde, ook al koos hij hem al spoedig tot zijn luitenant.
De toen negentienjarige Leggio, tiende zoon uit een doodarme familie, had geweigerd naar school te gaan en priester te worden en was misschien ongeletterd, maar hij had de juiste antecedenten voor een carrière in de mafia. Hij was niet alleen in 1944 opgepakt voor het stelen van graan, het was bovendien bekend dat hij de man die hem daarbij betrapt had korte tijd later had vermoord. Ook bestonden er ernstige vermoedens dat hij de opzichter van Corrado Caruso, een grote landeigenaar, had vermoord teneinde diens functie over te nemen.
Populair was Leggio - zoals hij zich noemde totdat een fout in een proces-verbaal de naam veranderde in Liggio - bepaald niet in Corleone. Hij was klein en gebogen door de Pottse ziekte, tuberculose van het beendermerg, welke hem dwong een soort corset te dragen. Zijn gezicht was rond met dikke lippen. Maar als compensatie voor zijn fysieke tekortkomingen had hij een fanatieke ambitie en maakte hij er geen geheim van dat hij de top wilde bereiken. Ook was hij een meester met de 'lupara', het geweer.
'Hij was typisch een man, die vastbesloten was ten koste van alles vooruit te komen,' aldus een Siciliaan, die in die tijd tweemaal een paar woorden met Luciano wisselde. 'Dat gaf mij de gelegenheid eens goed naar zijn gezicht te kijken,' herinnerde hij zich later, 'en dat was er een dat ik nooit zal vergeten. Ik weet niet of dat het gevolg was van honger of van een ziekte of wat dan ook, maar je kon onmiddellijk zien dat dit een hond was zonder meester.'
Geen wonder dat ook dokter Navarra niet veel op had met de ongetemde Leggio, die in alles zijn tegenstelling was. 'De gebochelde' noemde hij hem minachtend, 'een man, die te veel wil en die nodig een lesje moet hebben.'
Leggio trok zich niet veel aan van de kritiek van zijn baas en maakte gretig gebruik van de kansen die de aanwezigheid van de Amerikaanse troepen op Sicilië hem gaven. Hij stortte zich geestdriftig in de zwarte markt om er een fortuin te maken. 'Ga eens even na,' zo vertelde hij in 1986 tij-

dens het maxiproces, 'je kon honderd kilo graan kopen van de Boerencommissie voor 2.000 of 2.500 lire en het op de zwarte markt verkopen voor 15.000.'

Voor de rest hield Leggio zich bezig met de gebruikelijke mafia-praktijken zoals afpersing, brandstichting en veediefstal. Vooral het laatste was lucratief, aangezien het vlees voor veel geld op de zwarte markt in Palermo kon worden verkocht. Hoe goed de handel was, bleek uit een vondst van de carabinieri in een nabij Corleone gelegen bos. Zij troffen daar liefst tweehonderd gestolen varkens, honderd koeien en zeshonderd schapen aan, alle klaar voor de slacht.

Zijn transacties waren zo succesvol, dat Luciano, nauwelijks 21 jaar oud, al schatrijk was en besloot zijn eigen landgoed te kopen. Hij liet zijn oog vallen op een fraaie boerenhofstede, Piano della Scala. Dat deze niet te koop was, maakte voor hem niets uit: toen de eigenaar zijn aanbod afsloeg, paste hij heel eenvoudig de tactiek van de verschroeide aarde toe. Nadat fruitbomen waren omgehakt, honden waren vergiftigd en de oogst was verbrand, was de eigenaar maar al te bereid zijn eens zo trotse eigendom van de hand te doen.

Intussen vond Leggio dat het eveneens tijd was geworden een einde te maken aan de irritante activiteiten van Placido Rizzotto, een leider van de plaatselijke Boerenbond. Niet alleen wakkerde deze lastpak de boeren aan bezit te nemen van ongebruikt land, bovendien had hij een persoonlijke vete met Leggio. Hij beschuldigde deze ervan water en vee gestolen te hebben.

Niemand kon Rizzotto van lafheid beschuldigen. In de jaren 1944-1948 vonden er in Corleone 57 moorden plaats, familie en vrienden waarschuwden de 33-jarige bondssecretaris herhaaldelijk tegen een eventuele wraak van Leggio, maar hij wilde er niets van horen.

Op de avond van 10 maart 1948 liep Rizzotto na een bondsvergadering nog even met twee vrienden naar de hoek van de Corso Bentivegna en de Via San Martino, waar hij een afspraak had met Navarra. Aangezien de arts niet kwam opdagen, besloten de twee vrienden naar huis te gaan, juist toen Rizzotto een vroegere schoolvriend, Pasquale Criscione, tegen het lijf liep. Criscione, die al enige tijd de reputatie had een dubbelrol te spelen, hield de bondssecretaris aan de praat. Het was de laatste maal dat Rizzotto werd gezien.

Volgens een latere reconstructie door Criscione zou tijdens het gesprek plotseling Leggio verschenen zijn. Hij riep Criscione bij zich en vertelde hem met Rizzotto naar de rand van Corleone te lopen. Criscione beweerde dat hij weigerde te gehoorzamen en dat Leggio daarna Rizzotto plotseling overviel toen deze de kerk van San Lucuzza passeerde, en hem met een revolver in de rug dwong mee te gaan.
Twee dagen later stierf in het ziekenhuis van Corleone een dertienjarige jongen, Giuseppe Letizia, zo meldde het communistische dagblad 'l'Unità'. Hij was op de dag van Rizzotto's verdwijning in een staat van shock thuisgekomen. 'Gedurende zijn delirium,' zo schreef de krant, 'had het kind voortdurend toespelingen gemaakt op een verschrikkelijk gebeuren: de moord van een boer op de akkers.'
Het kind had de namen van de daders genoemd, maar de familie weigerde deze te onthullen. Volgens de krant wees alles erop dat de jongen getuige was geweest van de moord op Rizzotto.
De krant 'La voce della Sicilia' onthulde dezelfde dag eveneens dat het joch de namen van de daders had gegeven. Hij was echter in zo'n slechte conditie dat hij 'zelfs na de medische behandeling van dokter Navarra is overleden, door onbekende oorzaak'. Enkele dagen later voegde de krant eraan toe dat Giuseppe vergiftigd bleek te zijn.
De verdwijning van Rizzotto veroorzaakte een enorme opschudding in de stad, maar de Corleonesi moesten tot de herfst van 1949 wachten voor er enig licht in de zaak kwam. In november van dat jaar arriveerde er namelijk een 29-jarige kapitein van de carabinieri, Carlo Alberto Dalla Chiesa geheten, die gefascineerd door het drama het onderzoek weer opende.
Het zat hem mee. Vincenzo Collura, een vriend van Leggio die de oorlog in de Verenigde Staten had doorgebracht maar die daarna in Corleone was teruggekeerd, was gearresteerd aangezien hij ervan beschuldigd werd de derde man in de Rizzotto-affaire te zijn.
Aanvankelijk zweeg hij hardnekkig, maar toen hij zich realiseerde dat de plaatselijke mafia zich niets aantrok van zijn lot en dat van zijn gezin, besloot hij met de politie te gaan samenwerken. Collura onthulde dat de jonge boerenleider met drie revolverschoten was afgemaakt en daarna in een spelonk in de Rocco Busambra nabij Leggio's boerderij 'Piano della Scala' was gegooid.

Dalla Chiesa wist daarna ook Criscione ertoe over te halen te bekennen en de plaats aan te wijzen waar Rizzotto 'begraven' was. Het bleek een vijftig meter diepe schacht te zijn, waarin brandweerlieden slechts met moeite konden afdalen.
Hun tocht op 13 december 1949 was echter niet vergeefs. Zij hadden Leggio's 'kerkhof' ontdekt, want op de bodem vonden zij te midden van de beenderen van verdwaalde schapen liefst drie menselijke skeletten. Er lagen ook een verrot stuk materiaal en twee halfverteerde Amerikaanse schoenen, die door de familie werden herkend als behorend tot de kleding van Placido.
Tegen de tijd dat Rizzotto's overschot werd gevonden, was dokter Navarra weer in Corleone. Hij was direct na de moord gearresteerd en opgesloten in de Ucciardone-gevangenis, maar daarbij was het voorlopig gebleven.
Leggio was spoorloos verdwenen, zij het dat hij zijn overjas moest achterlaten in de handen van de carabinieri, die hem zes dagen na Rizzotto's verdwijning wilden arresteren toen hij heel kalmpjes de Piazza della Matrice in het hart van Corleone overstak.
Een week na de lugubere vondst in de spelonk werd in Palermo iedereen vrijgesproken van de moord. Criscione en Collura hadden hun bekentenis ingetrokken, aangezien zij deze - zoals zij beweerden - onder druk van Dalla Chiesa gedaan zouden hebben, en de rechter achtte de gevonden sporen van Rizzotto niet overtuigend.
Opnieuw bleef Leggio ongestraft, klaar voor een nieuwe fase in zijn bloedige carrière.

VI - De laatste sterren

In juli 1954 stierf Don Calò Vizzini. Hij was 77 jaar oud geworden en meer gerespecteerd dan ooit. Voor een ongeletterde boer had hij het lang niet slecht gedaan, want ondanks zijn reputatie van goedgeefsheid aan de armen, liet hij een erfenis na van zwavelmijnen, boerderijen en huizen ter waarde van miljarden (toenmalige) lires.
'Zijn begrafenis was een prins waardig,' schreef Luigi Barzani. 'Er waren orkesten, rijen priesters en monniken, die zongen en met hun wierook zwaaiden. Er waren inktzwarte paarden die de koets trokken, bergen bloemen en duizenden boeren, allemaal in het zwart gestoken.' Natuurlijk waren alle plaatselijke autoriteiten aanwezig, maar ook kwamen ze uit nabijgelegen steden en zelfs uit Rome. Velen van hen voerden het woord en prezen deze 'mammasantissima', deze vriend der armen.
Boven de deur van de kerk, de Chiesa Madre, hing een groot spandoek met de tekst: 'Wijs, dynamisch, nooit moede, deed goed aan hen die het land bewerkten en ook aan hen in de zwavelmijnen; maakte zich een naam die ook buiten Italië geprezen werd.' In het kort: 'fu un galantuomo' - hij was een man van zijn woord.
De Sicilianen hadden werkelijk het gevoel dat zij met de dood van de zeer indrukwekkende Don Calò een 'peetvader' hadden verloren. Pas later is gebleken dat hij in mafiakringen minder gewaardeerd werd, vooral vanwege de publiciteit die de oude baas voortdurend kreeg. Hetzelfde gold voor de man die hem opvolgde, de 'capomafia' van Mussomeli, Giuseppe Genco Russo.
'Pentito' Nino Calderone vertelde mafia-expert Pino Arlacchi: 'Ze stelden zich te veel tentoon, gaven interviews en lieten zich fotograferen.' Iets wat niet past in het mafia-kader.
De twee mannen hadden in zekere zin het gevoel een missie te vervullen en 'Zi Peppi Jencu' (oom Joe, de kleine stier), zoals Genco Russo werd genoemd, geneerde zich daar niet voor. Integendeel, hij was er trots op. 'Ik ben zo geboren,' vertelde de 'capo di tutti i capi' in een interview met een krant in Catania. 'Wanneer men mij een gunst vraagt, voer ik die uit, want de natuur heeft mij dit opgedragen.'
Ook al maakten zijn mafia-vrienden er grapjes over, het was

een feit dat een mafia-'boss' in die periode nog een ster was, die, ondanks het geweld en bloedvergieten maar geholpen door Hollywood, nog een aura had van ridderlijkheid en sportiviteit, een ruige versie van Robin Hood. Vooral in Italië en de Verenigde Staten was dit nog het geval, en voor sommige mafiosi gold dit in beide landen.
Een van deze 'bosses van twee werelden', en zeker de beroemdste, was Lucky Luciano. In 1898 werd hij als Salvatore Lucania op Sicilië geboren en in 1907 emigreerde hij naar de Verenigde Staten. Opgroeiend in New York en na enige problemen met de politie wegens de smokkel in sigaretten en later in drugs, kwam hij in aanraking met Cosa Nostra, de opvolger van de oude Zwarte Hand, en werd lid. Hij had zijn bijnaam 'Lucky' te danken aan het feit dat hij, nauwelijks tot de mafia toegetreden, door een andere clan werd gemarteld. Hij werd aan zijn duimen opgehangen, met scheermessen en brandende sigaretten bewerkt en ten slotte voor dood achtergelaten.
De jongeman was echter taaier dan zijn aanvallers hadden gedacht en hij overleefde het incident. Het deed zijn reputatie zoveel goed dat hij snel omhoog klom en dank zij de jaren van drankverbod heel rijk werd. Hij was intussen echter ook zo berucht geworden dat in 1936, toen Thomas Dewey, een ambitieuze advocaat die politieke plannen had en daarom publiciteit zocht als vijand nummer één van de mafia, zijn oog liet vallen op Lucky.
Dewey deed hem een proces aan en produceerde zelfs de bewijslast: vrouwen die hem ervan beschuldigden hen te exploiteren als prostituées. Voor Luciano was het de meest vernederende aanklacht die mogelijk was, vooral omdat men hem van alle soorten misdaden kon beschuldigen, maar zeker niet van het feit dat hij pooier was geweest. Op 17 juli 1936 werd hij echter tot veertig jaar gevangenisstraf veroordeeld en hij zou deze hebben uitgezeten, indien de oorlog niet tussenbeide was gekomen.
De rol die Luciano in de oorlog en vooral bij de bevrijding van Sicilië heeft gespeeld, is wat mysterieus. Zij komt er volgens de diverse verhalen op neer dat hij vanuit zijn cel niet alleen een einde maakte aan bepaalde sabotage-activiteiten in de haven van New York, maar ook dat hij via vrienden in de Italiaanse mafia, onder anderen Vizzini, de Amerikanen kon verzekeren dat Sicilië zonder al te veel problemen door hen veroverd kon worden.

Volgens een heel onwaarschijnlijke versie kwam Luciano zelfs al in 1943 naar Sicilië om de bevrijding mee te maken en stond de 'L' op de gele vlaggetjes, die men toen overal op het eiland zag, niet voor 'lucky' maar voor 'Lucky'.
Hoe de vork precies in de steel zit, zal niemand ooit weten, maar de legende die rond Luciano's activiteiten in die jaren is opgebouwd, past in het kader van de romantiek waarmee voor velen de mafia toen nog was omringd. En het is een feit dat Luciano in 1946 de gevangenis kon verlaten met de mededeling dat hij vrij kwam 'vanwege zijn bijdrage aan de oorlogsvoering'.
Zijn vrijlating geschiedde op voorwaarde dat hij de VS zou verlaten en op 2 februari vertrok hij aan boord van de 'Laura Keene' naar Italië, te zamen met drie prostituées, die zijn vrienden hem als afscheidscadeautje meegaven.
Een week later arriveerde hij in Genua, om daar te vernemen dat hij ook in Italië niet erg welkom was en dat hij daarom zijn intrek moest nemen in zijn geboorteplaats Lercara Friddi, een gehucht tussen Palermo en Agrigento.
Voor Luciano was het een harde klap, maar het welkom vergoedde veel. Het hele dorp was in actie gekomen voor de beroemdste zoon, 'Signor Looky Luciano'. Burgemeester Aurelio d'Accurso, een boer, deed tot grote ergernis van de dorpsgenoten zelfs toen zijn bijnaam 'lo stupido' eer aan door op de dag dat hun beroemde miljonair uit Amerika kwam, een rode sjerp te dragen.
Luciano was ontzet toen hij ontdekte waar hij zou logeren: 'Een twee verdiepingen hoog, vervallen en door het weer geteisterd hotel werd mijn Siciliaanse versie van de Waldorf Towers.' Een neef nam hem mee naar binnen en leidde hem trots naar zijn appartement, de helft van de tweede verdieping. 'Het zou in een hoek van mijn kamers in het Waldorf gepast hebben,' vertelde Luciano later.
Hij was echter ontroerd door de goede bedoelingen en de hereniging met zijn familie, maar het hoogtepunt kwam die avond. Hij was een dutje gaan doen en werd gewekt door het geknal van vuurwerk. Hij keek naar buiten en zag dat het plein met olielampen was verlicht en de tafels vol voedsel en flessen wijn stonden. 'De hele stad was er en het leek alsof ze allemaal naar mijn raam keken en op mij wachtten. Zodra ze mij zagen, begonnen ze "Sharlie, Sharlie" te roepen en ze maakten bewegingen dat ik naar beneden moest komen.'

De vrouwen hadden dagenlang gekookt en een van de inwoners, Giovanni Tinorello, vertelde later nasmullend: 'Ik had het beste diner van mijn leven die avond. Ik herinner mij dat Signor Sharlie vooral spaghetti alla marinara at. Die was gemaakt door mevrouw Rotola en zij maakte de beste pasta op heel Sicilië.'

Hoe hartelijk zijn dorpsgenoten ook waren, hij was evenwel te actief om zich in het gehucht op te sluiten. Dank zij de medewerking van een kapitein der carabinieri kon hij in de zomer van 1946 naar Palermo verhuizen.

Nog hetzelfde jaar reisde hij door naar Napels, waar hij kennismaakte met een jonge, veelbelovende mafioso, die nog meer dan hij later de titel van 'boss van twee werelden' zou verdienen. Tommaso Buscetta, het veertiende kind van een glazenmaker, was toen pas negentien jaar oud en niet alleen al getrouwd en vader van een dochter, maar ook sinds zijn achttiende jaar lid van een der 43 Palermitaanse clans, die van Porta Nuova.

Tussen hem en Luciano klikte het onmiddellijk. 'Luciano was een mythe voor mij,' zo vertelde Tommaso aan Enzo Biagi, de auteur van zijn biografie 'Il boss è solo'. 'Hij mocht mij dadelijk en was heel vriendelijk tegen mij totdat hij stierf. Ik bezocht hem iedere maand.'

Luciano's grootste 'bijdrage' aan de Siciliaanse mafia, de organisatie van de handel in drugs, is door Buscetta nooit genoemd. Zowel in Italië als in de VS echter is de politie er zeker van dat deze voornamelijk door 'Charlie Lucky' in Italië is geïntroduceerd.

Een van de eerste malen dat de Italiaanse politie zich daarvan bewust werd, was dank zij de primeur van een krant in Palermo.

Luciano had te zamen met Don Calò Vizzini in 1949 in Palermo een snoepfabriek geopend, waar specialisten uit de VS, Duitsland en Frankrijk ongestoord achter stevig gesloten hekken werkten, tot de socialistische krant 'Avanti' in 1954 een artikel over de fabriek publiceerde. Erboven de grote kop: 'Textiel en snoep op de drugsroute.' Dezelfde avond was de fabriek gesloten en waren de specialisten vertrokken.

Voor Buscetta, die zelf later een notoire drugsdealer werd, was Luciano alleen een buitengewone man. 'Hij was een serieus persoon. Op de foto's was hij oerlelijk, maar in werkelijkheid was hij een mooie man, vanwege zijn manier van doen,' zo vertelde hij Biagi.

Luciano, voordien een rusteloze rokkenjager, had in Napels eindelijk zijn stek gevonden en leidde met zijn grote liefde, de Italiaanse balletdanseres Igea, een rustig en huiselijk leven. Buscetta was gefascineerd door hun geluk. 'Het was een liefde als in Shakespeare,' meende hij. 'Zij was, behalve lichamelijk boeiend, ook nog intelligent en ze wist precies wat er zich in Luciano's hoofd afspeelde.' Dat waren volgens Buscetta alleen maar goede dingen, want ook al had Luciano gemoord, hij had dit alleen gedaan om zich te verdedigen. Niet uit wreedheid.

Claire Sterling, die Luciano eens in 1957 ontmoette, had een andere indruk van hem. In haar boek 'The Mafia' vertelt ze hoe ze hem opzocht in zijn huis en zittend op een gebloemde sofa tegenover een bos kunstbloemen hem bestudeerde.

'Mijn aandacht werd afgeleid van het polshorloge dat Luciano droeg - platina omringd door diamanten - naar zijn ogen achter een professionele bril zonder montuur. De ogen waren een poel vol koude onverschilligheid, volkomen zonder uitdrukking, onvergetelijk.'

In 1962, terwijl hij meewerkte aan de voorbereidingen voor een film over zijn leven, stierf Lucky, wachtend op het vliegveld op de producer. Volgens sommigen werd hij vergiftigd door het kopje koffie dat hij op het vliegveld dronk, omdat Cosa Nostra in de VS niet erg enthousiast over het idee van de film was.

Buscetta houdt echter vol dat het een natuurlijke dood is geweest.

Met de dood van Don Calò en met de hulp van Luciano begon in zekere zin een nieuw tijdvak in het bestaan van de mafia. De agrarische mafia had afgedaan, want met de nieuwe wetgeving van 1950 werden de enorme landerijen op Sicilië opengebroken. De 'gabellotti' verdwenen voorgoed en daarmee de meedogenloze greep die de mafia op het platteland had gehad.

Daarbij kwam nog dat in 1947 Sicilië een autonome regio van de pasgeboren Italiaanse republiek was geworden, met zijn eigen parlement. Enorme fondsen kwamen ter beschikking en het werd de landelijke elite, grootgrondbezitters en mafia, al snel duidelijk dat het geld niet meer op hun akkers groeide, maar dat het gewin te vinden was in de steden langs de kust. De exodus was reeds begonnen.

Leggio had al heel spoedig begrepen waar de toekomst lag. Hij was na de moord op Rizzotto naar Palermo vertrokken, waar hij zijn intrek nam in het dure Ospizio Marino om daar zijn eerste gecompliceerde medische behandeling te ondergaan. Hoewel hij door de politie werd gezocht, bewoog hij zich vrij door Palermo. Maar nadat hij in december 1949 van de moord was vrijgesproken, keerde hij naar Corleone terug, slanker en met een vrijwel rechte rug.
Met zijn thuiskomst begon een van de bloedigste periodes in de historie van het stadje. In de jaren 1953 tot en met 1958 vielen er 153 doden en een bejaarde inwoner herinnert zich nog goed hoe er op weg naar school heel vaak wel ergens een lijk op straat lag. 'We keken er niet eens meer naar.'
De reden voor het bloedbad was de toenemende spanning tussen dokter Navarra en Leggio. De dokter ergerde zich voortdurend aan het arrogante gedrag van zijn vroegere leerling. 'Wie denkt ie dat ie is,' brieste hij, wanneer hij Leggio opnieuw uitdagend langs zag komen. Wat hem echter tegelijkertijd zorgen baarde, was dat Leggio een groep jongeren om zich heen had verzameld 'die aan zijn lippen hingen alsof hij het evangelie sprak en die al even ruig waren als hij zelf'. Onder hen bevonden zich twee 'veelbelovende' mafiosi, Totò Riina en Bernardo Provenzano.
Een persoonlijke confrontatie kon niet uitblijven en zij kwam nadat op een avond in juli 1958 een boer bij Navarra aanklopte, in tranen omdat Leggio zonder ook maar iemand te raadplegen de watertoevoer naar zijn boomgaard had afgesneden. Voor Navarra was deze uitdaging aan zijn gezag de laatste druppel.
'Hij is een dode man,' vertelde hij zijn rechterhand Giovanni. Maar hij vergiste zich. De aanslag, waarvoor hij vijftien man naar 'Piano della Scala' zond, mislukte volkomen. Leggio wist, hoewel hij gewond was, via een speciaal gegraven tunnel uit zijn boerderij te ontsnappen.
Navarra nam het nogal licht op en maakte met zijn vrienden zelfs het grapje dat hij Leggio graag zou willen behandelen indien deze naar het ziekenhuis zou komen. Een paar dagen later, op 2 augustus, was Navarra dood. Zijn chauffeur Giovanni was die dag naar Palermo gestuurd om iets op te halen, maar kreeg daar te horen dat er niets te bestellen was. Hij vroeg verbaasd waarom niet en kreeg kortaf ten antwoord: 'Navarra is dood.'

Het bleek dat de dokter, toen 53 jaar oud, even buiten Corleone regelrecht in de val was gelopen. Leggio had geen risico genomen en had hem met zestig kogels doorzeefd. Ook Navarra's collega Giovanni Russo, die met hem meereed, werd gedood.

'Dit was iets uit een western,' schreef de chauffeur later. 'De dokter was zich van geen gevaar bewust. Het regende die dag en de weg was verlaten. Het was allemaal te gemakkelijk.'

Corleone was de daarop volgende dagen in rouw gedompeld. Overal waren de luiken gesloten en zag men betraande gezichten. 'Maar de begrafenis leek in niets op die van Don Calò,' aldus een lid van Navarra's clan. 'De mensen waren bang, je kon dat heel goed voelen.'

De angst was terecht, want gedurende de komende maanden werden Navarra's mannen als wilde beesten opgejaagd en afgemaakt. Toen de rust terugkeerde, was de stand 29 doden aan Navarra's kant en dertien aan die van Leggio.

Wat Leggio had gedaan, was tegen alle regels van de mafia in. Niet alleen had hij Navarra gedood zonder de pas gevormde Cupola, de 'regionale commissie', te raadplegen of van zijn plan op de hoogte te stellen, ook had hij de dokter vermoord voor eigen gewin. Hij werd dan ook bij de Cupola op het matje geroepen, maar het bleef bij dit schijnbaar krachtige gebaar. Toen Leggio de 'bosses' vertelde dat het om een 'persoonlijke affaire' was gegaan, lieten ze hem ongestraft gaan.

Buscetta vertelde later dat de overheersing van de mafia door de Corleonesi toen is begonnen. Na de zwakke reactie van de Cupola wist Leggio dat hij kon doen wat hij wilde. Corleone had hij al in zijn macht, nu stond heel Sicilië open voor hem.

VII - Vrede en oorlog

In de 'Albergo delle Palme', nu vergane glorie, maar toen het hoogtepunt van Palermitaanse chic, vond op 12 oktober 1957 een unieke en voor de mafia historische bijeenkomst plaats. In de 'Sala Wagner', vol antieke spiegels en vergulde meubelen, ontmoetten op die dag de mafia uit de oude en de nieuwe wereld elkaar voor het eerst voor een topconferentie.

De Siciliaanse mafia, geleid door de slonzige, maar sluwe Don Giuseppe Genco Russo, speelde gastheer voor de Amerikaanse familieleden van Cosa Nostra, onder leiding van de schijnbaar zo zachtmoedige Joe 'Banana' Bonanno uit Brooklyn.

Vreemd genoeg is het bekend wie er uit de Verenigde Staten aanwezig waren, maar niet wie uit Sicilië zelf. Tot grote frustratie van een latere antimafia-commissie had het politiecommissariaat van Palermo slechts één agent, Lo Piccolo, ingezet voor de veiligheid van de hoge gasten. Zijn rapporten beperkten zich tot het melden van de aankomst van de meeste Amerikanen bij naam. Van de Sicilianen herkende hij uiteraard Genco Russo, om daarna te rapporteren dat deze op de eerste dag vergezeld was van 'vijf onbekenden' en op de tweede dag van twaalf niet nader genoemden.

Niet alleen was de politie niet erg geïnteresseerd, ook de pers besteedde nauwelijks aandacht aan de conferentie. Interpol kreeg pas negen maanden na de gebeurtenis een berichtje en de Amerikanen hoorden over het Siciliaanse uitstapje van hun 'crime-bosses' toen ze al lang weer thuis waren.

'Als men deze onbekenden geïdentificeerd had, zou het veel gemakkelijker geweest zijn de evolutie van de "nieuwe mafia" vast te stellen,' mopperde later de geïrriteerde commissie. Zij was er zeker van dat de 'onbekende' metgezellen van Russo niet zomaar loopjongens waren en het staat vrijwel vast dat Luciano Leggio zich onder hen bevond, en ook Buscetta, hoewel deze dit nooit heeft toegegeven. Buscetta heeft ook nooit willen onthullen wat er op de conferentie is besproken, maar in de loop der jaren is men erin geslaagd vast te stellen dat de bijeenkomst in verband stond met de Narcotic Control Act, die een jaar tevoren in de VS was aangenomen.

Het congres had deze wet aangenomen nadat een Amerikaanse senator, Estes Kefauver, Cosa Nostra in 1951 op haar grondvesten had doen schudden door op het televisiescherm 'live' de grote bazen te verhoren. Het was een hel voor hen geweest en ten minste één 'boss' bekende na afloop liever jarenlang opgesloten te worden dan voor de camera te verschijnen.
De publieke verhoren maakten echter in de VS zo'n diepe, zij het niet lang durende indruk, dat zonder veel verzet het Congres de straffen opschroefde van vijf tot twintig jaar voor importeurs van drugs en van tien jaar tot levenslang voor dealers. Cosa Nostra besloot daarom deze hete aardappel te laten vallen.
Alle mafiosi uit de VS aanwezig in de 'Albergo delle Palme', waren grote dealers geweest en enkelen van hen hadden al ernstige moeilijkheden met de justitie gehad. Hun Italiaanse neven hadden dergelijke problemen niet, zij konden vrij reizen en in hun eigen land was de politiecontrole nog vrijwel nihil.
De oplossing was dus, zo beweert Claire Sterling in haar boek 'The Mafia', heel eenvoudig: de Sicilianen zorgden voor de produktie, de aflevering en de distributie, terwijl de Amerikanen hun de markt tegen een behoorlijke prijs verpachtten.
Hoe eenvoudig de oplossing moge klinken, het duurde vier dagen voordat men het met elkaar eens was. En dat de toon niet altijd even vriendelijk was geweest, blijkt uit de enige opmerking die via een informant uitlekte en die afkomstig was van Genco Russo: 'Wanneer er te veel honden om een been vechten, is hij die het verst weg is gezegend.'
Voordat de Amerikanen het vliegtuig terug naar huis namen, vond er in Palermo nog een andere belangrijke bijeenkomst plaats, waarover Buscetta wel graag heeft gepraat. Het was een diner in het nu verdwenen exclusieve restaurant 'Spano' en de eregast was Joe Bonanno.
Al eerder had Lucky Luciano Buscetta tijdens een van hun maandelijkse gesprekken verteld over de commissie die hijzelf in 1937 in Amerika had opgericht. Deze bestond uit twaalf leden, die als een soort raad van bestuur over de algemene politiek van Cosa Nostra beslisten, geschillen tussen de clans moesten oplossen en bepaalden wie wel of niet geëxecuteerd kon worden.
Buscetta vond het een briljant idee en luisterde gretig toen

Bonanno hem tijdens het diner terzijde nam en hem vertelde hoe goed het systeem van de commissie in de VS werkte. Zeker van zichzelf - 'ik was een rijzende ster,' zei hij later - legde Buscetta het voorstel voor het vormen van een commissie aan de vrienden rond de tafel voor. Na een discussie, die twaalf uur duurde, werd het voorstel eenstemmig aangenomen. De Siciliaanse Cupola was geboren, maar onder zo'n grote geheimhouding, dat haar bestaan pas in 1984 bekend werd dank zij de onthullingen die Buscetta in dat jaar deed.

Of het al dan niet aan de Cupola te danken is geweest, is moeilijk te raden, maar er volgden inderdaad enkele jaren van vrede. Het meest waarschijnlijke was het dat de mafiosi het te druk hadden met geld verdienen om elkaar af te maken. Er was werk genoeg voor iedereen.

Afgezien van de heroïneproduktie, -bevoorrading en -verkoop, die, zoals hij in zijn biografie onbeschaamd toegeeft, Lucky Luciano vooral bezighielden, vond in Palermo een bouwexplosie plaats.

De weg daartoe was geopend door een nieuwe generatie van christen-democratische politici, die sinds 1956 de stads-'giunta' domineerden. De belangrijkste exponent onder hen was Salvo Lima, zoon van een mafia-'boss' en kroonprins van de gedeputeerde Giovanni Gioia, die ook al jaren in een mafia-reuk had gestaan.

Lima kreeg zijn grote kans toen hij in 1958 op zijn dertigste burgemeester werd van Palermo en Vito Ciancimino, net als Leggio een Corleonees, als wethouder van Publieke Werken aanstelde. De 'sacco di Palermo', ofte wel de plundering of destructie van de Siciliaanse hoofdstad, begon en de resultaten ervan zijn nog steeds te zien.

Eens geroemd als een juweel aan de Middellandse Zee, zijn grote delen van Palermo nu een jungle van flatblokken, waarvan het beton vaak gescheurd is en de ramen verveloos zijn, van straten zonder verlichting of waterleiding, terwijl het historische centrum volkomen verwaarloosd is.

Wandelend van zuid naar noord wordt men achtereenvolgens geconfronteerd met de superluxueuze Via della Libertà, vol bontwinkels en haute-couture, vervolgens met straten die sinds de oorlogsbombardementen verlaten zijn en ten slotte met de oude 'borghi', waar men uitglijdt in het afval en de geiten nog in de straten grazen.

De mafia werkte maar al te graag en met succes met deze christen-democratische eerste burgers. Er viel heel wat te versieren en toen de prefect van Palermo in 1964 een onderzoek instelde, bleek dat van de 4.025 bouwvergunningen afgegeven in de zeven voorafgaande jaren, tachtig procent was uitgereikt aan slechts vijf personen. Meer dan 1.500 stonden op naam van een metselaar en 703 op die van een vroegere petroleumventer.
Het was duidelijk dat zij als stromannen werden gebruikt en de venter, die inmiddels portier was geworden in een van 'zijn' flatblokken, maakte daar geen geheim van. 'Ik tekende de documenten om 'vrienden' een dienst te bewijzen,' vertelde hij later een commissie van onderzoek. 'Zij zijn goede mensen en helpen mij ook.'
In deze atmosfeer van corruptie en omkoperij begon ook Leggio steeds meer op de voorgrond te komen. Na de moord op dokter Michele Navarra was hij opnieuw ondergedoken, maar hij aarzelde niet zich te manifesteren. Overdag gebruikte hij dikwijls een vermomming, soms zelfs als non, 's avonds evenwel vertoonde hij zich graag in snelgesneden pakken in dure restaurants, steevast met een dikke sigaar in de mond en een donkere bril op en vaak in het gezelschap van dure vrouwen.
De carabinieri in Corleone hadden hun collega's in Palermo voor hem gewaarschuwd. 'Gewelddadig en crimineel van aard, schuldig aan moord, diefstal, afpersing en bruut optreden, gehaat door de bewoners van Corleone vanwege het verdriet en het kwaad dat hij daar heeft verspreid,' zo luidde een korte karakterschets. En net als in Corleone was hij ook onder zijn mafia-collega's in Palermo niet populair, maar wel gevreesd.
Uit parlementaire rapporten blijkt dat Leggio in die jaren connecties had met iedere mafia-'boss' die meetelde - vooral met de twee belangrijkste clans, die van de Greco's en van de gebroeders La Barbera. En het is een bewijs van zijn sluwheid en intelligentie dat hij deze vriendschappen heeft overleefd, want in het begin van de jaren zestig brak er tussen die twee 'cosche' een oorlog uit, waarin geen mededogen werd getoond.
De confrontatie was onvermijdelijk geweest. De werelden van de twee families lagen zover uit elkaar dat ze wel met elkaar in botsing moesten komen. De Greco's, twee zeer intelligente neven die allebei Salvatore heetten, maar beter

bekend waren onder hun bijnamen 'l'Ingegnere' (de ingenieur) en 'Cicchiteddu' (flaconnetje, vanwege zijn figuur), waren met hun basis in de 'borgata' van Ciaculli even buiten Palermo de vertegenwoordigers van de plattelandsmafia. Dank zij generaties van 'gabellotti' waren zij het blauwe bloed in de organisatie, met een uitgebreid net van politieke en financiële contacten. Vooral Cicchiteddu was een man met grote autoriteit en charisma.

Daartegenover stonden de La Barbera's, door een parlementaire commissie in 1971 omschreven als 'personen van obscure origine' die 'in een klein aantal jaren... zó snel rijk werden, dat het verdacht was'. Salvatore en Angelo La Barbera waren inderdaad opgekomen via de kleine misdaad om zich ten slotte in de bouw te begeven. Zij concentreerden zich vooral op het transport van bouwmaterialen en dank zij goede contacten in het Palazzo delle Aquile, het stadhuis, kregen zij uiterst gunstige contracten. Ook als experts op het gebied van afpersingen - aannemers werden gedwongen vier tot vijf maal voor dezelfde lading zand te betalen - maakten zij een bom geld.

Een belangrijk aspect bij het financiële succes van de twee gebroeders was de gewetenloze wijze waarop zij binnen en buiten de stad huishielden. Zonder enig respect voor Palermo's geschiedenis stoomwalsten deze 'nouveaux riches' door tuinen en parken, trokken beroemde 'liberty'-paleizen omlaag en vernietigden de Conca d'Oro, de 'Gouden Schelp', de sinaasappeltuinen rond de stad, om deze velden te vullen met grauwe flatblokken, het merendeel 'abusivi', dus zonder vergunning gebouwd.

De Greco's maakten zich niet erg druk over deze 'parvenu's'. Zij hadden hun eigen belangen aan de zuidkant van de stad. Toen het stel 'parvenu's' zich echter begon te mengen in de drugshandel veranderde de situatie. Speciaal toen de La Barbera's zich lieerden met Lucky Luciano werden zij voor de Greco's, die hun eigen drugsbedrijf hadden, gevaarlijke concurrenten.

Er werd nog een poging gedaan om samen te werken, maar een misgelopen transactie maakte daar een einde aan en was ten slotte de vonk in het kruitvat. De Cupola probeerde de ruzie te sussen, maar aangezien Cicchiteddu Greco, de grote tegenstander, tegelijkertijd president was, weigerde Salvatore La Barbera de uitspraak - schorsing van de clan - te accepteren. Dat betekende oorlog.

De Palermitanen wisten niet wat hen overkwam. Van de ene dag op de andere veranderde hun stad in een slagveld, waar iedere 24 uur wel een paar doden vielen en waar vooral autobommen plotseling heel populair bleken te zijn in de onderwereld.
Een van de eerste slachtoffers was Salvatore La Barbera. Hij verdween spoorloos en zou volgens geruchten door Buscetta, die haastig naar de winnende Greco's was overgelopen, in de oven van zijn glasfabriek zijn gestopt. Angelo, zijn broer, werd eveneens neergeschoten, maar overleefde de aanslag om jaren later in de gevangenis met acht dolksteken om het leven gebracht te worden.
De massale slachtpartij, in feite de eerste mafia-oorlog, had nog maanden kunnen duren als niet een enkele explosie op 31 juli 1963 er op abrupte wijze een einde aan had gemaakt. De plaatselijke carabinieri te Ciaculli ontvingen op die dag een anoniem telefoontje, waarin hun werd meegedeeld dat er een verdachte Alfa Romeo met een lekke band geparkeerd stond voor de villa van Cicchiteddu Greco, in het hart van het dorp. De waarschuwing 'wees voorzichtig' van de beller was voor de carabinieri overbodig. De laatste maanden waren er verschillende Alfa Romeo's in de lucht gevlogen en de zeven mannen, onder bevel van luitenant Mario Malausa, wandelden dan ook eerst een paar maal voorzichtig om de auto heen. Het leek een ongevaarlijke klus. Op de achterbank zagen ze een bom liggen waarvan de lont was uitgegaan. Die kon dan ook zonder verdere complicaties onschadelijk worden gemaakt.
Voordat de carabinieri de wagen zouden wegslepen, opende een van de mannen de bagageruimte. Een enorme explosie volgde toen honderd kilo dynamiet de lucht inging. De booby-trap liet geen spaan heel van de zeven carabinieri. Men vond alleen een baret en een pistool terug.
Het bloedbad van Ciaculli had dramatische gevolgen voor de mafia. De regionale legercommandant van Sicilië, generaal Aldo De Marco, was door het dolle heen. 'Arresteer alle verdachten in de streek en sluit ze op, dat zijn mijn orders,' schreeuwde hij generaal Buccheri van de carabinieri toe. 'Martel ze en laten we dan eens zien wat er gebeurt. Of geef de soldaten bevel ze op staande voet neer te schieten. Ik zal daarvoor naar de gevangenis gaan, maar zo kunnen we niet doorgaan.'
Er volgde een enorme klopjacht en voor de eerste maal

toonde de mafia tekenen van paniek. Terwijl meer dan tienduizend politiemannen en carabinieri de stad afstroopten op zoek naar mafiosi en er bijna tweeduizend arresteerden, pakten honderden haastig hun koffers en vertrokken naar Brazilië of de Verenigde Staten.

Dat de mafia zo reageerde, was begrijpelijk. Afgezien van de meedogenloze politiejacht zag het ernaar uit dat men ook in Rome eindelijk serieus van plan was de mafia aan te pakken. Voor de eerste maal zou er een speciale antimafiacommissie worden gevormd, die een diepgaand onderzoek moest instellen naar het verschijnsel van de georganiseerde misdaad.

Het was niet de eerste maal dat er sprake was van een dergelijke commissie. Al in juli 1948 vroeg een socialistische senator, Giuseppe Casadei, de regering naar aanleiding van onder andere de schietpartij van Don Calò in Villalba en de moord op Rizzotto en zes andere vakbondsleiders, wat zij van plan was te doen om een einde te maken 'aan de misdrijven van de mafia, die Sicilië doen bloeden'.

'De mafia is,' aldus Casadei, 'een dominerende misdadige kracht die het democratische leven in Sicilië bedreigt, terwijl de staat werkeloos toekijkt en de meerderheidspartij (de christen-democraten - HvdZ) zich ernaar schikt.'

De toenmalige minister van Binnenlandse Zaken, Mario Scelba, zelf een Siciliaan, had geen enkele sympathie voor de vragensteller. 'De mafia, zijnde een eeuwenoud fenomeen, heeft niets gemeen met welke politieke lijn ook,' was zijn dooddoener. Hij sleepte er voorts een aantal statistieken bij - in Italië berucht vanwege hun onbetrouwbaarheid - waaruit moest blijken dat 'de misdadigheid op Sicilië in 1949 wat betreft het aantal moorden lager is geweest dan ooit in de geschiedenis van het eiland'.

Toen Casadei bleef aandringen op het vormen van een parlementaire commissie van onderzoek, vroeg Scelba hem ironisch: 'Een parlementaire commissie? Om wat te doen? Om de algemene toestand op het eiland te onderzoeken? Maar die kennen we heel goed en daarvoor hebben we geen commissie nodig.'

Daarmee was de kwestie afgedaan en ondanks enkele andere pogingen om te komen tot een onderzoek naar de activiteiten van de mafia en haar relaties met de politiek, moest men tot 1963 wachten. In dat jaar werd een wetsvoorstel, daterend uit 1958, afgestoft en in februari 1963 kwam de

eerste antimafia-commissie tot stand. De algemene verkiezingen, die in april werden gehouden, maakten evenwel een voortijdig einde aan haar activiteiten.
Na de verkiezingen werd overwogen een nieuwe commissie te vormen, maar het was het bloedbad van Ciaculli dat de doorslag gaf. Binnen vijf dagen begon de tweede antimafia-commissie haar werk.
Enkele dagen daarna riep Cicchiteddu Greco, als president van de Cupola, de weinige mafia-bazen die nog in Palermo waren achtergebleven bijeen. De meeste van zijn 'collega's' waren vrijwillig vertrokken, of verbannen naar Noord-Italië, of - nog erger voor een 'boss' die het contact met zijn 'picciotti' niet wilde en kon verliezen - zoals de laatste der 'mammasantissime', Don Giuseppe Genco Russo, naar afgelegen eilanden als Pianosa en Asinara. Palermo had nog steeds veel weg van een legerkamp en het was duidelijk dat de regering had besloten met de politie en een actieve antimafia-commissie een krachtig gebaar te maken.
Eensgezind besloten de 'capi dei capi' daarom voorlopig hun activiteiten op Sicilië te staken. De Cupola werd tegelijkertijd ontbonden.
Na gedane zaken pakte nu ook Greco zijn koffers en vertrok naar Brazilië. Luciano Leggio, die de spoedvergadering had bijgewoond, besloot wat dichter bij huis te blijven en vertrok naar Corleone, waar hij als onderduikadres een heel bizar en onverwacht verblijf koos.

VIII - Leggio's beste jaren

Op 14 mei 1964 kwam er na zestien jaar een einde aan het bestaan van Luciano Leggio als 'latitante', voortvluchtige voor de politie. Hij werd op die dag gearresteerd in het huis in Corleone waar hij zich sinds de zomer van 1963 had verscholen.

Dat het de politie in het stadje nog bijna een jaar had gekost om Don Luciano te vinden, was vrijwel zeker omdat het niet bij haar was opgekomen om juist op die ene plek te zoeken. Heel cynisch had Leggio namelijk onderdak gevonden bij Leoluchina Sorisi, de ex-verloofde van Placido Rizzotto, de man die hij in 1948 met eigen handen had vermoord.

Hoewel Leoluchina onmiddellijk na de moord wanhopig had uitgeroepen dat zij 'het hart (zou) eten van degene, die dit heeft gedaan', was zij enkele jaren daarna voor Leggio gevallen en zij had hem onmiddellijk in huis genomen toen hij na het bloedbad van Ciaculli Palermo moest ontvluchten.

Leggio had zich een jaar lang in haar huis vlak naast het politiebureau door haar laten vertroetelen en verzorgen. Ondanks alle kuren had hij nog steeds last van de Pottse ziekte en toen politiecommissaris Angelo Mangano van Palermo tegelijk met de plaatselijke carabinieri-commandant zijn slaapkamer binnenviel om hem te arresteren, wees hij, toen 38 jaar oud, verwijtend op alle medicijnflesjes. 'Ik ben een oude man. Wat willen jullie van mij?' vroeg hij hun klagelijk. 'Als jullie mij in leven willen houden, moeten jullie mij naar de zon brengen.'

Niemand had medelijden en terwijl Leoluchina in tranen toekeek, werd Luciano door twee politiemannen min of meer naar buiten gedragen. Een vijand van Leggio, die voor hem op de vlucht was, schreef later tevreden in zijn memoires: 'En eindelijk in mei slaagde commissaris Mangano (van Palermo) erin zijn handen op Leggio te leggen... Ik herinner mij nog de foto in de kranten: Leggio's ogen puilden uit zijn kassen en Mangano was zichtbaar oertrots.'

De dagboekschrijver had zich echter toch nog niet veilig gevoeld. 'Leggio is ziek en iedereen weet dat hij moeilijk loopt, maar hij heeft twee sterke armen... Zijn rechterarm heet Totò Riina, de linkerarm Bernardo Provenzano. Je kunt een man de hele dag in de gevangenis houden, maar als zijn "armen" vrij zijn, is hij ook vrij.'

Leggio werd in de Ucciardone-gevangenis opgesloten, waar hij vijf jaar zou verblijven. Veel miste hij echter niet, want op het eiland ging de mafia door de eerste crisis in haar bestaan.

'Cosa Nostra was vrijwel verdwenen,' aldus mafia-expert Pino Arlacchi, 'iedere vorm van coördinatie, de informele provinciale commissies, het systeem van executies, de interne hiërarchie, alle vormen van contact tussen de diverse mafia-groepen, alles was ontmanteld.'

Nino Calderone herinnert zich nog heel goed hoe arm de meeste mafiosi waren. 'Wij waren economisch gezien in de slechtste situatie, allemaal... In een groot deel van de jaren zestig was het leven somber voor ons. We stalen wat, we kochten en verkochten wat gestolen goederen.'

De toestand was zo benepen, dat Totò Riina, die in 1966 werd gearresteerd en drie jaar in de cel doorbracht, Calderone eens in tranen vertelde dat zijn moeder hem niet had kunnen bezoeken in de gevangenis, omdat ze geen geld voor het treinkaartje had.

Het waren ten slotte de magistraten die de mafia van een totale ondergang redden, door in het ene proces na het andere de mafiosi vrij te spreken. En dit gold ook voor Leggio.

Zijn relatie met de justitie begon niet veelbelovend. Cesare Terranova, een befaamde rechter uit Trapani, vertelde later hoe er aanvankelijk geen woord uit Leggio was te krijgen toen hij hem in de gevangenis moest verhoren. Toen hij zelfs zijn naam niet wilde geven, deed Terranova, die als Siciliaan heel goed wist hoe een mede-Siciliaan diep te kwetsen, een noodgreep. Hij dicteerde aan de klerk dat de arrestant niet wist wiens zoon hij was, met andere woorden: dat hij een bastaard was.

Leggio, diep beledigd, plofte bijna uit elkaar en tot zijn verbazing zag de rechter dat het schuim hem op de mond stond. 'Had hij gekund, dan had hij mij vermoord,' meende hij. Maar het had gewerkt. Leggio, die zijn tranen altijd gemakkelijk klaar had, begon ook nu te huilen en, klagend over zijn gezondheid, begon te praten.

In 1967 vond het eerste massale proces, dat der 114 mafiosi, plaats. Ook Leggio moest voorkomen. Terranova had besloten naar Calabrië te gaan om intimidatie van getuigen te verhinderen en had de plaats Catanzaro uitgekozen. Het schouwspel was voor die tijd heel spectaculair, want omringd door vijfhonderd politiemensen zat Leggio te zamen met 88 andere mafiosi - 25 hadden de benen genomen - in een enorme kooi, geplaatst in een school. Volgens de aanklacht, die 221 pagina's lang was, waren de mannen schuldig aan onder andere diefstal, ontvoering, moord en het bloedbad van Ciaculli.

Ondanks de grondige voorbereidingen was het hele proces een klucht en eindigde het na een jaar met de vrijspraak voor allen, op tien na. Ook Leggio kon vrijuit gaan, maar Terranova vond dat te ver gaan. De rechter groef diep en in februari 1969 vond het tweede proces tegen de 'capo' van Corleone plaats. Opnieuw werd hij beschuldigd van de moorden op Rizzotto en dokter Navarra.

Nu speelde het proces zich in Bari af en deze maal stond de hele Corleone-clan, in totaal 37 man, met Leggio in de beklaagdenbank. Ook zijn twee 'armen', Totò Riina en Bernardo Provenzano, stonden terecht.

Het beloofde gevaarlijk te worden voor de 'boss'. De politie had twee getuigen à charge gevonden, maar uiteindelijk bereikte slechts een van hen de getuigenbank. De ander werd, voor het zover kwam, naar een psychiatrische inrichting gebracht, aangezien hij volgens een medisch rapport leed aan een 'psychogene reactie' - met andere woorden doodsbang was.

Hetzelfde gold mogelijk voor de jury. Deze ontving terwijl zij zich over het vonnis beraadde, net als de rechter een getypte brief, waarin zij heel duidelijk werd bedreigd. 'Niet alleen waarschuwen we u dat u overhoop wordt geschoten, wanneer een "galantuomo" uit Corleone wordt veroordeeld,' aldus het epistel, 'maar u zult worden vermorzeld, evenals uw familie. Hier wordt niemand veroordeeld, anders treft u de doodstraf.' Geen wonder dat ook deze maal het proces eindigde in vrijspraak voor Leggio en zijn trawanten. Hoewel de officier van justitie hoger beroep aantekende, kon Leggio na vijf jaar eindelijk vrijuit gaan.

Het leek van korte duur te zullen zijn, want in Palermo had commissaris Paolo Zamparelli opnieuw een arrestatiebevel tegen Leggio uitgevaardigd. Toen Pietro Scaglione, de hoogste magistraat van Palermo, daar de vreemde voorwaarde aan verbond dat Leggio alleen in de Siciliaanse hoofdstad gearresteerd kon worden, bleef het bevel op de

tafel van Zamparelli liggen. Leggio had namelijk allerminst de bedoeling terug te keren naar Palermo en Corleone en nog minder naar de vrouw die hem daar had verzorgd, Leoluchina Sorisi.
Zijn intrek nemend in het ziekenhuis van La Santissima Annunziata te Taranto voor medische behandeling, had hij de 27-jarige verpleegster Emilia Piccinini ontmoet, en hij was een affaire met haar begonnen. In die periode gaf hij ook zijn eerste interview, waarin hij zich beklaagde over het feit dat hij als 'arme drommel' voortdurend door politie en carabinieri werd achtervolgd. Hij was ervan overtuigd dat hij het slachtoffer was van 'een monsterlijk complot'.
Leggio ontkende ten stelligste dat de mafia bestond. 'Het is een bedenksel van bepaalde politiefunctionarissen, om geld te kunnen verduisteren dat behoort aan het volk.'
Na drie maanden reisde hij door naar Rome om daar in de dure kliniek Villa Margherite een operatie aan zijn prostaat te ondergaan. Zijn aanwezigheid in de Italiaanse hoofdstad werd uiteraard snel bekend, want alles wat Don Luciano deed was krantenieuws geworden. En de Romeinse politie besloot daarom de kliniek 'op een discrete wijze' in de gaten te houden.
Kennelijk was de bewaking zo discreet, dat op 19 november volgens een rapport twee agenten ontdekten dat 'de bandiet de kliniek verlaten heeft om zich onvindbaar te maken'. Leggio was zijn tweede onderduikperiode ingegaan. Tegelijkertijd waren zijn beste en meest bloeddorstige jaren als 'boss' begonnen.
Na de stille jaren zestig en aangemoedigd door de voor de staat zo rampzalig verlopen processen, begon de mafia zich langzaam maar zeker te herstellen. Bijna vergeten door het gewone publiek, ook al omdat het aantal moorden sinds Ciaculli vrijwel nihil was geweest, had Leggio al vanuit zijn cel ondergronds de basis voor haar herstel gelegd. Maar voordat zijn 'nieuwe' mafia in actie kon komen, moest er eerst nog grote schoonmaak worden gehouden.
Het slachtoffer daarvan werd Michele Cavatoia, een bazige 'capo', die het volgens velen achter de ellebogen had en die door zijn stiekeme intriges verantwoordelijk was geweest voor de mafia-oorlog van 1963.
In strijd met de regels van Cosa Nostra had Cavatoia namelijk nooit de waarheid verteld over een aantal moorden door hem begaan, maar integendeel had hij alle moeite ge-

daan deze moorden in de schoenen van de gebroeders La Barbera te schuiven.
Door zijn schuld was de mafia bijna totaal uitgeroeid en, zo vertelde Buscetta later, 'enkele van de uiteengevallen mafiafamilies vonden het noodzakelijk Michele Cavatoia te straffen en te elimineren'. Zij belastten Leggio daarmee en deze gaf op zijn beurt zijn rechterhand, Totò Riina, de leiding. Bernardo Provenzano moest met vijf anderen, onder wie Leoluca Bagarella, de broer van Totò's verloofde Ninetta, de executie uitvoeren.
Op 10 december 1969 arriveerde er een zestal mannen in politie-uniform bij het kantoorgebouw van aannemer Moncada in de Viale Lazio, een drukke winkelstraat in Palermo. Zij wandelden direct de kamer binnen van Cavatoia, die in conferentie was. Een van de 'agenten' begon meteen te schieten. Cavatoia was niet zo snel van zijn stuk te brengen en achter zijn bureau duikend schoot hij eerst Bagarella neer en verwondde daarna Provenzano aan zijn hand.
Terwijl er over en weer geschoten werd, liet Cavatoia zich onder zijn bureau vallen, schijnbaar dood. Maar toen Provenzano, op zoek naar een document dat de mafia-baas zou bezitten, Cavatoia van onder het bureau wilde wegtrekken, bleek hij nog te leven. Hij probeerde Provenzano zelfs in het gezicht te schieten, maar zijn revolver ketste. Ook Provenzano's mitrailleur werkte niet meer omdat het magazijn leeg was, zodat hij ten slotte de taaie 'boss' met het wapen moest doodknuppelen.
De hele overval had slechts drie minuten geduurd, maar wel zes doden geëist en drie gewonden. De moordenaars namen de benen met medeneming van de zwaar gewonde Bagarella, maar met achterlating van zes geweren en revolvers en ruim honderd hulzen en kogelgaten.
Het bloedbad van Viale Lazio zorgde voor de nodige opschudding bij de politie en in de pers, maar het had weinig gevolgen voor de mafia. Hoewel vele clans boos waren omdat zij niet op de hoogte waren gesteld van de plannen, bleef vendetta uit. 'De families wilden het verleden afsluiten,' aldus Calderone. 'Een tijdperk was achter de rug. We stonden voor een periode die veel goeds beloofde.'
Heel vervelend voor Leggio was evenwel dat hij inmiddels serieus door de politie werd gezocht. Nadat op 3 februari 1970 het Tribunaal van Palermo hem had veroordeeld tot een gedwongen verblijf in Novi Ligure, gaf de kantonrech-

ter van Corleone hem een jaar celstraf omdat hij zich bij zijn verblijf in Bari en Taranto aan de meldingsplicht had onttrokken. Later werden deze twee vonnissen, zoals gewoonlijk, ongedaan gemaakt, maar Leggio vond het beter uit het zicht te verdwijnen.
Hij was op Sicilië teruggekeerd en ondergedoken bij Badalamenti, de toen 61-jarige 'boss' uit Cinisi van wiens jongste kind hij de peetvader was. Maar al snel ontdekte Leggio dat hij niet zo dicht bij Palermo kon blijven en Badalamenti benaderde Giuseppe 'Pippo' Calderone, de 'capo' van Catania, die inderdaad hulp kon bieden.
Pippo's broer Nino herinnerde zich later heel goed hoe Leggio op een avond arriveerde bij zijn broers huis, in een door Bontade bestuurde blauwe Mercedes en geëscorteerd door vijf auto's vol 'uomini d'onore'. Leggio had veel weg van een president van een Hof van Appel, meende Calderone, die zeer onder de indruk was en in deze 'boss' onmiddellijk de 'capo di tutti i capi', de 'numero uno' van de Siciliaanse mafia zag.
Zijn gedistingeerdheid ten spijt - de Calderone's noemden hem tot zijn genoegen 'il professore' - was Don Luciano's mentaliteit niet veel veranderd sinds een jonge Siciliaan hem in de jaren vijftig had beschreven als een 'hond zonder meester'. Nino was vooral getroffen door zijn ogen. 'Hij had een manier van kijken, die angst inboezemde bij iedereen, ook bij ons mafiosi.' Soms verscheen een lichtje in zijn ogen dat ieder de mond snoerde.
'Hij was bloeddorstig,' aldus Nino, 'en hij schiep plezier in het doden.' Dat was aan alles te merken. Men hoefde hem maar even tegen te werken, een verkeerd woord of gebaar, of er viel een dreigende stilte. 'Iedereen was dan ongemakkelijk en men kon voelen hoe de dood door de lucht zweefde.'
Don Luciano bleek ook een veeleisende lastpost te zijn - 'wispelturig als een kind' - die na zijn prostaatoperatie alleen maar een bepaald merk mineraalwater dronk en die zijn eerste schuilplaats afkeurde omdat het er te koud was. Eindelijk vonden ze een huisje in San Giovanni La Punta, waar hij te zamen met Provenzano zijn intrek nam.
In tegenstelling tot alle verhalen was ook Leggio net als de andere mafiosi na de oorlog van 1963 en zijn jaren in de gevangenis niet rijk. De advocaten hadden hem veel geld gekost en om te leven moest hij vaak van Pippo Calderone le-

nen. Deze ging op zijn beurt de grote Catanese aannemer Costanzo om hulp vragen, die zonder verder veel te vragen Leggio graag subsidieerde.
Het verblijf in San Giovanni La Punta leidde trouwens tot een amusant incident. Zoals Nino in zijn boek 'Gli uomini del disonore' vertelt, had Leggio de gewoonte aangenomen naakt te zonnebaden, niet wetend dat hij daarmee mogelijke kopers van nieuwe naburige flats choqueerde en zelfs afschrok van een aankoop. De verkoper, uiteraard verstoord over de onfatsoenlijke buurman, ging op hoge poten naar de kapitein van de carabinieri om zijn beklag te doen. Deze op zijn beurt besloot de naaktloper bij zich te roepen.
Leggio schrok toen hij op een dag twee carabinieri aan zijn voordeur zag staan, maar verloor zijn tegenwoordigheid van geest niet. Toen zij hem vroegen mee te komen naar het bureau, liet hij zijn shorts zakken en toonde de verbaasde mannen de catheter, die men na zijn prostaatoperatie nog even had laten zitten. Ze begrepen dat het hem die dag niet zo goed uitkwam en ze maakten een afspraak voor de volgende dag.
Niet wetend waarom hij moest verschijnen, repte Don Luciano zich bezorgd naar de Calderone's om advies te vragen. Gezamenlijk besloten zij Provenzano de dag daarop op verkenning te sturen. Nerveus zaten Leggio, Pippo Calderone en Nino een dag later in de auto te wachten, terwijl Bernardo zich op het bureau lange tijd met de carabinieri onderhield. Toen hij eindelijk naar buiten kwam, vertelde hij dat de commandant een klacht had ontvangen over een naakte zonnebader en dat hij had beloofd dat deze voortaan zijn broek zou aanhouden. Leggio was opgelucht dat niemand hem had herkend en zag af van verdere naaktloperij.
Kort daarna moest de 'professor' vertrekken, omdat zijn gastheer Pippo werd gearresteerd en de politie de omgeving in de gaten begon te houden. Het speet Leggio, want hij was na een verblijf van twee jaar gesteld geraakt op zijn omgeving.
Leggio had overigens in die periode in San Giovanni La Punta niet stil gezeten. Herhaaldelijk had hij bezoeken gebracht aan Palermo, Rome of Milaan, overal zijn sporen achterlatend.
Het bloedigste spoor was dat in de Siciliaanse hoofdstad, waar hij onder andere Pietro Scaglione eigenhandig ver-

moordde. De procureur-generaal van Palermo was een man met een dubieuze reputatie. Net als Lucky Luciano was hij afkomstig uit Lercara Friddi, maar hij bracht zijn hele leven door in Palermo, waar hij in de jaren zestig dik bevriend was met de politici Salvo Lima en Vito Ciancimino. Geen wonder dat ook hij in de reuk van de mafia stond.
Of dat waar is of niet, is nooit bewezen. Wel dat hij talloze verzoeken om arrestaties en beschuldigingen tegen politici en plaatselijke autoriteiten in een lade gooide met de opmerking 'fastidio', vuiligheid, en ze vaak jaren liet liggen, om ze evenwel toch te produceren op het moment dat het hem geschikt leek.
Vreemd genoeg was het zijn beslissing in 1963 om het tegen Leggio uitgevaardigde arrestatiebevel min of meer te annuleren, die hem de kop kostte. Hij werd daarover door de antimafia-commissie verhoord en deze besloot hem naar Lecce over te plaatsen. Voor hij kon vertrekken, werd hij op 5 mei neergeschoten toen hij terugwandelde van het graf van zijn vrouw, dat hij iedere dag trouw bezocht.
Niemand zag hoe het was gebeurd, maar Buscetta heeft later onthuld dat de moord het werk van Leggio was geweest, die, gereden door Riina, vanuit een auto de magistraat had geëxecuteerd. De reden ervoor is niet bekend, maar vermoed wordt dat Leggio net als vele anderen in mafia- en politieke kringen zich zorgen maakte over de kennis die Scaglione in zijn twintigjarige carrière had vergaard en die hij, naar hij had gedreigd, vandaag of morgen wel eens zou kunnen gebruiken.
Een poging van Leggio iemand anders uit de weg te ruimen liep helemaal verkeerd af. De Corleonees had, sinds de Palermitaanse commissaris Angelo Mangano hem in 1964 had gearresteerd, een grote haat voor de onbehouwen en agressieve politieman gekoesterd en gezworen hem te zullen doden. Tijdens zijn verblijf in San Giovanni La Punta had hij er een sport van gemaakt om Mangano te gaan zoeken, toen deze in augustus met vakantie op het strand van Risosto lag. Hij had hem niet gevonden, maar in 1973 kreeg hij een tweede kans. Mangano was twee jaar eerder naar de hoofdstad overgeplaatst en bij een kort bezoek reed Leggio naar het huis van de politieman, vergezeld van twee bandieten. Een van die twee was Michele Zaza, de flamboyante leider van de Camorra, de Napolitaanse zusteronderneming van de mafia. Toen Mangano thuis-

kwam en voor de deur uit zijn dienstwagen stapte, schoot Leggio op hem vanuit zijn auto. Mangano viel en nadat de mannen nog een paar kogels op hem hadden afgevuurd, verdwenen ze haastig. De commissaris werd met zes schotwonden in het ziekenhuis opgenomen, maar overleefde de aanslag.

Op Sicilië gaf men de schuld uiteraard aan de Napolitanen en Bontade verzuchtte: 'Maar goed dat er geen Palermitaan betrokken is geweest bij zoiets stunteligs.'

Zaaide hij dood en verderf in Palermo en Rome, in Milaan creëerde Don Luciano nieuw leven. Op 9 juli 1972 werd zijn zoon geboren, zijn eerste kind. De laatste drie jaren had hij, wanneer hij naar de Noorditaliaanse stad kwam, samengewoond met de 28-jarige Joegoslavische Lucia Parenzan, de zoveelste vrouw die was gevallen voor het onweerstaanbare charisma van de mafia-bandiet.

In Milaan had hij ook een nieuwe 'firma' opgericht met de gebruikelijke activiteiten: afpersingen, ontvoeringen, exploitatie van goktenten, et cetera. Niemand twijfelde er meer aan dat Don Luciano de 'capo di tutti i capi' was, ondanks zijn weigering persoonlijk plaats te nemen in de Cupola. Deze commissie, die in 1963 in alle haast was ontbonden, werd in 1970 weer in ere hersteld. Leggio's oude vriend uit Cinisi, Gaetano Badalamenti, en de jonge intelligente Stefano Bontade, 'capo' van de machtige familie van Santa Maria di Gesù, waren de initiatiefnemers geweest en hadden Leggio, niet helemaal van harte, uitgenodigd mee te doen.

Aanvankelijk voelde hij daar alles voor, maar toen hij merkte dat Badalamenti zich de leiding had toegeëigend, liep hij boos weg met de boodschap dat een Corleonees weigert de tweede viool te spelen. Hij vergat evenwel niet Riina en Provenzano achter te laten als zijn vertegenwoordigers.

Hij leefde er inmiddels heel goed van en reisde vrijuit rond dank zij een collectie paspoorten op de namen van onder meer Antonio Romano, Antonino Lafaraca, Michele Terlizzi en Antonio Ferrugia. Hij frequenteerde dure restaurants als 'Giuliano' in de Via Umbria in Milaan, maar ook minder luxueuze gelegenheden zoals de wijnkelder 'Vinicola Borromeo' van de beruchte mafia-familie Pullara.

Het waren zijn voorkeur voor deze gelegenheid met een mafiose reputatie en zijn voorliefde voor de naam Antonio die hem ten slotte ten val brachten. Bij het afluisteren van de telefoonlijnen van de Pullara's viel het de politie op dat

alle gesprekken steevast eindigden met het verzoek 'Signor Antonio' te kunnen spreken. Er volgde dan een gesprek op zeer respectvolle toon, onvermijdelijk afgesloten met het gebruikelijke mafia-afscheid: 'We kussen uw hand.'
Toen de politie eens poolshoogte ging nemen, bleek 'Signor Antonio' niemand anders te zijn dan Don Luciano Leggio. Hij werd enkele dagen later, op 16 maart 1974, gearresteerd terwijl hij sliep in zijn woning aan de Via Ripamonti. Hij gaf zich zonder enig verzet over.
Het rapport van de antimafia-commissie meldde later nog dat er in zijn auto een machinegeweer en een revolver waren gevonden. Ook werd er geconstateerd dat Leggio 'voordat hij werd gearresteerd erin geslaagd was een zeer rijk man te worden'.
Hij was nu evenwel ook een gevangen man en zou nooit meer de vrijheid proeven.

IX - De 'nieuwe' mafia

De jaren zeventig waren de jaren van 'benessere' voor de mafia, een periode van welzijn en welvaart. Het was gedaan met de armoede van de jaren zestig, er was plotseling geld in overvloed. Zoveel geld dat de banken op Sicilië hun 'omzet' met vierhonderd procent omhoog zagen gaan, terwijl een stad als Trapani meer banken telde dan Milaan, het financiële centrum van Italië.

De belangrijkste bron van deze stroom van geld was de handel in drugs. Sinds de Italiaans-Amerikaanse topconferentie in de 'Albergo delle Palme' te Palermo in 1957 waren de Sicilianen enthousiaste drugsdealers geworden, maar pas nu, meer dan vijftien jaar later, begonnen Italiaanse en Amerikaanse politieautoriteiten in ernst samen te werken.

Wat zij ontdekten, was verbijsterend, want hoewel president Richard Nixon de strijd tegen de handel in 'dope' tot een van zijn prioriteiten had gemaakt, ging de stroom van heroïne naar de gretige Amerikaanse markt vrijwel ongestoord door. De Sicilianen speelden daarbij volgens Buscetta de sleutelrol. Zij werden geholpen door het feit dat nadat de Franse regering de raffinaderijen in Marseille had opgeruimd, de man die de beste heroïne maakte naar Palermo was gekomen.

Giuseppe Ayala, de medewerker van Giovanni Falcone in de antimafia-'pool', vertelde later dat Busquet, een Fransman die een nieuwe wijze om ruwe morfine te raffineren had uitgevonden, 96 procent pure heroïne kon produceren - puur goud. Hij gaf zijn kennis door aan de Sicilianen en dezen maakten er gretig gebruik van.

Giovanni, de rechterhand van dokter Navarra, die Leggio's slachtpartij na de dood van de arts had overleefd en die zich had aangesloten bij Leggio's vijand Bontade, volgde de gang van zaken met stijgende verbazing. Na de komst van de scheikundigen schoten de laboratoria als paddestoelen uit de grond. Ze waren uitsluitend op het platteland en afgeschermd door bomen tegen de stank.

'De mensen die daar werkten, waren heel vreemd,' zag hij geschokt. 'Hun gezichten waren zo raar. Niemand dacht aan iets anders dan aan het witte poeder... Ze waren nog meer verslaafd dan de mensen die de smeertroep in hun

aderen spuiten.' Hij had gehoord dat ze veertig tot vijftig kilo heroïne per week konden maken.
Het geld rolde binnen, want nu de laboratoria zo'n zuiver produkt opleverden dat het zonder meer de straat op kon, steeg de prijs aanzienlijk. 'Voordien was "biljoen" een woord, dat ik alleen in de krant had gelezen. Ze gebruikten het voor de financiën van de staat,' merkte een Siciliaan later op. 'Nu hoorde ik het van de lippen van mensen, die vijf jaar eerder het wisselgeld van duizend lire natelden... Iedereen was dronken van het geld.'
Ondanks het feit dat de Verenigde Staten hun bondgenoot Turkije een verbod om papaver te telen hadden opgelegd, dat duurde van 1971 tot 1974 en waarvoor de Amerikanen zwaar betaalden, bleef Turkije de grootste leverancier van opium die werd gebruikt voor de morfineproduktie. Kon Turkije de plant zelf niet kweken, dan werd de opium elders gehaald, onder andere uit Iran of nog verder weg. Nadat die in Zuid-Italië was verwerkt en verfijnd, werd hij door de Napolitaanse bondgenoten van de mafia, de Camorristen, naar Amerika verscheept, verborgen in sinaasappelen, meubelen en zelfs doodskisten.
Voor de VS was het succes van de Sicilianen een ramp. De regering in Washington was zo gealarmeerd door het feit dat haar land de meest lucratieve drugsmarkt was geworden, dat zij de bestrijding van de handel in 1972 uit de handen van de douane nam en een speciale organisatie, de Drug Enforcement Act, oprichtte.
Ook de DEA kon evenwel niet verhinderen dat het aantal verslaafden in de VS, dat in 1952 60.000 had bedragen en dat in 1965 was toegenomen tot 150.000, twaalf jaar later was gestegen tot 750.000.
Dat de handel in drugs zo'n belangrijke plaats innam in de activiteiten van de mafia, was overigens helemaal niet naar de zin van de meeste 'capi'. Drugs waren net zoiets als prostitutie en een fatsoenlijke Siciliaanse mafioso hield zich daarmee niet bezig. Oorspronkelijk was de handel in verdovende middelen zelfs verboden en hoewel het later oogluikend werd toegelaten, werd het in de meeste families nooit deel van de officiële politiek.
Een 'capo' die zijn mannen niet in de handel wilde mengen, was Stefano Bontade, tot ergernis van Giovanni. Deze moest werkeloos toezien hoe andere mafiosi miljoenen lires maakten. 'Ik was woedend op Stefano,' schreef hij. 'Het eni-

ge dat mij overbleef, was nu en dan een handeltje te doen met een halve kilo, en altijd met dezelfde vrienden. Vlug en veilig.' Hij verdiende er genoeg mee om de maand door te komen, maar een rijkmakertje was het niet.
Andere families, zoals die van de Greco's, geneerden zich allerminst voor hun activiteiten. Volgens Calderone werden ze binnen enkele jaren miljardairs dank zij de drugs. En ook de Corleonesi maakten er geen geheim van belangrijke drugsdealers te zijn. Alleen Buscetta, die zonder twijfel nauw betrokken was bij de handel in drugs, heeft dit nooit erkend.
Het toenemend welzijn der mafiosi was echter niet uitsluitend te danken aan de papaver. Integendeel. Slechts dertig tot veertig van de ongeveer vijfhonderd mafia-families in Italië werden er rijk van, de overige hielden zich met andere zaken bezig.
Zo was de smokkel van sigaretten voor de meerderheid van de 'cosche' nog van veel groter belang dan drugs. Samen met de Camorra importeerden zij duizenden tonnen sigaretten, die met grote winst werden doorverkocht. De handel vond veelal plaats via het puriteins-stalinistische Albanië, dat voor deze kapitalistische maar winstgevende zaak graag zijn toen hermetisch gesloten grenzen opende.
De sleutelfiguur in deze lucratieve handel was de Napolitaan Michele Zaza, het hoofd van de 'nieuwe' Camorra, dezelfde die met Leggio de mislukte aanslag op commissaris Mangano had gepleegd. Ondanks deze blunder werd hij in 1974 lid van de mafia gemaakt, een grote eer voor iemand die niet van Sicilië afkomstig is.
Zaza, een gemeen en vulgair mannetje dat de aanvoer van sigaretten verzorgde, pochte graag over zijn verdiensten. Zelfs toen hij in 1982 werd gearresteerd, snoefde hij bij zijn verhoor dat hij in een jaar bijna honderd miljoen dollar had verdiend aan Philip Morris.
Ook ontvoeringen waren bij de mafia toen nog zeer in zwang. Speciaal in het begin van de jaren zeventig, voordat de grote drugsexplosie de mafiosi uit hun geldzorgen hielp, waren deze vaak de eenvoudigste en snelste manier om wat te verdienen.
Zo erg was het, dat een parlementaire commissie later klaagde dat 'de golf van criminaliteit, verbonden aan de ontvoeringen van personen, die in het begin der jaren zeventig over ons land sloeg, een intensiteit en een duur heeft gehad die men in geen enkel ander land zal vinden.'

De eerste spectaculaire ontvoering vond in 1971 plaats toen in Palermo Antonino Caruso werd meegenomen. Hij was de 31-jarige zoon van Giacomo Caruso, een van de grootste industriëlen uit de buurt van Castellammara del Golfo.
De verdwijning van Antonino was des te verbazingwekkender omdat hij getrouwd was met de dochter van een mafia-'boss' en ook het petekind was van Bernardo Mattarella, een voormalige christen-democratische minister, die zeer nauwe contacten onderhield met de mafia. De pers trok dan ook de conclusie, dat Mattarella zijn invloed bij de mafia had verloren.
Een ontvoering die bedoeld was de mafia uit de problemen te helpen, was die van Pino Vassallo, de zoon van een grote aannemer en ex-burgemeester van Palermo, op 8 juli 1971. Hoewel Francesco 'Ciccio' Vassallo net als Caruso een grote vriend van Cosa Nostra was, eiste en kreeg deze een losgeld van vierhonderd miljoen lire. Volgens Calderone werd dit verdeeld 'onder de vierhonderd behoeftigste families in Palermo' - uiteraard alleen mafiosi.
Dat vriendschap met mafiosi geen bescherming tegen ontvoeringen betekende, bleek ook uit de ontvoering die op 16 augustus 1972 plaatsvond. Toen verdween de zoon van een man die talloze contacten met Cosa Nostra onderhield, graaf Arturo Cassina.
De kidnapping was deze maal uitsluitend het werk van de Corleonesi en hoe hoog de losprijs is geweest, is niet bekend, want de familie stopte het geld tot woede van de andere clans in eigen zak. Er bestaat echter geen twijfel over dat de graaf het kon betalen. Cassina had onder andere een monopolie op het onderhoud van de straten en rioleringen in Palermo, hetgeen de stad - zo ontdekte een commissie eind 1970 - per jaar 10,5 miljard lire kostte, terwijl Bologna, een stad van dezelfde grootte, genoeg had aan iets meer dan de helft.
Met het geld, verdiend aan ontvoeringen, sigaretten en drugs, pakte de mafia weer een activiteit op die zij door geldgebrek na 1963 aan anderen had moeten overlaten: de destructie van Palermo en de andere steden op Sicilië. De hernieuwde belangstelling ontmoette geen bezwaren dank zij de nauwe banden die de mafia door de jaren heen had aangeknoopt met de christen-democraten daar.
Terwijl Salvo Lima zich sinds zijn aftreden als burgemeester van Palermo in 1964 wat meer op de achtergrond hield,

was zijn wethouder van Publieke Werken, Vito Ciancimino, actiever dan ooit.
Ciancimino, die met zijn zwarte haren vol brillantine en zijn kleine snorretje à la Rudolf Valentino het prototype van de Siciliaan was, liep toen al tegen de vijftig. Geboren in 1924 in 'Leggio-land', Corleone, waar zijn vader barbier was, vertrok hij, na het lyceum in Palermo doorlopen te hebben, voor twee jaar naar Rome. Daar werd hij ontdekt door het Siciliaanse kamerlid Bernardo Mattarella, dank zij wiens invloed de jonge Ciancimino bij terugkeer in Palermo erin slaagde de toezegging te krijgen voor alle opdrachten in het spoorwegtransport in deze hoofdstad.
Weldra was Ciancimino een rijk man, veroverde een belangrijke positie in de christen-democratische partij en kreeg de grote kans zijn frauduleuze bouwwoede bot te vieren toen hij na 1958 zes jaar lang Lima's wethouder van Publieke Werken was.
In die jaren, maar ook daarna nog, was hij de motor in het expansieproces van Palermo. Geen enkele bouwvergunning werd afgegeven zonder Ciancimino's voorkennis en het was hij, en hij alleen, die besliste wie de contracten zou krijgen.
Het kwam Palermo duur te staan en de leden van een antimafia-commissie die in 1964 naar Palermo kwamen, konden hun ogen niet geloven. Zij rapporteerden bitter dat Ciancimino ongetwijfeld 'een van de hoofdpersonen' in de destructie van de stad was en dat de bouwspeculatie volkomen uit de hand was gelopen.
Van ganser harte haalden zij de Italiaanse journalist Bruno Caruso aan, die had geschreven hoe Ciancimino 'alles wat mooi en aangenaam was, heeft vernietigd en de bouw heeft aangemoedigd van een soort Caracas, een stad bestaande uit lugubere kazerneachtige blokken'. Hij was tot de conclusie gekomen dat er een heel nauwe band bestond tussen de christen-democraat en de mafia. 'De speculatie in de bouw, geleid door de mafia, is de enige zaak die werkelijk buiten proportie is gegroeid,' aldus Caruso.
Ondanks deze kritiek werd Ciancimino in 1970 met 11.193 voorkeurstemmen in de raad en vervolgens in oktober met 35 van de 36 stemmen dank zij de mafia tot burgemeester gekozen. De antimafia-commissie noemde het 'een belediging voor Palermo' en er brak zo'n rel uit in parlement en pers dat hij na 56 dagen moest aftreden.

De opwinding duurde niet lang en Ciancimino bleef dank zij het feit dat zeven van 'zijn' mannen in de gemeenteraad zaten, gedurende de jaren zeventig een van de machtigste mannen van Palermo. Rome had, geconfronteerd met de opkomende terreur van de Rode Brigade, geen tijd voor Sicilië.

Voor de mafia was dit een unieke gelegenheid zich te consolideren, hetgeen vooral in het begin van de jaren zeventig tot een nieuw bloedbad leidde. Terwijl in het 'Palazzo delle Aquile' de politici druk bezig waren hun eigen belangen te dienen, stroomde het bloed in de straten van hun stad.

Afgezien van de veel besproken moord op topmagistraat Pietro Scaglione, op het kerkhof van Palermo door Leggio gepleegd, en de verdwijning van de journalist Maura Di Mauro, die een onderzoek naar de mafia instelde, waren het vooral mafiosi die het slachtoffer werden van de conflicten tussen de 'cosche'. De mafia ging zo tekeer dat men zich begon af te vragen of er een nieuwe oorlog aan de gang was, net zoals in 1963.

De waarheid was dat Leggio, die Badalamenti als president van de Cupola had vervangen door de onbetekenende Michele Greco, vanuit zijn cel bezig was met harde hand zijn dictatuur te bevestigen. Zo wreed en meedogenloos trad hij daarbij op, dat vanaf die periode de Corleonesi een begrip zijn geworden.

De winnaar wachtte een grote prijs: de regering had voor 1974 het recordbedrag van 59.000 miljard lire ter beschikking gesteld voor publieke werken in Sicilië en voor Palermo nog eens 27.000 miljard. Dit was een kans die de Corleonesi niet voorbij konden laten gaan.

Hoewel de oorlog van 1963 de Sicilianen heel duidelijk had gemaakt dat de oude agrarische mafia niet meer bestond, schrokken zij van de nieuwe golf van agressie. De 'jonge Turken' van de nieuwe mafia hadden alle tradities van 'onore' overboord gegooid en wilden net als hun Amerikaanse 'neven' pure gangsters worden. Het waren niet langer 'uomini d'onore', het waren parasieten en bloedzuigers geworden.

Het hof van cassatie in Palermo bevestigde dit beeld door in 1977 officieel vast te stellen dat de oude mafia geen criminele organisatie was, maar de nieuwe wel. Giovanni Falcone was het daar allerminst mee eens en vernietigde deze theorie volkomen in zijn boek. 'Die oude en edele mafia is

alleen maar een legende,' aldus Falcone. 'Zij moordden net als de volgende generaties.'
Zijn vriend en collega Giuseppe Ayala was het niet helemaal met hem eens. 'Vroeger bestond er een "codice d'onore" in de families,' zo merkte hij in een interview op. 'Maar die is vervangen door de wet van terreur, ten koste van alles.'
Er bestaat geen twijfel over dat deze drastische verandering in tactiek uitsluitend te wijten is aan de Corleonesi. Met de moord op Scaglione voegde Leggio, zoals altijd zonder iemand te raadplegen, namelijk een heel nieuw aspect toe aan het verschrikkelijke arsenaal van Cosa Nostra.
Hadden de mafia-leden in het verleden op enkele uitzonderingen na hoofdzakelijk elkaar afgemaakt, van nu af aan waren ook buitenstaanders vogelvrij. Het zou voor Italië verschrikkelijke gevolgen hebben.

X - 'Excellente lijken'

De jaren zeventig, die voor de mafia zo goed waren begonnen, zouden nog beter eindigen. Volkomen verwaarloosd en vergeten door de regering in Rome, kon Cosa Nostra ongehinderd haar terreur over Sicilië uitoefenen en een ieder die haar in de weg stond bij de lucratieve heroïnehandel, uit de weg ruimen.
De mafia had er altijd de voorkeur aan gegeven haar tegenstanders, politie en politici, tot vriend te maken, zij het met behulp van enige chantage, zij het met wat bankbiljetten of een leuk appartement. Een enkele maal had de mafia een autoriteit die eigenwijs was, uit de weg moeten ruimen, maar zij had er nog geen gewoonte van gemaakt. Dit veranderde in 1979 voorgoed.
Sinds de moord op Scaglione waren er talloze mafiosi gesneuveld in de eeuwige machtsstrijd, die hun organisatie nu eenmaal kenmerkt. Maar ook al had dit in Palermo soms wat opschudding veroorzaakt, voor de 'uomini d'onore' was het slechts kruimelwerk. Zij waren druk bezig met hun handel en kwamen gemiddeld eenmaal per maand bijeen om schijnbaar eensgezind de belangrijke beslissingen te nemen.
De gebruikelijke plaats van samenkomst was in Ciaculli, in de boerenhoeve 'La Favarella' van Michele Greco. Hoe onbetekenend deze 'capo' ook was als persoon en hoe weinig charisma hij ook had, Greco was voor de meeste families het beste compromis, aangezien hij niet al te veel ambities koesterde. Hoewel hij al spoedig de bijnaam kreeg van 'il papa', de paus, had men hem beter een tussenpaus kunnen noemen.
Op het oog leek het in de Cupola allemaal heel beschaafd toe te gaan, maar in werkelijkheid bestonden er grote spanningen. Hoewel Leggio vanuit zijn cel probeerde zijn invloed te handhaven door Bernardo Provenzano als zijn vertegenwoordiger aan te wijzen, was het duidelijk dat Totò Riina weinig geduld had met de zieke Leggio en de onzekere Provenzano en bezig was de echte 'boss' van de Corleone-clan te worden.
Net als Leggio voorheen had hij evenwel grotere ambities en was hij volgens Calderone toen al begonnen een netwerk van vrienden in de andere families op te bouwen. Hij

maakte daarbij handig gebruik van mafiosi die gefrustreerd waren of zich gepasseerd voelden en zij werden de voorgangers van de 'ambassadeurs', die hem later zo trouw zouden bijstaan. Het was een tactiek die door de andere 'bosses' niet erg werd gewaardeerd.

Het was duidelijk dat de rust niet kon blijven duren. Terwijl in Italië het aantal drugsverslaafden snel toenam, werd de politiejacht op de leveranciers van de heroïne eindelijk serieus aangepakt. De mafia bleef uiteraard niet hulpeloos toekijken terwijl carabinieri en politie het ene succes na het andere boekten en sloeg terug. Terwijl in Rome de politici nog steeds druk bezig waren met de problemen van het terrorisme op het vasteland, en de mafia-bestrijders op Sicilië alleen lieten staan, maakte Cosa Nostra in 1977 het eerste slachtoffer in de openlijke confrontatie met de staat, die het eiland tot aan de dag van vandaag teistert.

Giuseppe Russo, een kolonel van de carabinieri, was de eerste van wat men in Italië de 'cadaveri eccellenti' noemt, de 'excellente lijken'. Hij werd op 20 augustus 1977 doodgeschoten. Aangezien de moord plaatsvond op het grondgebied van Corleone, staat het vast dat zij door Riina was georganiseerd en dat zij werd uitgevoerd door de wreedste 'killer' van de mafia, de waanzinnig bloeddorstige Pino Greco.

Het jaar 1978 werd gekenmerkt door talloze bomaanslagen op fabrieken en kantoren, maar nauwelijks was 1979 aangebroken of er was een nieuw 'excellent lijk'. Deze maal was het slachtoffer de journalist Mario Francese, een specialist in de mafia, vermoord op 25 januari. En op 3 maart was het de beurt aan een politicus, Michele Reina, de provinciale secretaris van de christen-democraten.

De moord die dat jaar de meeste indruk maakte, was echter die van Boris Giuliano, de commandant van Palermo's 'squadra mobile', de vliegende brigade. Met de medewerking van de Amerikanen had deze briljante politieman het Cosa Nostra heel moeilijk gemaakt, maar vooral zijn ontdekking van een koffertje op het vliegveld van Palermo met een inhoud van een half miljoen dollar in kleine biljetten is de geschiedenis ingegaan. Later bleek het geld afkomstig te zijn van een Amerikaanse neef van Gaetano Badalamenti, die zich de laatste jaren steeds meer op de drugshandel had geconcentreerd. Deze voormalige Cupola-president, afgezet door de Corleonesi, was de laatste jaren een van de grootste drugsdealers van Sicilië geworden.

Giuliano leefde niet lang meer na zijn vondst. Op 21 juli werd hij, terwijl hij in de bar beneden zijn flat een cappuccino dronk, drie maal in de nek geschoten. Een ooggetuige vertelde later dat de handen van de lijkbleke moordenaar trilden terwijl hij de commissaris, die op de grond gevallen was, ook nog eens vier maal in de rug schoot.
Zowel de moord op Reina als die op Giuliano was door Riina persoonlijk bevolen. Zoals zijn rechterhand Gaspare Mutolo later onthulde, was de eerste 'lastig geweest omdat hij alle contracten aan een vriendje gaf', terwijl de tweede volgens de mafia verbalen schreef, waarin de waarheid niet gerespecteerd werd. Men overwoog daarom zelfs nog even zijn arm af te hakken als waarschuwing voor anderen.
Een maand later greep Leggio weer eens persoonlijk in. Gedachtig aan het gezegde dat een mafioso nooit vergeet, zag hij nu eindelijk kans wraak te nemen op de man, die hem in 1964 zwaar beledigd had door hem min of meer voor een bastaard uit te maken, Cesare Terranova. De rechter, die ondanks twee processen in de jaren zestig er niet in was geslaagd Leggio achter de tralies te krijgen, was, na zeven jaar als communistisch kamerlid en als lid van de antimafia-commissie in Rome gediend te hebben, naar Palermo teruggekeerd om als de nieuwe procureur daar zijn kruistocht tegen de mafia en in het bijzonder de Corleonesi voort te zetten. Hij was ervan overtuigd dat zij het brein waren achter de heroïnehandel.
Leggio zag in zijn terugkomst een nieuwe aanval op zijn macht en droeg Riina op de Cupola te dwingen de rechter te liquideren. Hij kreeg zijn zin en op 25 september 1979, juist toen Terranova zijn huis verliet, werd hij doodgeschoten met een kalashnikov.
Ook in 1980 sloeg Cosa Nostra keihard toe. Alleen al in Palermo vonden er dat jaar 162 moorden plaats en natuurlijk waren er ook weer enkele 'excellente lijken'. Het eerste was dat van Piersanti Mattarella, president van de christen-democratische partij op Sicilië. In tegenstelling tot zijn vader Bernardo had hij zich 'aan de goede kant' geschaard en zich tot een plaag gemaakt voor vele mafiosi - en politici - door zijn hardnekkige speurwerk naar regiofondsen, die spoorloos waren verdwenen. Een kapitein van de carabinieri, Emanuele Basile, moest op 4 mei van dat jaar zijn jacht op de Corleonesi met zijn leven betalen. Hij werd in opdracht van Riina op straat neergeschoten toen hij met zijn

4-jarige dochtertje op de arm op weg naar de kermis was. En op 6 augustus, een dag nadat hij het arrestatiebevel van 53 mafiosi had ondertekend, werd een van Palermo's officieren van justitie, de 64-jarige Gaetano Costa, vermoord terwijl hij bij een boekenstalletje wat stond rond te neuzen.
De moorden maakten vrijwel geen indruk op de autoriteiten in Rome en ook de Sicilianen trokken zich bitter weinig van het bloedbad aan. De begrafenis van Terranova werd door vrijwel iedereen genegeerd en ook die van de andere slachtoffers kregen weinig aandacht.
In de Cupola lokten daarentegen de moorden op al deze functionarissen wèl reacties uit en deze keer heel negatieve. Niet alleen waren vele 'capi' gekant tegen deze voortdurende uitdaging aan de staat, bovendien begonnen zij genoeg te krijgen van het feit dat 'il papa' onder druk van Riina en zijn handlangers steeds vaker beslissingen nam zonder de anderen te raadplegen. Vooral Stefano Bontade en diens bondgenoot, Salvatore Inzerillo, waren geërgerd door het eigengereide optreden van de Corleonesi en hun dwingelandij.
Met het neerschieten eind 1980 van een bejaarde 'capo', Giuseppe 'Piddu' Panno uit Casteldaccia, was voor Bontade de maat vol. De oude 'boss' was een goede vriend van zijn vader geweest en ook deze maal was hij niet geraadpleegd. Het werd tijd Riina voor eens en voor altijd uit de weg te ruimen.
Buscetta, die in 1972 door Brazilië naar Italië was uitgewezen om daar de twaalf jaar, waartoe hij was veroordeeld, uit te zitten, kreeg in december 1980 toestemming voor een kort bezoek aan Palermo. De sfeer daar beviel hem allerminst. 'Iedereen had alleen maar belangstelling voor geld en drugs,' klaagde hij later.
Pippo Calò, de 'boekhouder' van de mafia, was naar hem toegekomen en had hem gevraagd terug te komen naar Sicilië. Hij bood Buscetta aan 'vice-capofamiglia' van zijn oude clan Porta Nuova te worden, en vertelde hem dat hij kapitalen kon verdienen met de bouw in de stad. 'We hebben Ciancimino in onze zak en hij heeft alle contracten voor de vernieuwing van het centrum van Palermo.'
Het was duidelijk dat Calò hoopte dat Don Massino een tegenwicht zou vormen tegen de Corleonesi, maar hij voelde er weinig voor. Buscetta was nog minder enthousiast na een ontmoeting met zijn oude vrienden, Bontade en Inzerillo. Zij vertelden hem over hun afkeer van de arrogante

en dictatoriale Riina en van hun plannen hem van kant te maken.

Buscetta kon zijn oren niet geloven. Vooral niet toen Bontade, normaal een intelligent en redelijk man, hem op de vraag waar de moord moest plaatsvinden, antwoordde, dat hij alleen de gelegenheid zou hebben tijdens een bijeenkomst van de Cupola. Hij zelf zou de trekker overhalen.

Het was het plan van een wanhopig man, meende Buscetta, die Bontade geen enkele kans gaf. Het spionagenet der Corleonesi was zo efficiënt dat Riina 'binnen vijftien minuten wist wat er elders was besloten'.

Buscetta, die besloot na zijn proefverlof niet terug te keren naar de gevangenis en die in plaats daarvan naar Brazilië vloog, kreeg gelijk. In april, drie maanden nadat Bontade hem een prachtig afscheidsdiner had gegeven, was hij een dode man.

Bontade's moord vond plaats op 23 april, zijn 43ste verjaardag. Traditiegetrouw had hij een groot diner gegeven in Palermo in zijn huis, dat vooral beroemd was om zijn eetzaal, een soort taverne met een enorme mahoniehouten tafel in het midden.

Het was al middernacht toen het maal was afgelopen en Bontade naar zijn landhuis buiten Palermo vertrok. Zelf chaufferend strandde hij bij een stoplicht, terwijl zijn lijfwacht, die hem voorging in een andere auto, doorreed. Zijn moordenaars hadden het heel makkelijk, ze stopten naast hem en schoten zijn halve hoofd weg. De kogelvrije wagen die Bontade had besteld, arriveerde twee dagen te laat.

Op de vraag of het kogelvrije glas hem had kunnen redden kwam op 11 mei het antwoord en het was negatief. Op die dag reed Salvatore Inzerillo naar zijn vriendin. Ondanks de dood van zijn bondgenoot voelde hij zich veilig. Hij was Riina tien miljoen dollar schuldig en verwachtte niet vermoord te worden zolang deze schuld uitstond. Hij had zich vergist en net als bij Bontade waarschuwde ook deze maal zijn chauffeur de Corleonesi waar zijn baas te vinden was.

Toen Inzerillo na zijn bezoek wegreed, schoten zijn moordenaars hem door het kogelvrije autoraampje dood. Ze wisten dat dit zou lukken aangezien ze een paar dagen eerder met de kalashnikov, ook al gebruikt bij de moord op Costa en Bontade, de nieuwe kogelvrije ramen van juwelier Contino in het centrum van Palermo aan diggelen hadden geschoten.

De Corleonesi hadden nu twee van hun grootste rivalen uit de weg geruimd. De derde, Gaetano Badalamenti, had snel de wijk genomen naar de nieuwe wereld. Diep beledigd nadat Riina hem niet alleen uit de Cupola had gezet, maar zelfs uit Cosa Nostra, zinde hij op wraak. Zijn enige hoop was Buscetta en hij repte zich naar Brazilië, in de hoop deze ertoe over te halen naar Sicilië terug te keren.
'Jij bent de enige die genoeg invloed heeft om een revolutie tegen de Corleonesi te leiden,' zo vertelde hij Buscetta, maar deze weigerde te luisteren. Hij wist maar al te goed hoe gevaarlijk de situatie in Palermo was en gaf er de voorkeur aan rustig met vrouw en kinderen op zijn pas gekochte 'fazenda' nabij Belem te blijven.
Op Sicilië heerste inderdaad opnieuw terreur. De tweede mafia-oorlog was in alle hevigheid losgebarsten en nu twee grote 'bosses' waren vermoord en de derde de benen had genomen, was het de beurt aan de 'picciotti' die hun clan trouw waren gebleven. Niemand die ervan verdacht werd behoord te hebben tot de 'cosche' van Bontade, Inzerillo of Badalamenti was veilig.
Vooral de clan van Bontade had zwaar te lijden: liefst 120 man werd geëlimineerd. Bontade-soldaat Giovanni, die uit ervaring de bloeddorst van de Corleonesi kende, moest opnieuw voor hen op de vlucht gaan. Hij ontsnapte aan de slachting uitsluitend omdat hij zich 84 dagen lang in een strandhuisje opsloot, 'zonder ooit het licht aan te doen of een raam te openen'. Hij werd er bijna gek van.
Luisterend naar het radionieuws begreep hij al snel dat de oorlog door de tegenstanders van de Corleonesi verloren was. Een ieder die niet vermoord werd, had de kant van Riina gekozen en op 16 juli besloot hij eindelijk zijn schuilplaats te verlaten.
Giovanni overleefde de oorlog, maar het moorden ging nog drie jaar door. Alleen in 1982 al vond de politie 239 lijken, en hoeveel mafiosi er verdwenen zijn dank zij de 'lupara bianca' kan niemand raden. De slachtoffers daarvan zijn met hun voeten in een betonblok op de zeebodem terechtgekomen, zo zij niet in de fundamenten van een nieuw flatgebouw zijn gemetseld of onder het wegdek van een nieuwe autoweg zijn gewalst.
De Corleonesi waren in deze nieuwe oorlog op meedogenloze wijze opgetreden. Van Inzerillo's familie werden 21 leden vermoord en Badalamenti verloor elf familieleden.

Zelfs in het buitenland was niemand veilig. Zo werden drie neven van Badalamenti respectievelijk in West-Duitsland en in de VS door de Corleonesi opgespoord en vermoord.
Een dergelijke moordlust is, net als wreedheid, in de mafiawereld niets bijzonders. 'Iemand doden is net als een hond schoppen,' merkte eens een mafioso op en alle 'pentiti' hebben steeds weer verteld dat men een moordenaar moet zijn om lid te worden Cosa Nostra. Krijgt een soldaat, de 'mandatario', de opdracht een moord uit te voeren, dan kan hij niet weigeren. Heel vaak pleegt een 'uomo d'onore' maar al te graag een moord teneinde zijn prestige te verhogen. En ook 'bosses' trekken er persoonlijk op uit om nu en dan iemand te doden, hoewel er maar weinig 'capi' bestaan hebben, die zo moordlustig waren als Leggio.
Uiteraard moet een mafioso van een moord iets bijzonders maken, want over het algemeen doodt hij niet iemand alleen voor zijn eigen plezier. Vaak is een moord een boodschap, hetzij aan mede-mafiosi, hetzij aan de autoriteiten. Een moord moet daarom openbaar zijn en in Cosa Nostra moet iedereen weten op wiens bevel de persoon is vermoord en waarom.
Dikwijls is dit laatste op te maken uit de wijze waarop de 'sicario' het lichaam achterlaat. Is iemand loslippig geweest, dan wordt zijn tong uitgesneden of stopt men een steen in zijn mond. Heeft hij een afgehakte hand, dan was hij een dief en heeft hij zijn testikels in zijn mond, dan heeft hij overspel gepleegd. De eenvoudigste belediging is een bordje op zijn borst met het woord 'infame', schoft, of 'carogna', viezerd.
Een mafioso geeft om iemand te doden de voorkeur aan wurgen. Een revolver of een geweer maakt te veel lawaai en als men iemand de hals dichtknijpt, is er ook geen bloed. Wel is het aan te bevelen een dergelijke klus te doen met zijn drieën of vieren. 'Pentito' Francesco Mannoia vertelde rechter Falcone: 'Je realiseert je niet wat een kracht je nodig hebt om een man te wurgen. Dat kan wel tien minuten duren, terwijl het slachtoffer kronkelt, bijt en schopt. Sommigen slagen er zelfs in zich te bevrijden van de strop.'
Zoals Falcone in zijn boek 'Cose di Cosa Nostra' heel ironisch opmerkt, zijn voor een mafioso alle technieken goed, als ze maar functioneel zijn en geen problemen veroorzaken. Zo bestaan er talloze fabeltjes rond het zogenaamde 'incaprettamento', een methode van doden waarbij het

slachtoffer als een geitje met touwen aan armen en benen zodanig wordt gebonden dat hij als het ware gevouwen wordt. Volgens velen zou dit een speciale perverse manier zijn om een tegenstander uit de weg te ruimen. Falcone ontdekte evenwel dat de mafia uitsluitend om praktische redenen op deze manier iemand doodt: het lijk past dan gemakkelijker in de bagageruimte van de auto.
Niet iedere mafioso schept behagen in het moorden. Antonino Caponnetto, de baas van de antimafia-'pool', herinnert zich hoe Falcone eens terugkwam van een verhoor, 'overweldigd door de meest dramatische episode in zijn leven als magistraat'. De rechter was er getuige van geweest hoe Nino Calderone, wanhopig over de vloer rollend en zijn hoofd tegen de muur beukend, had opgebiecht hoe hij met anderen vier jongetjes had gewurgd. Ze werden ervan verdacht de moeder van Benedetto 'Nitto' Santapaola, 'capo' van Catania, beroofd te hebben. Eén joch was zelfs levend in een put gegooid. 'Ik heb een berouw, waarmee ik nooit zal kunnen leven,' zo vertelde Calderone de rechter.
Nino Santapaola, de broer van Nitto, was een heel ander soort mens geweest. Volgens Calderone was hij de wreedste man die hij ooit had ontmoet. 'Hitler heeft minder moorden begaan dat hij,' vertelde hij Pino Arlacchi.
Nino werd volgens hem gek als hij niet eenmaal per week moordde - het kon hem niet schelen wie het slachtoffer was. Iedere week zocht hij een slachtoffer uit en zaterdagavond ging hij op jacht. Hij ging dan op de loer liggen tot de man naar buiten kwam om hem vervolgens in koelen bloede neer te schieten.
Er waren meer van zulke gevaarlijke gekken en in de tweede mafia-oorlog speelden twee van hen een heel belangrijke rol. De leider van het moorddadige duo was Giuseppe 'Pino' Greco, geen familielid van de Greco-familie, maar wel tot de 'cosca' behorend. Zijn assistent was Mario Prestifilippo, het zwarte schaap van een gegoede Palermitaanse familie.
Getweeën maakten zij in de jaren tachtig meer dan honderd slachtoffers, onder wie vrijwel alle 'excellente lijken'. En omdat zij bij hun bloedige arbeid zo razendsnel wisten toe te slaan, kreeg Pino al snel de bijnaam van 'scarpazzedda', snel te voet.
Een van de afgrijselijkste moorden die Pino pleegde, was die op Giuseppe Inzerillo, de zeventienjarige zoon van de

vermoorde 'boss'. Hij had gehoord dat de jongen had gezworen wraak te nemen voor de dood van zijn vader en had gezegd 'die hond van een Totò Riina' met zijn eigen handen te zullen vermoorden. Voor hij daartoe de kans kreeg, hadden Pino en zijn vrienden de jongen al opgepakt om hem eerst te martelen. Juist toen hij gedood zou worden, sneed Pino Giuseppe's rechterarm af, met de woorden: 'Met die arm zal je in ieder geval niet meer in staat zijn Totò te doden.'

Voor Pino Greco was een dergelijk gebaar niets bijzonders. Hij had de gewoonte veel van zijn slachtoffers mee te nemen naar een speciale martelkamer in een oud gebouw bij de Porto Sant'Erasmo, de verlaten en vervallen haven van Palermo.

De 'dodenkamer', zoals deze werd genoemd, was vooral het speelterrein van Filippo Marchese, een zeer gevreesde 'capo' uit Palermo. Hij had een wat simpele jongeman aangesteld als zijn beul en terwijl deze met hulp van anderen de gevangenen martelde en langzaam vermoordde, keek Marchese toe, coke snuivend en masturberend. De zittingen eindigden onvermijdelijk met een bad van de halfdode slachtoffers in bijtend zuur of ongebluste kalk, waarin het lichaam en de kleren binnen twintig minuten werden opgelost. Soms vond men later alleen het horloge nog intact.

Tijdens de tweede mafia-oorlog, die uiteindelijk in totaal ruim vierhonderd slachtoffers eiste, maakte Riina graag gebruik van dit soort beulen, want dank zij hen was hij erin geslaagd het imperium der Corleonesi te consolideren. In een rapport, drie jaar later, erkende een regeringsfunctionaris dat sinds 1980 'de Corleonesi het algemene centrum vormen voor alle groeperingen, die in de diverse Siciliaanse provincies werkzaam zijn'.

Michele Greco was dan wel in naam de baas van de Cupola, hij was in feite niet meer dan een marionet van Riina. De Corleonesi waren met Don Luciano Leggio als de 'éminence grise' in zijn cel, met Totò Riina als 'capo di tutti i capi' en met Bernardo Provenzano als de macht achter de troon duidelijk heer en meester van Cosa Nostra. Het leek erop dat niets hun positie in gevaar kon brengen.

XI - De wraak van Buscetta

Met de moord op twee jonge Sicilianen op 8 september 1982 in Palermo ontstaken de Corleonesi een langzaam brandende lont. Deze deed uiteindelijk de bom barsten, die grote en blijvende schade aanrichtte aan hun hegemonie in de mafia. De twee slachtoffers van de 'lupara bianca' waren namelijk Benedetto en Antonio Buscetta, de 34- en 32-jarige zoons van Don Tommaso, en hun spoorloze verdwijning leidde op den duur tot een keerpunt in het leven van hun vader.

Buscetta had sinds zijn gesprekken met zijn Siciliaanse vrienden en ondanks zijn weigering in te gaan op het verzoek van Badalamenti om een rebellie tegen de Corleonesi te leiden, de vinger aan de pols gehouden. Wetend dat hij zelf ook niet veilig was voor de vendetta van Riina, had hij zich min of meer verscholen op zijn 'fazenda' 'Rancho Allegre' nabij Belem. Over zijn familie echter begon hij zich pas zorgen te maken toen in augustus zijn zwager, de Braziliaan Homero Guimaraes, verdween.

Twee weken later probeerde hij telefonisch zijn zoons in Palermo te pakken te krijgen. De twee jonge mannen, geboren uit Buscetta's eerste huwelijk met zijn jeugdliefde Melchiorra, waren zelf geen onbekenden in de mafia-wereld, met alle gevolgen van dien. Antonio had juist de gevangenis verlaten om met Benedetto en zijn zwager Giuseppe het werk te hervatten in hun pizzeria in Palermo.

Buscetta kreeg Antonio's vrouw aan de telefoon en in tranen vertelde zij dat zijn twee zoons sinds drie dagen spoorloos waren. Meer hoefde hij niet te weten. Hij was er zeker van dat Riina had gehoord van Badalamenti's voorstel en dat hij met deze dubbele moord wraak nam. Maar zelfs nu weigerde Buscetta ondanks nieuwe aandrang van Badalamenti in te gaan op diens idee voor een 'putsch'.

Hij begon enigszins van gedachten te veranderen toen in december zijn schoonzoon Giuseppe en twee van diens werknemers, eveneens familie van Buscetta, in de pizzeria te Palermo werden neergeschoten. Een dag tevoren hadden twee gangsters, speciaal door Badalamenti van Miami naar Palermo gezonden, gefaald bij een aanslag op de 'killer' der Corleonesi, Pino Greco, en deze sloeg met de moord op Giuseppe onmiddellijk terug.

Buscetta begreep al lang dat Riina en zijn bondgenoten niet zouden rusten voor hij horizontaal was en dat in afwachting daarvan ze rustig verder zouden gaan met het afmaken van familieleden, zoals zijn lievelingsbroer Vincenzo en diens zoon. Met hun dood op 29 december 1982 werd een voor Buscetta rampzalig jaar afgesloten.
Hoewel hij ervan overtuigd was dat vandaag of morgen het genadeschot van de Corleonesi ook voor hem zou komen, liet Buscetta zich in 1983 niet al te veel afleiden. Naast zijn taxibedrijf met 250 auto's, zijn luchtvaartmaatschappij en zijn supermarkten, had hij volgens de Braziliaanse politie een veel belangrijkere bezigheid: de organisatie van een internationaal net van drugsdealers. Hoe het precies werkte, weet men nog steeds niet. Buscetta heeft altijd geweigerd daarover te praten, volhoudend dat hij zich nooit met drugs heeft ingelaten.
Zich schuilhoudend op de boerderij, verliet hij deze alleen om nu en dan naar Rio de Janeiro te gaan, waar zijn vrouw Christina verbleef.
Hij had de Braziliaanse in 1970 ontmoet toen hij New York had moeten verlaten en naar Rio was uitgeweken. In de Verenigde Staten had hij niet alleen zijn eerste vrouw Melchiorra achtergelaten, maar ook de vrouw met wie hij in 1963 bigamie had gepleegd, Vera Girotti, en het dochtertje Alejandra dat zij samen hadden.
Zijn gecompliceerde relaties in de VS verhinderden Don Tommaso, ondanks zijn 43 jaren nog steeds een Don Juan, op het eerste gezicht verliefd te worden op Maria Christina Almeida Guimaraes. Het twintig jaar jongere meisje was niet alleen beeldschoon en intelligent, maar kwam bovendien uit een zeer goede familie. Haar vader, Homero Guimaraes sr., was een gerenommeerd advocaat die, naar de FBI later onthulde, net als zijn toekomstige schoonzoon in drugs handelde.
In de elf jaren die hij sinds 1970 met Christina had doorgemaakt, hadden zij weinig rust gekend. Zij was naar Italië gekomen toen Buscetta zijn twaalf jaar daar uitzat en was hem weer naar Brazilië gevolgd toen hij in 1980 besloot zijn proefverlof te gebruiken om te ontsnappen. Terwijl hij de meeste tijd in Belem doorbracht, had zij besloten zich in Rio te vestigen, omdat hun zoontje Tomasinho daar naar school zou gaan.
Wat Buscetta niet wist, was dat de politie, die hem zocht

vanwege zijn drugscontacten, voortdurend Christina's flat in Rio in de gaten hield in de hoop hem daar te pakken te krijgen. Zij volgde haar overal, ook naar Sao Paolo waarheen Christina op 22 oktober vertrok om vrienden te bezoeken. Buscetta voegde zich daar bij haar. Toen hij later met haar en Tomasinho wilde wegrijden, ontdekte hij dat hij een lekke band had. Niet wetend dat dit het werk van de politie was, wilde hij de band gaan verwisselen, maar nog voor hij kon beginnen was hij omsingeld. Zonder verzet te plegen gaf hij zich over.

Tegelijk met hem werden elf anderen opgepakt, onder wie zijn schoonvader, de enige die zich tegen de arrestatie verzette en een politieman in het been schoot.

Negen maanden lang hielden de Brazilianen Buscetta vast in de hoop dat hij hun meer zou vertellen. Dank zij een rapport van de Amerikanen waren ze er zeker van een grote drugsbende opgerold te hebben, want volgens dit rapport was Buscetta's 'Rancho Allegre', gelegen aan de monding van de Amazone, de ideale plaats voor het transporteren en produceren van 'illegale produkten, zoals cocaïne'.

In de gevangenis leidde Don Massino een herenleven. Zoals overal werd hij beschouwd als een van de belangrijkste 'uomini di rispetto' en kwamen andere mafiosi de hand kussen van de man, die de roep had 'de boss van twee werelden' te zijn. Christina probeerde intussen zijn uitwijzing te organiseren, want ondanks al het harde werk van de Braziliaanse politie zag het ernaar uit dat de magistraten Buscetta moesten laten gaan, aangezien er niet genoeg bewijsmateriaal was.

De bange vraag was aan welk land ze hem zouden uitleveren. Zowel de Italianen als de Amerikanen hadden laten weten dat zij graag deze arrestant eens wilden spreken, maar voor Buscetta betekende een uitlevering aan Italië een wisse dood. Hij was er zeker van dat eenmaal in de Ucciardone-gevangenis de Corleonesi hem binnen enkele dagen zouden laten executeren.

Zijn pogingen en die van Christina om aan de VS uitgeleverd te worden, waren echter vergeefs. Het werd Italië. Er bleef hem, zo geloofde hij toen, nog maar één ding te doen: zelfmoord plegen. En een week voor zijn vertrek slikte hij een dosis strychnine.

Later legde hij uit dat hij uit bezorgdheid voor het lot van zijn vrouw en kinderen had gehandeld. Hun leven zou onmogelijk en zelfs gevaarlijk geworden zijn met hem in een

Italiaanse cel. Het was daarom beter als hij er niet meer was. Hij overleefde echter de poging en vertrok volgens plan toch op 14 juli naar Italië.
Zijn mislukte wanhoopsdaad had evenwel een belangrijk gevolg voor Buscetta. Deze gaf hem het inzicht dat de dood geen oplossing was en dat het nu zijn taak was niet zichzelf, maar de mafia te vernietigen.
Enkele dagen voor zijn zelfmoord had hij in zijn cel bezoek gehad van rechter Falcone, die een diepe indruk op hem had gemaakt. En in het vliegtuig naar Rome zat hij naast een andere man die jarenlang de mafia had bestreden, Gianni De Gennaro, een politieman die, zoals Buscetta het stelde, 'gelooft in zijn werk'.
'Ik stortte mijn hart bij hem uit,' vertelde Buscetta later. De Gennaro luisterde geduldig en maakte hem ten slotte vriendelijk duidelijk dat mogelijk het moment was gekomen om bij de justitie te biecht te gaan. Dat was precies wat zijn gevangene wilde horen. De mafia zoals hij die had gekend bestond immers niet meer.
'Alle bestaande principes zijn vernietigd,' legde hij later uit op een persconferentie. 'Alles is veranderd. Er is alleen oorlog en bloed en alles draait om geld.' De mafia was volgens Don Massino niet langer de moeite waard om voor te leven en zeker niet om voor te sterven.
Buscetta had het juiste moment gekozen om naar Italië terug te keren. Sinds augustus 1983 was er in Rome een premier, die een voor een Italiaanse politicus ongewone belangstelling toonde voor de strijd tegen de mafia, de socialistische leider Bettino Craxi. Bovendien was er een nieuwe minister van Binnenlandse Zaken, de latere president Oscar Luigi Scalfaro, een uitzonderlijk onkreukbare christendemocraat.
'Aanvankelijk hadden we heel weinig steun uit Rome,' vertelde Falcone's collega Paolo Borsellino na Scalfaro's benoeming, 'daar had men de neiging de mafia te zien als een regionaal probleem, maar nu krijgen we alle hulp die we nodig hebben.'
Het had evenwel eerst tot een nationaal drama moeten komen voordat de Italiaanse regering eindelijk begreep dat 'la Piovra', de Octopus, met zijn lange tentakels een nationaal en zelfs een internationaal probleem was geworden en dat alleen krachtig optreden kon voorkomen dat Italië zou worden gewurgd.

Het was nog Craxi's voorganger Giovanni Spadolini geweest die had besloten in te grijpen na de reeks 'excellente' moorden. Als eerste niet-christen-democratische premier sinds de oorlog kon hij veel vrijer handelen dan andere premiers en hij besloot een man naar Sicilië te sturen die niet kon falen: Carlo Alberto Dalla Chiesa van de carabinieri.
De generaal, een martiale figuur die in de jaren zeventig verantwoordelijk was geweest voor de nederlaag van de Rode Brigade, was zonder meer de beroemdste en populairste militair van Italië. Hij vond evenwel dat de tijd was aangebroken een streep te zetten onder zijn schitterende carrière. Hij was 62 jaar oud en wilde met zijn veel jongere tweede vrouw Emanuela Setti Carraro nog wat van het leven genieten.
Spadolini's beroep op hem maakte een einde aan deze droom. Dalla Chiesa besloot de uitdaging aan te nemen, maar, zo biechtte hij op in zijn dagboek: 'Het idee maakte mij bijna bang.' Heel goed wetend dat in Rome het ene moment een zaak vol enthousiasme wordt aangepakt om het volgende moment vergeten te worden, vroeg hij allereerst om de garantie dat de regering hem alle mogelijke steun zou geven. In zijn periode in Corleone als jonge kapitein had hij al ontdekt hoe nauw politiek en mafia op Sicilië met elkaar verweven waren en hij vreesde vooral sabotage van de kant der christen-democraten.
Spadolini zegde hem alle mogelijke hulp toe en op 30 april 1982 arriveerde de nieuwe prefect met zijn vrouw in Palermo. De stad was in staat van alarm, want juist die dag was opnieuw een 'excellente' dode gevallen. Het was Pio La Torre, de regionale secretaris van de communistische partij op Sicilië.
Voor Dalla Chiesa was La Torre's dood een morele klap. De communist was niet alleen een uitgesproken vijand van de mafia - hij trachtte een zeer effectieve antimafia-wet in te voeren juist toen hij werd vermoord - hij was bovendien op Sicilië een van de weinigen geweest die Dalla Chiesa's benoeming hadden toegejuicht.
Dat La Torre een uitzondering was geweest, ontdekte Dalla Chiesa toen hij zijn rondgang begon langs de verschillende autoriteiten om kennis te maken. Hij werd overal geconfronteerd met een kille en vaak vijandige atmosfeer. Velen zagen in hem een nieuwe versie van Mussolini's 'ijzeren prefect', Cesare Mori, anderen een wijsneus die erop uit was alle Sicilianen in naam van de mafia te criminaliseren.

'De generaal zal een ramp worden voor deze stad,' schreef een hysterische jurist. 'Stel je voor dat een ieder die aan drugs geld verdient, zonder werk komt te zitten. Ze zullen onze huizen plunderen en onze kantoren en winkels vernielen.' De burgemeester van Palermo, Nello Martellucci, protesteerde dat Palermo 'een stad vol eerlijke mensen' was en geen generaal nodig had om zijn problemen op te lossen. Toen de nieuwe prefect een keer het woord mafia in de mond nam, eiste de president van de Siciliaanse regio een nadere uitleg en Martellucci riep geërgerd uit: 'Wat mafia? Al dat geklets!'

Zelfs na alle bloedbaden weigerden in de jaren tachtig vele Sicilianen het bestaan van de mafia te erkennen. Falcone vertelde later dat er in die periode een collega naar hem toe was gekomen met de serieuze vraag: 'Geloof je echt dat de mafia bestaat?' En hij was geen uitzondering.

De regering geloofde wel in het bestaan van Cosa Nostra, maar kwam desondanks haar beloften niet na. Dalla Chiesa stond alleen en volkomen geïsoleerd voor zijn zware taak en zoals gewoonlijk duurde het niet lang of de mafia begreep de boodschap.

Als een goed generaal zag Dalla Chiesa zelf ook het gevaar in en na nog een paar maal vergeefs een beroep gedaan te hebben op Rome, keerde hij zich in wanhoop tot de Verenigde Staten. Op 3 september, iets meer dan vier maanden na zijn aankomst, ging hij op bezoek bij de Amerikaanse consul-generaal in Palermo, Ralph Jones.

In een interview in de 'Wall Street Journal' anderhalf jaar later onthulde de Amerikaanse diplomaat dat Dalla Chiesa hem zonder omwegen had gevraagd of de regering in Washington niet wat druk kon uitoefenen op Rome. Hij had zich beklaagd over het feit dat zijn regering hem in zijn hemd liet staan en vertelde hoe hij zelf eens als kapitein een collega te hulp was geschoten, die in een Westsiciliaans dorpje net als hij nu door de mafia werd bedreigd.

'Hij nam zijn collega bij de arm en begon langzaam in de hoofdstraat op en neer te wandelen, terwijl iedereen toekeek. Daarna stopte dit vreemde paar voor het huis van de mafia-'boss'. Zij bleven daar staan tot het duidelijk was dat de jonge kapitein niet alleen was.' Terneergeslagen had Dalla Chiesa het verhaal besloten met de woorden: 'Wat ik nu alleen maar zou willen is dat iemand mijn arm neemt en met mij heen en weer loopt.'

Enkele uren later was hij dood. Zijn 'killers', twee man op een zware motorfiets, volgden zijn vrouw Emanuela terwijl zij met hem in haar kleine Fiat naar een restaurant reed. Het paar was vergezeld van slechts één politieagent in een auto, Domenico Russo. In een van de hoofdstraten, de Via Isidoro Carini, haalden de mannen op de motorfiets hen in en een van hen richtte zijn kalashnikov op de chauffeuse. Dalla Chiesa probeerde zijn vrouw nog te beschermen door zich op haar te werpen, maar hij was te laat. Ook Russo kreeg een kogel door zijn hoofd.

Terwijl de twee 'killers' doorreden, stapte een man uit een volgauto om nog een extra magazijn te legen op de met kogels doorzeefde lichamen van de generaal en zijn vrouw.

Later is gebleken dat de moord gepleegd is door het waanzinnige duo van de Greco-'cosca', Pino Greco en Mario Prestifilippo. De kalashnikov was dezelfde geweest als die welke onder andere bij de moorden op Bontade en Inzerillo was gebruikt. Er bestaat dan ook geen twijfel over het feit dat de 'mandanti', de zenders van de moordenaars, de Corleonesi zijn geweest, maar de vraag is of er meer achter schuilde.

Giovanni Falcone was ervan overtuigd dat de prefect op last van Riina werd vermoord, omdat hij een te groot gevaar voor de mafia vertegenwoordigde. 'Kun je je de bezorgdheid voorstellen van Cosa Nostra?' zo vroeg hij de Franse journaliste Marcelle Padovani. 'Het was de mafiosi zeker niet ontgaan met welk een voortvarendheid de generaal zijn tegenstanders, de terroristen, had verslagen en met welk een vastberadenheid hij toen de autoriteit van de staat had hersteld.'

In vele kringen in Italië betwijfelde men sterk of alleen de mafia Dalla Chiesa uit de weg wilde ruimen. De zoon van de generaal, Nando, gelooft dat belangrijke politici belang hadden bij zijn vaders dood, aangezien deze enkele gevaarlijke geheimen kende. Hij kreeg zelfs gedaan dat in verband daarmee in 1986 Giulio Andreotti als leider van de christen-democraten werd verhoord, natuurlijk zonder dichter bij de waarheid te komen.

Ook Buscetta onthulde in november 1992 dat hij drie jaar voor Dalla Chiesa's dood al benaderd was door personen die hem vroegen de generaal te doden, en dat daarbij de indruk gewekt moest worden dat hij door terroristen was vermoord. Na 43 dienstjaren wist hij veel, mogelijk te veel.

De reactie op de moord op Dalla Chiesa, zijn jonge vrouw

en de politieman was overweldigend. Voor de eerste maal lieten de gewone Sicilianen duidelijk merken geen respect te hebben voor de autoriteiten uit Rome, die speciaal voor de begrafenis overkwamen. Zelfs de zeer bejaarde president Pertini, normaal zo populair, werd uitgefloten, terwijl ministers met muntjes werden bekogeld. 'Hier ligt de hoop van eerlijke Palermitanen,' zo luidde de tekst op een krans door iemand in de Via Carini gelegd.

Maar ook in Rome had de moord iets ontketend. Binnen enkele weken had de regering Emanuele De Francesco naar Palermo gezonden, een nieuwe prefect met de bevoegdheden waarop Dalla Chiesa vergeefs had gewacht, en werd eindelijk de antimafia-wet van de enkele maanden eerder vermoorde Pio La Torre in behandeling genomen.

Dank zij de krachtige medewerking van de christen-democratische minister van Binnenlandse Zaken, Virginio Rognoni, werd het voortaan onwettig lid te zijn van de mafia, mochten rechters een onderzoek instellen naar bankrekeningen van mafia-verdachten en kon alles wat met geweld en bedrog was verkregen in beslag worden genomen. Belangrijk was ook dat voor de eerste maal het woord 'mafia' in een wet werd gebruikt.

In tegenstelling tot 1963 trok de mafia zich nu vrijwel niets aan van deze paniekmaatregelen. De Corleonesi voelden zich nog steeds oppermachtig en meenden dat het ook deze maal wel weer zou overwaaien. Ze waren zo weinig onder de indruk, dat zij in 1982 nog eens twee 'excellente' moorden lieten plegen.

De eerste was die op een rechter in Trapani, Giangiacomo Montalto, die te lastig was geworden in dit centrum van de heroïnetoevoer. Het tweede slachtoffer was de Palermitaanse rechter Rocco Chinnici. Toen hij op 29 juli zijn flatgebouw verliet, werd hij voor de ogen van zijn vrouw, die hem nawuifde, door een autobom opgeblazen. Tegelijk met hem kwamen ook zijn chauffeur, twee lijfwachten en de portier van de flats om het leven.

Ook al maakten deze moorden meer indruk op de Italianen dan voorheen gebruikelijk was, al spoedig bleek dat de dood van de twee Buscetta-zoons, zes weken na die van Chinnici, voor de Corleonesi veel gevaarlijkere consequenties had. Deze bracht niet alleen hun vader tien maanden later terug naar Italië, maar bracht hem ook aan het spreken.

XII - Een eenzame held

Tommaso Buscetta had in Rome de juiste biechtvader gevonden. In de zomer van 1983 werd hij op een speciale afdeling van de Rebibbia-gevangenis dag in, dag uit verhoord door de Palermitaanse rechter Giovanni Falcone.
De 'boss van twee werelden', nu een van de eerste 'pentiti' in de geschiedenis van de mafia, had de 44-jarige magistraat begroet met de woorden: 'Ik waarschuw u, mijnheer de rechter. Na dit verhoor wordt u een beroemd man, maar ze zullen proberen uw persoon en uw werk om zeep te helpen. De rekening met Cosa Nostra wordt nooit gesloten.'
De twee mannen hadden elkaar even taxerend bekeken voordat Buscetta vroeg: 'En hebt u desondanks besloten mij te verhoren?'
Bij Falcone bestond daar geen twijfel over. Hij voelde dat dit een van de meest interessante episodes in zijn carrière zou worden en hij had zich niet vergist. Het verhaal dat Buscetta aan Falcone deed was niet alleen belangrijk omdat hij honderden namen noemden waardoor later bijna 350 mafiosi konden worden opgepakt, maar het was vooral van fundamenteel belang omdat de 'boss' voor de eerste maal onthulde hoe de mafia in elkaar zat. Buscetta verraadde zonder schaamte alle geheimen van de Octopus.
'Hij was voor ons een soort talenleraar, die je in staat stelt naar Turkije te gaan en je verstaanbaar te maken,' merkte Falcone later op. Het was opwindend dat eindelijk een 'outsider' een blik kon werpen in het inwendige van Cosa Nostra, hoorde waar men de mensen vandaan haalde en hoe de structuur was.
Al die jaren had men iedere gebeurtenis waarbij de mafia was betrokken, gezien als een alleenstaand incident. Nu werd eindelijk ontdekt dat er een directie bestond, de Cupola. Het had een enorme invloed op de bestrijding van de mafia, want dank zij de 'Buscetta-theorie' kan men nu een hele groep mannen, de commissie, verantwoordelijk stellen voor een moord of een ander misdrijf en dus voor de rechter slepen.
Falcone en Buscetta konden het onmiddellijk uitstekend met elkaar vinden. De 'pentito' die, toen hij in december 1992 even naar Italië terugkeerde, verklaarde dat hij 'van die man had gehouden', vergeleek vaak het verhoor met

een schaakspel, een confrontatie tussen twee intelligente mannen. Falcone zelf toonde alle respect voor zijn arrestant.
'Ik ben en blijf een rechter,' legde hij eens uit in een interview, 'maar ik begrijp het menselijke drama, dat zich voor mij afspeelt. Ik lijd eronder, want je kunt dit werk niet doen als je geen gevoel hebt voor je medemens. Ik heb altijd ook diegenen, die een moord hebben gepleegd, correct behandeld, want je moet nooit vergeten dat ook de slechtste misdadiger zijn eigen waardigheid heeft.'
Een van zijn grootste vijanden, Michele Greco, waardeerde deze houding en vertelde Falcone na een verhoor: 'Mijnheer de rechter, ik ben blij u ontmoet te hebben. U bent werkelijk zoals men mij had verteld. U bent de Maradona van de rechters. Om die de bal af te nemen moet je hem een beentje lichten.'
Dat Falcone zo goed kon opschieten met zijn 'slachtoffers' is gemakkelijk te verklaren. 'Het feit dat hij een Siciliaan was, hielp hem enorm bij het bestrijden van de mafiosi,' vertelt een van zijn collega's, Antonio Di Lello. 'Ik heb vaak een verhoor door Falcone bijgewoond. Een halve zin van de ene of de andere werd in het verbaal een lang verhaal. Ik begreep er niets van, maar hij zei dan: "Dat komt omdat je geen Siciliaan bent."'
Daarbij komt ook nog dat Falcone geboren was - op 20 maart 1939 - in een buurt die tegen de beruchte Palermitaanse achterbuurt Kalsa aanligt. Hij speelde daar dikwijls met jongens die later bekende mafiosi werden en verstond hun taal uitstekend. 'Ik heb de reuk van de mafia opgesnoven sinds ik een joch was,' zei hij altijd.
Zijn eigen achtergrond was die van een keurig burgergezin. Vader Arturo, al 45 jaar toen Giovanni werd geboren, werkte op een laboratorium en de familie leefde zuinig van zijn kleine inkomen. Zijn moeder Luisa was een koele vrouw, die weinig tijd voor affectie had en die van mening was dat mannen niet huilen. Zijn vader ging er prat op nimmer een voet in een bar gezet te hebben. Hij was een strenge man, maar de enige keer dat Giovanni een klap van zijn vader kreeg, was toen hij tijdens de oorlog een fles olijfolie liet vallen.
Zijn gevoel van plicht was hem als jongen met de paplepel ingegeven en zijn devies was: 'Het leven is een missie en de plicht de hoogste wet.'

'Dat was nu eenmaal zo bij ons thuis,' vertelde later Maria, een van Falcone's zusters. 'Ook had men in onze familie een grote liefde voor het vaderland. Onze vader was in de Eerste Wereldoorlog gewond geraakt en twee ooms waren gesneuveld. Over hen werd thuis met het grootste respect gesproken.'
Over de mafia daarentegen werd nooit gepraat. Het was zelfs verboden het woord uit te spreken. In het laatste jaar van de oorlog vertrok het gezin naar de geboorteplaats van Giovanni's moeder, Corleone, omdat daar nog wel iets te eten was, maar ook daar merkte hij niets van de mafia. 'Dat verblijf heeft geen enkele invloed gehad op de keuze van mijn beroep,' zei hij later.
Hij had trouwens ingenieur willen worden, maar ontdekte dat zijn vader hem bij de rechtenfaculteit had ingeschreven. In 1961 studeerde hij af om onmiddellijk naar Lentini te vertrekken, waar hij kantonrechter werd. Hij was kort tevoren getrouwd met Rita Benneci, over wie niets bekend is. Het huwelijk liep al snel mis, maar na enkele jaren in Lentini vertrok het paar toch nog gezamenlijk naar Trapani, waar Giovanni griffier werd.
Terwijl zijn huwelijk daar strandde, ging het met zijn carrière in deze mafia-stad heel goed. Hij ontmoette daar ook zijn eerste 'capomafia', Mariano Licari, en was door hem gefascineerd. 'Je hoefde alleen maar te zien hoe Licari zich bewoog, om te weten dat hij een gerespecteerd man was,' vertelde Falcone later. 'Zeer correct, hoffelijk en schijnbaar heel bescheiden.'
Na dertien jaar Trapani vroeg hij om overplaatsing naar Palermo. Het was 1979 en Falcone was veertig jaar. Op de dag dat rechter Terranova werd vermoord, kreeg hij zijn eerste aanstelling in de hoofdstad als assistent van Rocco Chinnici, een brommerige maar briljante politierechter. Veel tijd om zich in te werken kreeg Falcone niet, want Chinnici gaf hem onmiddellijk een geruchtmakende zaak, het proces Rosario Spatola. Deze melkboer, die dank zij Vito Ciancimino erin geslaagd was een grote aannemer te worden, werd ervan beschuldigd ook een belangrijke drugsdealer te zijn en dank zij Falcone's werk eindigde het proces met een veroordeling van alle verdachten.
In het kantoor van Chinnici vond hij ook een oude schoolvriend terug. Paolo Borsellino was niet alleen in dezelfde buurt geboren als Giovanni en had dezelfde achtergrond -

en zijn vader was apotheker - hij had ook dezelfde scholen doorlopen en had eveneens rechten gestudeerd. Met hem en Chinnici begon Falcone een nauwe samenwerking, daarbij gesterkt door een grote vriendschap - de voorloper van de antimafia-'pool'.
Met het belangrijke werk kwamen ook de gevaren. Falcone begreep dat plotseling toen hij, staande in de Via Cavour naast het lichaam van de net vermoorde procureur-generaal van Palermo, Gaetano Costa, van een collega te horen kreeg: 'Ik was er zeker van dat het jouw beurt was.'
Hij was dan ook allerminst verbaasd toen op een dag een officier van de carabinieri bij hem binnenliep om hem te vertellen dat hij voortaan geëscorteerd zou worden. Enkele maanden later kwam Borsellino, die bezig was een onderzoek in te stellen naar de mafia-moord op de carabinieri-kapitein Emanuele Basile, hem gezelschap houden in dit 'geblindeerde' leven.
Inmiddels had het proces tegen Spatola Falcone in professioneel opzicht naar de top gebracht, maar het had hem persoonlijk niet veel goeds gedaan. Palermo werd nog steeds gedomineerd door mannen als Ciancimino en Salvo Lima en in die atmosfeer gaf men het bestaan van de mafia nooit toe. Maar zelfs in het paleis van justitie waren de rancune en de afgunst rond de nieuwkomer heel goed merkbaar.
'Begraaf Falcone onder een berg van kleine processen, dan laat hij ons tenminste met rust,' vertelde een geïrriteerde magistraat Chinnici. En deze noteerde in zijn dagboek: 'We zijn hier niet erg populair, want men beschuldigt ons ervan de Palermitaanse economie te gronde te richten.'
In de stad zelf en in de pers werden geregeld hatelijke opmerkingen gemaakt over de loeiende sirenes die Falcone vergezelden, maar de reactie begon hem pas te irriteren toen de bewoners van het flatgebouw in de Via Notarbartolo, waar hij woonde, ook begonnen te klagen. Absoluut geen rekening houdend met de gevoelens van hun buurman, tekenden zij een petitie waarin zij verklaarden niet bereid te zijn te betalen voor de schade die een eventuele aanslag in het gebouw zou kunnen aanrichten.
Falcone zei er toen niet veel over, maar merkte later bitter op dat al deze veiligheidsmaatregelen niet voor zijn plezier werden genomen. 'Ik ken de risico's en ik geloof dat ik geen cadeautje aan de mafia hoef te geven door mij tot een simpel doelwit te maken.'

Falcone wist heel goed waarover hij sprak. Vier jaar nadat Chinnici hem onder zijn vleugels had genomen, maakte de autobom van 29 juli een einde aan hun vriendschap en samenwerking. 'In deze oorlog die wij tegen de mafia voeren, is Chinnici in de val gelopen en heeft zijn gevecht verloren,' zei zijn beste leerling aan het graf. 'De mafia was handiger en sterker dan hij.' Wat Falcone zei klonk hard, maar was onder de omstandigheden volkomen juist. Het was inderdaad oorlog.
In deze atmosfeer arriveerde Antonino Caponnetto. Ondanks zijn 64 jaren en het feit dat zijn juridische carrière zich sinds 1930 in Toscane had afgespeeld, had hij zich gemeld voor de opvolging van Chinnici. Er wachtte hem een hard leven. Hij had zijn vrouw in Florence achtergelaten en nam zijn intrek in een kazerne van de carabinieri.
Falcone en zijn collega's hadden het niet beter kunnen treffen. Net als zijn voorganger zag Caponnetto onmiddellijk het grote belang in van een kern van mafia-experts en nog geen tien dagen na zijn aankomst was de antimafia-'pool' een feit.
'Natuurlijk dacht ik onmiddellijk aan Falcone,' aldus Caponnetto. Deze had de juiste ervaring en bovendien groot prestige na het Spatola-proces. Een ander was Di Lello, de oogappel van Chinnici, die een bijzonder inzicht had in het mafia-fenomeen. Falcone stelde hem voor ook Borsellino op te nemen, terwijl Caponnetto ten slotte Leonardo Guarnotta ontdekte.
Vanaf dat ogenblik begon een samenwerking, die voor het Palermitaanse paleis van justitie historisch en uiterst zeldzaam was. 'Bijna iedere avond, als het werk het toestond, kwamen we bij elkaar. Aanvankelijk in mijn kantoor,' schrijft Caponnetto in zijn boek 'I miei giorni a Palermo'. 'Vervolgens werd vanwege de veiligheid de bunker van Giovanni, ingericht op de tussenverdieping, in gebruik genomen en ontmoetten wij elkaar daar.'
De gesprekken duurden soms twee tot drie uur, vaak tot enige bezorgdheid van Caponnetto. De mess in de kazerne waar hij logeerde, sloot namelijk om negen uur en voor iemand die te laat kwam, waren er alleen wat sandwiches op de kamer. Maar wat er besproken werd, was van het grootste belang: de laatste onthullingen van een 'pentito', informatie over banken en mysterieuze fondsen, de internationale contacten in Cosa Nostra en de laatste voetbaluitslagen.

Dank zij een systeem van 'closed circuit'-televisie konden de vijf mannen zien wie de kamer van Falcone naderde, terwijl zijn deur ook nog geblindeerd was. De trots van Giovanni's kantoor was echter de enorme nieuwe brandkast, waarin behalve alle documenten ook de voorraad sterke drank werd opgesloten. 'Hoeveel hebben we die avonden dat we samen waren niet gedronken,' herinnert Di Lello zich verlekkerd. 'Falcone, Borsellino en ik waren de drinkers.'
De borrel voor het eten was een van de weinige verzetjes in hun kluizenaarsbestaan. 'Geen sprake van een bioscoopje pikken of naar het theater of een restaurant gaan,' aldus Di Lello. 'Zelfs geen wandelingetje. De enige garantie voor onze veiligheid was dat we een gesloten groep waren, dat we allemaal hetzelfde onderzoek deden en dezelfde dingen wisten. Het was nutteloos een van ons te liquideren.'
Hoewel Falcone naar buiten toe duidelijk de ster van de 'pool' was, speelde Caponnetto intern de sleutelrol. 'Hij was essentieel,' zegt Di Lello. 'Het was namelijk Caponnetto die ons in de rug dekte en die de politici verhinderde zich in ons werk te mengen of ons onder druk te zetten.'
Caponnetto zelf vond het geweldig met deze mannen te werken en hij stond altijd klaar voor hen. Hij was vooral gesteld op Borsellino, die hij ook beter kende dan Falcone. De eerste stond volgens hem meer open voor anderen, was meer geïnteresseerd in een uitwisseling van meningen. 'Hij had meer gevoel voor menselijke contacten, voor de genoegens van het leven, zelfs voor de meest eenvoudige zoals een motorfiets of een boot.' En Borsellino had bovendien een grote sereniteit, die ongetwijfeld voortkwam uit zijn diepe geloof.
Falcone was heel anders. 'Bij Giovanni was het alsof er iets tussen hem en de anderen stond,' aldus zijn baas. 'Hij had geen momenten waarin hij zich vergeten kon.' Di Lello had dezelfde indruk. 'Falcone toonde naar buiten een grote jovialiteit,' vertelde hij, 'maar had in werkelijkheid een heel hard karakter.' Borsellino daarentegen was ondanks zijn norse en strenge uiterlijk een zeer menselijke man. 'Hij had geen vijanden en geloofde sterk in vriendschap.'
Ondanks deze tegenstellingen hadden de twee mannen een heel speciale relatie. 'Er bestond absoluut geen jaloezie tussen die twee,' beweert Di Lello, 'hun samenspel was indrukwekkend.'
Dit samenspel bereikte een climax in 1985 bij de voorberei-

dingen van het eerste maxiproces. Dank zij de onthullingen van Buscetta en een andere 'pentito', Salvatore 'Totuccio' Contorno, waren er de laatste maanden van 1985 ruim zevenhonderd mafiosi gearresteerd en verhoord. Van hen bleven 475 onder arrest, wachtend op hun proces.

'Vanaf januari tot november 1985 heb ik geloof ik nooit langer dan vier uur mijn kamer in de bunker verlaten, een kamer zonder ramen,' herinnerde Borsellino zich later met een huivering. 'Het was ons ten zeerste ontraden uit te gaan en de gang van huis naar kantoor was een wedren met mogelijke hindernissen.'

Cosa Nostra liet zich ondanks de golf van arrestaties intussen niet muilkorven. Na twee moorden in 1984 sloeg ze in 1985 weer veel harder toe. In januari werden twee Palermitaanse zakenlieden neergeschoten omdat zij de door de mafia opgelegde voorwaarden voor contracten weigerden te accepteren, en in april werd in Trapani een poging gedaan rechter Carlo Palermo op te blazen met een autobom. Hij ontsnapte, maar van een jonge moeder en haar zesjarige tweeling die op dat moment langsreden, bleef niets over.

Vooral twee moorden die in de zomer plaatsvonden, maakten een diepe indruk op de antimafia-'pool'. De eerste was op de politiecommissaris van Palermo, Giuseppe Montana. Borsellino onthulde later in een interview hoe gedeprimeerd een ieder was. Na alle arrestaties van de laatste maanden hadden ze de indruk dat ze de mafia op haar knieën hadden. 'In plaats daarvan ontdekten we dat ze nog al haar macht had, al haar arrogantie.'

Antonio Cassarà, het hoofd van Palermo's vliegende brigade, was totaal kapot van de dood van zijn beste vriend. 'Hij gaf me de indruk dat hij plotseling wakker was geworden, net als ik,' dacht Borsellino, die de politieman een dag later tegenkwam. 'Het leek alsof hij zich afvroeg: "Wat hebben we bereikt?"' Na alle euforie was de dood van Montana een ijskoude douche.

'Houd er wel rekening mee dat wij lopende doden zijn,' waarschuwde Cassarà. Negen dagen later werd hij neergemaaid door tweehonderd kogels uit een kalashnikov.

Toen de waarschuwing kwam dat nu ook de levens van Falcone en Borsellino in gevaar waren, aarzelde de eerste niet om in te gaan op het aanbod van de regering samen met zijn familie zijn toevlucht te nemen tot het verlaten eiland Asinara. Borsellino protesteerde omdat het zijn kinderen

niet goed uitkwam, maar er werd hem streng verteld dat zijn plicht tegenover het vaderland belangrijker was dan die tegenover zijn familie.
Nog geen 24 uur later waren ze op Asinara en hadden ze een paar kamers betrokken in dezelfde gevangenis die twintig jaar tevoren nog talloze mafia-bazen had gehuisvest. Contact met de buitenwereld bestond voor de kluizenaars uit een televisietoestel, verder niets.
De twee mannen werkten hard aan de laatste voorbereidingen voor het massale proces dat in februari 1986 moest beginnen, terwijl ook hun families zich zo goed en zo kwaad als het ging bezighielden. Voor de Borsellino's echter had de 'verbanning' een verdrietig gevolg, hun dochtertje Fiametta hield er een anorexia nervosa van over.
Na een maand stond het sein weer op veilig en konden de families naar Palermo terugkeren. De twee magistraten hadden hun requisitoir af en het maxiproces, de grootste juridische show ooit gehouden, kon beginnen. Er moest echter nog één kwestie worden geregeld.
Een maand na terugkeer van Asinara ontving Borsellino de rekening van 415.000 lire, 12.600 lire per dag. Hij betaalde zonder protest, maar bewaarde de kwitantie.

XIII - De grote mafia-show

Op 10 februari 1986, om twintig minuten voor elf, begon in Palermo het eerste maxiproces. In 29 stalen kooien in de speciaal gebouwde bunker-rechtszaal naast de Ucciardone-gevangenis zaten de 463 beklaagden. In de dertigste kooi troonde Luciano Leggio, helemaal alleen.

Ondanks het feit dat hij in 1980 vanuit zijn gevangenis op Sardinië de feitelijke macht had overgedragen aan Totò Riina en Bernardo Provenzano, werd Don Luciano, toen zestig jaar oud, door de anderen nog steeds als de ware 'padrino' behandeld. Elegant gestoken in dure kostuums en voortdurend gehuld in de rook van zijn enorme sigaren, was het duidelijk dat hij gewend was te commanderen en dat er van de boerenjongen met de misvormde rug uit de jaren veertig niets meer over was.

Leggio was evenwel niet de enige ster. Dank zij een aantal recente arrestaties bevonden zich ook in de andere kooien enkele beruchte mafiosi. Een van hen was Pippo Calò, de mafia-'ambassadeur' in Rome. Hij was in maart 1985 gearresteerd in een van de elf flats die hij in de Italiaanse hoofdstad bezat.

Een andere belangrijke arrestant was Michele Greco. 'Il papa' was op 20 februari, tien dagen na het begin van het maxiproces, aangetroffen op een boerderij niet ver van Palermo. Zijn vermomming, een snorretje, had hem niet mogen baten en hij had zich zonder verzet overgegeven.

Don Michele, nog steeds president van de Cupola, had jarenlang een misdadig leven geleid achter een façade van burgerlijk fatsoen. Als een zeer gerespecteerd grootgrondbezitter en een gewaardeerd lid van de plaatselijke vrijmetselarij had hij op zijn boerenhofstede 'La Favarella' niet alleen in het diepste geheim zijn vrienden uit de mafia ontvangen, maar ook gastvrijheid verleend aan plaatselijke politici, bankiers en Siciliaanse edelen. Vooral zijn jachtfestijnen waren bijzonder populair op Sicilië.

Ondanks zijn aanzien in de Siciliaanse samenleving en in de mafia was hij een man zonder veel kwaliteiten. Velen vonden hem een schijnheilige zemelaar en Caponnetto, die veel over de man had gehoord, was bitter teleurgesteld. 'Ik bevond mij tegenover een persoon van weinig gewicht, bloedeloos, zonder charisma,' zo schreef hij na zijn ontmoeting. Greco was kennelijk op zijn hoge post gezet omdat hij het evenwicht kon bewaren tussen de verschillende families. 'Maar,' zo dacht Caponnetta, 'zodra hij een voet buiten de gevangenis zet, wordt hij geëlimineerd net zoals zijn vertrouwelingen.' Veel kans dat het zover zou komen, bestond er overigens niet: 'il papa' kreeg aan het einde van het maxiproces levenslang.

Tegen de tijd dat het zover was - 22 maanden later - waren in de speciale bunker, waarvan de bouw de staat zeventig miljoen gulden had gekost, alle juridische records gebroken. Afgezien van de massale aanwezigheid van 464 mafiosi, waren er tweehonderd advocaten die hen bijstonden, plus vijftig die andere belangen vertegenwoordigden. Op het podium zaten twee complete equipes van rechters en juryleden om te voorkomen dat de dood een spaak in het wiel zou steken. Zeven rechters hadden geweigerd het hof voor te zitten voordat Alfonso Giordano de moed had het risico te nemen.

De aanklacht, het werk van Falcone en zijn collega's in de antimafia-'pool', was 8.607 pagina's lang, gesupplementeerd met 660.000 documenten. Volgens de staat waren de mafiosi schuldig aan een groot aantal moorden, ondere andere die op Dalla Chiesa en zijn vrouw, en aan het organiseren van de handel in verdovende middelen.

Toen op 7 december 1987 eindelijk de vonnissen werden uitgesproken, had het hof 1.800 uren gezeten, waren er 1.337 getuigen gehoord en had de jury 36 dagen nodig gehad om haar conclusies te trekken. Ook de vonnissen braken alle records: 28 veroordelingen tot levenslang en in totaal 4.676 jaren gevangenisstraf voor de anderen. Vrijspraak kregen slechts 45 personen.

Het maxiproces was evenwel niet zozeer belangrijk vanwege alle records die werden gebroken of de zware straffen die werden uitgedeeld, het werd vooral een uitschieter door de 'pentiti', veertien man sterk, die kwamen getuigen. Voor de eerste maal in de geschiedenis van de mafia hadden zoveel 'bosses' besloten hun eed van 'omertà' te breken en als spijtoptant in de getuigenbank te verschijnen. Na de politie en de magistraten kon nu ook het publiek horen wat de mafia werkelijk was en werden haar leden ontmaskerd als laffe moordenaars en ordinaire drugsdealers.

De twee belangrijkste waren Tommaso Buscetta en Salvatore Contorno, beiden speciaal uit de VS overgevlogen. Bus-

cetta was de eerste die sprak en die in detail uitlegde hoe Cosa Nostra functioneerde. Hij bevestigde het bestaan van de Cupola en het feit dat deze volkomen op de hoogte is van alles wat de mafia doet.
Buscetta maakte er geen geheim van dat hij zich nog altijd een mafioso voelde, maar legde het hof uit dat hij gedesillusioneerd was omdat de mafia haar aloude 'code van eer' had afgeschaft. Volgens zijn geromantiseerde en beslist onjuiste interpretatie werd de mafia niet langer gedomineerd door respect en moed zoals vroeger, maar door geweld en wreedheid.
In de kooien luisterden zijn vroegere vrienden en collega's een week lang in doodse stilte toe, terwijl Don Massino vanuit een box van kogelvrij glas zijn voor hen vernietigende onthullingen deed.
De meest dramatische confontratie was die tussen hem en Pippo Calò. Deze kleine, gezette mafioso, die zijn prestige te danken had aan zijn rollen eerst als 'boekhouder' van de mafia en later als haar 'ambassadeur', probeerde de man die hij zes jaar eerder nog had proberen te lijmen door hem zijn eigen 'familie' aan te bieden, op alle mogelijke manieren te vernederen. Hij tartte zijn vroegere vriend onder andere door hem te vertellen dat Christina een Braziliaanse hoer was voor wie hij zijn vrouw Melchiorra en kinderen had verlaten. Ook trapte hij Don Massino zwaar op zijn hart door te beweren dat hij zijn zoons in de steek had gelaten.
Buscetta probeerde zich te beheersen, maar viel enkele malen uit. 'Je hebt mijn hele familie uitgemoord,' riep hij Calò eenmaal toe. 'Mijn zonen, mijn schoonzoon en neven, je hebt ze allemaal vermoord. Maar mij heb je niet te pakken kunnen krijgen.' Calò haalde zijn schouders op en zei veelbetekenend: 'Maak je daarover geen zorgen...'
Totuccio Contorno was de tweede 'pentito' die getuigde. Deze onbehouwen voormalige slager was de loyale vertrouwensman en de 'killer' geweest in dienst van Stefano Bontade, in 1981 vermoord door de Corleonesi. Door het dolle heen na deze moord had Contorno al het mogelijke gedaan de mafia - 'een bende dieven en moordenaars' - te vernietigen en hij was in 1982 gearresteerd op weg naar Rome om daar Calò te doden. Een jaar later was hij bij Falcone te biecht gegaan.
Hij concentreerde zich deze maal voornamelijk op de

drugshandel en verzekerde dat Cosa Nostra die helemaal in handen heeft. 'Alles komt naar Palermo, daar is het centrum.' Hij onthulde dat hij een raffinaderij had bezocht op Greco's boerderij, die later moest verhuizen gezien de belangstelling van de politie. Ook vertelde hij de jury dat al het gepraat over de Napolitaanse tak van de mafia, de Camorra, en over de 'Ndrangheta in Calabrië onzin was. 'Die organisaties bestaan niet, dat is gewoon de mafia.'

Heel anders, maar even fascinerend was daarna het optreden van Don Luciano in de getuigenbank. Hij begon zijn verhaal met in alle ernst te vertellen niet te weten wat de mafia was. Hij herinnerde de jury aan het feit dat hij vaak voor de rechter was verschenen, maar altijd weer was vrijgesproken. En de beschuldiging dat hij de top-'boss' zou zijn, noemde hij helemaal belachelijk. 'Hoe kan ik in het land rondrennen, wandelen in de straten en naar mijn cel terugkeren, tenzij ik daarvoor toestemming heb gekregen?' merkte hij ironisch op.

Het laatste woord voordat het vonnis werd uitgesproken was aan Greco. Terwijl de jury de rechtszaal verliet, riep hij hen na: 'Laat u leiden door uw geweten. Ik wens u vrede toe en geestelijke rust... Ik hoop dat de vrede met u zij voor de rest van uw leven.' De vraag was hoe lang die 'rest van het leven' zou worden indien het vonnis verkeerd uitviel.

Te midden van de nogal ruige mafiosi viel tijdens het maxiproces één persoon volkomen uit de toon, Ignazio Salvo. Te zamen met zijn neef Nino was deze keurig uitziende heer veertig jaar lang de belastingvergaarder van Sicilië geweest en hij was er schatrijk van geworden. Het tweetal bleek echter bovendien 'uomo d'onore' te zijn van de Salemi-'cosca'. Dit was aan het licht gebracht door Buscetta, die had onthuld in 1980 bij zijn bezoek aan Palermo de gast geweest te zijn van Nino in diens villa aan zee.

De familie Salvo was in juli 1975 in het nieuws gekomen door de ontvoering van Nino's schoonvader, Luigi Corleo. Calderone vertelt in zijn boek 'Gli uomini del disonore' dat men in Cosa Nostra daar diep van onder de indruk was geweest.

'De Salvo's hadden een kleine familie, zoals die in Monaco, en ze maakten graag gebruik van hun geld. Ze kochten politici, ze kochten alles.' Maar deze maal was er niets te koop. De ontvoering was onmiskenbaar het werk van de Corleonesi, die, ook al vroegen ze een losgeld van twintig miljard lire, daarin niet geïnteresseerd waren. Corleo keerde nooit meer terug. 'Riina wilde laten zien wie de baas was,' aldus Calderone.

Op 12 november 1984 bleek de staat hetzelfde idee te hebben. Nino en Ignazio werden gearresteerd, ervan beschuldigd mafiosi te zijn. Het kostte Ignazio zeven jaar gevangenisstraf, terwijl voor Nino's zwakke hart de affaire te veel was. Hij overleed op 18 januari 1986, enkele weken voor hij in het maxiproces had moeten verschijnen.

Kennelijk geïnspireerd en gestimuleerd door de energieke en voortvarende minister van Binnenlandse Zaken, Oscar Scalfaro, besloten de autoriteiten in Palermo het niet bij de arrestatie van de Salvo's te laten. Een week eerder was ook hun grote vriend Vito Ciancimino opgepakt. Toen de agenten de ex-burgemeester, die Palermo dertig jaar lang had geterroriseerd met zijn speculatieve bouw, vertelden waarom zij waren gekomen, viel hij terstond flauw. De beschuldiging luidde dat hij had samengezworen met de mafia en dat hij geld uit het land had gesmokkeld.

De Palermitanen konden het moeilijk vatten. Mannen als de gebroeders Salvo en Ciancimino hadden hen net als Salvo Lima en zoveel andere schaduwachtige figuren onaantastbaar geleken. Elsa Pucci en Giuseppe Insalaco, christendemocratische burgemeesters in de jaren 1983 en 1984, vertelden later al heel snel ontdekt te hebben dat Ciancimino de machtigste man in de stad was, ook al had hij officieel geen functie meer. Beiden kregen de waarschuwing dat ze een compromis met hem moesten sluiten, wilden ze op hun post blijven - en beiden werden gedwongen af te treden toen ze dit weigerden.

Bij Pucci kwam de crisis toen zij probeerde het monopolie van Ciancimino's beste vriend, graaf Arturo Cassina, op het onderhoud van de straten en rioleringen te doorbreken. Ze had ontdekt dat onder andere iedere lantaarnpaal twee maal zoveel kostte als elders en dat Palermo er bovendien veel meer had dan andere steden. 'Ik brak de regels van het spel,' vertelde zij later. 'Ik pakte hun zakenbelangen aan en werd eruit geschopt.'

Ook Leoluca Orlando had met de lokale tiran te maken gehad. 'Hoe lang wil je burgemeester blijven?' vroeg Ciancimino de toen 37-jarige professor in de rechten aan de Universiteit van Palermo, toen deze in 1984 liet weten belangstel-

ling voor die baan te hebben. 'Vijf jaar? Dan moet je het wel op een akkoordje met mij gooien.'
Orlando bofte. Tegen de tijd dat hij burgemeester werd, in 1985, was Ciancimino van het toneel verdwenen en de Palermitaanse 'primavera' kon beginnen zonder de schaduw van deze corrupte politicus over de stad.
Helaas duurde Orlando's lente niet lang. Nadat hij twee jaar de stad met een moeizame coalitie van vijf partijen had bestuurd, kwam het in 1987 tot een botsing met de socialisten. Hij beschuldigde hen ervan contacten te onderhouden met de mafia, en zij vielen de jonge christen-democraat aan omdat hij een marionet zou zijn van de jezuïeten, de stroman van de twee geestelijken 'padre' Sorge en 'padre' Pintacuda, die al jarenlang deel uitmaakten van zijn omgeving.
In het 'Palazzo delle Aquile', Palermo's eeuwenoude stadhuis, maakte het idealisme plaats voor bitterheid. Orlando probeerde de situatie nog te redden en slaagde erin een stadsraad te vormen met de hulp van de linkervleugel der christen-democraten, de sociaal-democraten, de groenen, wat communisten en een exotisch groepje dat zich 'De stad voor de mens' noemde. Maar de vaart was eruit.
Orlando hield het desondanks nog twee jaar vol, maar op 25 januari 1990 gooide hij de handdoek in de ring en stapte op. Al eerder was de secretaris van de christen-democraten op Sicilië, Rimo La Placa, afgetreden. Ook hij had er genoeg van. Volgens hem was de oude Democrazia Cristiana in Palermo weer aan de macht. 'Ciancimino staat op het punt terug te komen,' zo luidde zijn sombere waarschuwing.
Orlando verzekerde in zijn afscheidsrede dat dit nooit zou gebeuren. 'Als iemand denkt nu terug te kunnen keren naar het verleden toen we ons schaamden Palermitanen te zijn, vergist hij zich,' vertelde hij de raad.
De rechters van de antimafia-'pool' hadden Orlando's politiek gewaardeerd. 'Vóór Orlando heeft geen enkele burgemeester van Palermo ooit het woord 'mafia' in de mond genomen. Leoluca was de eerste,' prees Borsellino.
De groep was net als Orlando door een moeilijke periode gegaan. Na het succes van het maxiproces had de anticlimax niet lang op zich laten wachten. Nog geen jaar later zaten er van de 342 veroordeelden nog maar zestig achter de tralies. De anderen waren vrijgekomen, sommigen omdat zij langer dan de voorgeschreven anderhalf jaar moesten

wachten voor hun rechtszaak in hoger beroep voorkwam, anderen dank zij het destructieve werk van een rechter van cassatie, Corrado Carnevale.
Deze bombastische zestiger, die in 1985 president van de Eerste Kamer van het hof van cassatie was geworden, had zich al snel de bijnaam van de 'vonnismoordenaar' verworven. Soms waren het alleen een paar komma's die volgens hem een veroordeling ongeldig maakten, een andere maal was het een 'defect in de motivatie' of een vergissing in de procedure.
Carnevale hield echter vol dat de meeste rechters in Italië slordig te werk gingen. 'Voor mij staat de vrijheid van de mens op het spel en te veel rechters maken van een vermoeden een zekerheid,' legde hij uit, terwijl hij de zoveelste gevaarlijke mafioso naar huis stuurde.
Maar ook in eigen huis, het paleis van justitie in Palermo, waren er moeilijkheden gerezen voor de antimafia-'pool'. Caponnetto was nu 68 jaar oud en hij begon na vier jaar heel hard werken moe te worden. In de zekerheid dat Falcone hem zou opvolgen, diende hij zijn ontslag in en keerde in maart 1988 naar Florence terug.
De CSM, de Italiaanse raad van magistraten, besliste evenwel anders. Tot ieders grote verbazing benoemde de CSM Antonio Meli, een totaal onbekende rechter uit Caltanissetta, tot hoofd van de 'pool' en passeerde daarmee Falcone. Dat zij daartoe in staat was, was in grote mate het werk van Vincenzo Geraci, een collega uit de 'pool'. Deze had zijn vriend Falcone zo stellig verzekerd dat hij zou winnen, dat deze zelfs de hulp van Caponnetto om hem te steunen had afgewezen. Geraci bleek echter, in de woorden van Falcone's zuster Maria, een 'Judas' te zijn geweest en had achter de schermen alles in het werk gesteld om de rechter te verslaan. De officiële motivering van de CSM was dat het een kwestie van anciënniteit was geweest, maar Falcone en zijn vrienden zagen het als een poging hun 'pool' op een zijspoor te zetten. Men vond in Rome dat de rechters in Palermo kennelijk te groot voor hun schoenen waren geworden.
Wat zij hadden gevreesd gebeurde inderdaad. Meli, net als Caponnetto een 68-jarige en een zeer respectabele man, begreep niets van de mafia en accepteerde allerminst de 'Buscetta-theorie' dat zij een gecentraliseerde organisatie zou zijn. Hij verdeelde mafia-zaken dan ook over verschillende

rechters en elimineerde op deze manier langzaam maar zeker de 'elitaire' antimafia-'pool'.
Borsellino zag het met lede ogen aan. Hij was overgeplaatst naar Marsala, maar zijn hart was in Palermo gebleven, bij zijn vrienden. Na een paar maanden besloot hij dat het tijd was iets te doen tegen de fatale politiek van het nieuwe 'pool'-hoofd. In een interview met 'La Repubblica' beschuldigde hij de staat ervan weer in slaap gevallen te zijn en de strijd tegen de mafia te hebben opgegeven. Falcone kreeg niets meer te doen; het laatste rapport over de mafia dateerde uit 1982. 'We staan er weer net zo voor als twintig jaar geleden,' fulmineerde Borsellino.
Terwijl de CSM hem op de vingers tikte met de opmerking dat men de vuile was niet buiten moet hangen, was Falcone tot het besluit gekomen dat ook voor hem de maat vol was. Hij nam zijn ontslag en in een lange brief legde hij uit waarom.
'Deze laatste jaren, waarin ik mij met de criminaliteit van de mafia heb beziggehouden, heb ik de onvermijdelijke beschuldigingen van "protagonismo" en de onregelmatigheid van mijn werk in stilte verdragen.' Hij had zelfs geaccepteerd dat zijn promotie niet doorging, 'maar nu is de situatie grondig veranderd en heb ik geen reden meer om te zwijgen'. Het ging erom dat de strijd tegen de mafia volkomen was vastgelopen en dat hij niet langer zijn taak kon vervullen.
De CSM riep hem op het matje en vroeg om uitleg, maar na een fel debat dat vier dagen duurde, werd hij in het ongelijk gesteld. Falcone's bewering dat hij op een zijspoor was gezet, was volgens zijn collega's in Rome ongefundeerd.
Na een lange vakantie keerde Falcone op zijn plaats terug, maar het duurde niet lang of er waren nieuwe problemen. In de zomer van 1989 publiceerde 'La Stampa' een anonieme brief, die geschreven was op papier van het Ministerie van Binnenlandse Zaken en getikt op een schrijfmachine van het paleis van justitie in Palermo.
In de brief, gestuurd naar president Francesco Cossiga, premier Ciriaco De Mita en de voorzitter van de antimafiacommissie Gerardo Chiaromonte, werden politie en magistraten in Palermo ervan beschuldigd op onwettige manier gebruik gemaakt te hebben van de 'pentito' Contorno.
Totuccio, die in de VS had moeten zijn, was op 26 mei

1988 in Italië gearresteerd in het huis van zijn neef Grado. Het huis bleek een wapenarsenaal te zijn. Het was duidelijk wat de bedoeling was. Contorno, die de Corleonesi haatte, zou besloten hebben een vendetta tegen hen te beginnen. De arrestatie stak daar een stokje voor.
Volgens de schrijver van de anonieme brief, al spoedig de 'raaf' gedoopt, was de komst van Contorno naar Italië in werkelijkheid georganiseerd door de politie. Deze hoopte dat hij, gedreven door wraakgevoelens, hen kon helpen bij het zoeken naar de schuilplaats van Totò Riina.
De politie die, aldus de briefschrijver, met medeweten van de magistraten zou hebben gehandeld, had heel goed geweten dat Contorno's jacht op Riina met veel bloedvergieten zou verlopen, maar had dit op de koop toe willen nemen. Uiteindelijk zouden er vijf mafiosi zijn vermoord, een daad waaraan, althans volgens de 'raaf', de rechters medeschuldig waren, aangezien zij niets gedaan hadden om de moorden te verhinderen. De brief sloeg bij het paleis van justitie in Palermo als een bom in. Het ging om een voor een magistraat vernietigende beschuldiging en de bedoeling was kennelijk om vooral Falcone aan de kaak te stellen als een incorrecte rechter, die terwille van zijn carrière zelfs in staat was te laten moorden.
De verdenking viel vrijwel terstond op een collega in de 'pool', Alberto Di Pisa, een zeer capabele jurist, maar ook iemand die verblind door ambitie het moeilijk kon accepteren dat Falcone en niet hij op de voorpagina's stond. Met behulp van een listig verkregen vingerafdruk werd Di Pisa, ook al twijfelde men later aan de waarde van het bewijsstuk, tot achttien maanden gevangenisstraf en een schorsing veroordeeld.
De sfeer in het paleis van justitie was inmiddels zo verzuurd door geroddel en achterklap, dat de Italiaanse pers er een nieuwe naam voor had gevonden, het 'Palazzo dei Veleni', het Vergiftigde Paleis.
Die naam was heel terecht, zoals diezelfde zomer van 1989 bleek toen op 21 juni onder het strandhuis van Falcone bij Addaura 58 staven dynamiet werden gevonden, en zijn vijanden het gerucht de wereld inzonden dat hijzelf de 'aanslag' georganiseerd zou hebben om de aandacht te trekken. Zijn vrienden kregen na deze aanslag, die alleen dank zij een paar attente lijfwachten was mislukt, een heel andere indruk. Falcone was volkomen van streek. 'Voor de eerste

keer sinds ik hem kende, was hij bang,' schreef de journalist Francesco La Licata. 'IJsberend met een glas grappa in zijn hand herhaalde hij steeds maar: "De uitvoerders zijn de mafiosi, maar de regie is in handen van heel slimme breinen."'
Ook zijn zuster Maria herinnerde zich dat Giovanni zich ernstig zorgen maakte en dat hij Francesca Morvillo, de jonge advocate met wie hij twee jaar eerder was getrouwd, een tijdje wegstuurde.
Falcone ging zo normaal mogelijk aan het werk, maar hij voelde zich volkomen geïsoleerd. Iemand vergeleek de atmosfeer in het Paleis van Justitie in die herfst van 1989 met die van een dierentuin waarin de wilde beesten, die vrijgelaten zijn, vechten voor hun bestaan. En Falcone was de populairste prooi bij zijn collega's.
Even hoopte hij dat de situatie zou verbeteren. De CSM, mogelijk toch geroerd door de mislukte aanslag, benoemde hem tot adjunct-procureur van Palermo, met Pietro Giammanco als baas.
Falcone kreeg van deze de toezegging dat hij alle mafia-zaken mocht behandelen, maar het bleek al spoedig een holle belofte te zijn. 'Hij werd geboycot,' beweerde later Falcone's zuster Maria. 'Mijn broer, beroemd in de hele wereld, werd door Giammanco veroordeeld tot procesjes wegens zakkenrollerij.' Het dagboek van de magistraat vulde zich met verbitterde klachten over pesterijen en het was duidelijk dat hij zwaar ontmoedigd begon te raken.
Niets ging goed. Enkele processen liepen onbeslist af en vrienden zoals Leoluca Orlando, die twee jaar eerder nog in het diepste geheim Giovanni en Francesca had getrouwd, begonnen hem verwijten te maken over de politieke ambities die hij zou koesteren. Volgens hen zouden deze hem parten spelen bij zijn veroordelingen.
De situatie dwong hem een beslissing te nemen en een weg te kiezen die hij niet had gezocht. Falcone, die zo langzamerhand geobsedeerd was door de mafia en over niets anders meer praatte, wilde ten koste van alles de strijd tegen de Octopus voortzetten en als dat niet in Palermo kon, dan ging hij zijn heil elders zoeken.

XIV - De mislukte missie

Terwijl de situatie in het 'Vergiftigde Paleis' te Palermo voor Falcone steeds moeilijker werd, werd hij in augustus 1988 ook nog geconfronteerd met het probleem Domenico Sica. Deze statige jurist, toen 58 jaar oud, had zijn strepen verdiend door als procureur-generaal in Rome grote schoonmaak te houden in de Italiaanse terroristenwereld.
Net als in het geval van generaal Dalla Chiesa zag de regering in dit laatste succes een mooie aanleiding om Sica naar het zuiden te sturen om de mafia aan te pakken. Na de ongemakkelijke rust tijdens het maxiproces was de Octopus weer nijver op pad gegaan, in de maanden van juni tot november 1988 alleen al 135 slachtoffers makend.
Ook waren er weer de nodige 'excellente' slachtoffers gevallen. De eerste - nog geen twee maanden na afloop van het maxiproces - was de 47-jarige Giuseppe Insalaco. Deze christen-democratische politicus, die in 1984 94 dagen lang burgemeester van Palermo was geweest en toen een grote schoonmaak wilde houden in de corrupte mafiose administratie, was een soort 'pentito'. Nadat hij was afgetreden omdat zijn partij hem niet langer steunde, werd hij zelf beschuldigd van frauduleuze praktijken bij het kopen van land.
Hoewel Insalaco ontkende schuldig te zijn, besloot hij toch te 'boeten' en een boekje open te doen over de contracten die politici, ondernemers en mafiosi door de jaren heen onder elkaar hadden verdeeld. Op 12 januari 1988 werd hij vlak bij zijn huis in zijn auto gevonden, doorzeefd met kogels.
Twee dagen later volgde de moord op de 36-jarige Natale Mondo, een agent van de 'squadra mobile' met een dubieuze reputatie. Mondo, die de chauffeur was geweest van Cassarà, de vice-commandant van de 'squadra', was met zijn baas op stap toen deze op 6 oktober 1985 werd neergemaaid. Hij overleefde de aanslag zelf op wonderbaarlijke wijze.
Twee maanden later werd hij gearresteerd, beschuldigd van 'een misdaad van het mafiose type' en de handel in drugs. De agent redde zich eruit door te onthullen dat hij zich bij de drugsbende had aangesloten op bevel van Cassarà. Hij moest als informateur dienen.

Hij ontving dit arrestatiebevel overigens terwijl hij al in de gevangenis van Santa Maria Capua Vetere zat. Hij was kort tevoren met tien andere politiemannen aangehouden omdat zij een arrestant, Salvatore Marino geheten, doodgemarteld hadden. Volgens hen was hij betrokken geweest bij de aanslag op Cassarà.
De agenten hadden hun zaak nog kwalijker gemaakt door in paniek het lichaam in zee te werpen en toen het gevonden werd te pretenderen dat het het lichaam van een Tunesiër was. Een slimme magistraat kwam echter al snel achter de waarheid en liet de mannen oppakken. In afwachting van de afloop van het onderzoek mocht Mondo de gevangenis verlaten en gaan helpen in de winkel van zijn vrouw. Daar vond de sluipschutter van de mafia hem op 14 januari.
Laat in de zomer vond er een derde spectaculaire moord plaats. De slachtoffers waren de 66-jarige rechter Antonino Saetta en diens 33-jarige zoon Stefano, die op 26 september 's avonds laat in hun auto naar huis reden. De twee mannen waren op de terugweg naar Palermo na de doop van Saetta's jongste kleinkind, toen zij bij het gehucht Grotta Rossa werden beschoten. De auto van de rechter vloog tegen de tussenrailing, waarna de 'killers' van de mafia niet veel meer te doen hadden.
'Pentito' Leonardo Messina onthulde later dat Saetta werd vermoord omdat hij drie 'capimafia' tot levenslang had veroordeeld wegens de moord op kapitein Basile. Erger was dat hij absoluut had geweigerd een 'schikking' te treffen voor de mafiosi, die veroordeeld waren in het maxiproces en nu wachtten op hun hoger beroep.
Veel mysterieuzer was de moord, diezelfde avond, op Mauro Rostagno, de 46-jarige voormalige leider van de linkse beweging 'Lotta Continua'. Rostagno, die een soort 'anchorman' was geworden bij een klein tv-station in Trapani, werd neergeschoten terwijl hij met een vriendin op weg was naar 'Saman', een commune voor het afkicken van drugs. De vriendin wist zich te redden door onderin de auto te duiken.
Het is nog steeds een raadsel waarom Rostagno werd vermoord, maar men vermoedt dat de mafia gewoon geïrriteerd raakte door zijn fanatieke campagne tegen het druggebruik.
Onder de indruk van deze slachting op Sicilië gaf een een-

stemmig parlement - in schrille tegenstelling tot wat men zes jaar eerder had gedaan voor Dalla Chiesa - Sica behalve de indrukwekkende titel van 'hoge commissaris voor de strijd tegen de mafia', ook alle mogelijke faciliteiten. Zo kreeg hij de beschikking over vijftig speciale agenten, het recht telefoons af te luisteren en kasboeken te inspecteren, vrije toegang tot verdachten en politierapporten, een databank en ten slotte ongelimiteerde fondsen.
Voor Falcone was de hele affaire een bittere pil. Hij had eveneens naar deze post van superprefect gesolliciteerd, maar ook deze maal was het fout gelopen. De CSM had hem opnieuw genegeerd en de voorkeur gegeven aan Sica.
De relatie tussen beide mannen werd er niet beter op toen Sica eerst Alberto Di Pisa met behulp van de steels genomen vingerafdrukken als de 'raaf', dus als de schrijver van de anonieme gifbrieven identificeerde, en vervolgens vertelde dat Falcone degene was geweest die zijn collega het eerst als mogelijke dader had genoemd.
Het zou niet verwonderlijk zijn indien Falcone met enig leedvermaak heeft gevolgd hoe Sica's missie al snel verzandde in de gebruikelijke inertie en tegenwerking. De prefecten in het zuiden haatten hem vanaf het moment dat hij de opmerking had gemaakt dat ze nergens voor deugden, en rechters en politie volgden met argwaan de activiteiten van deze man, die zich op hun terrein waagde. Politici ten slotte begonnen te vrezen dat zij deze superprefect, die in Rome de bijnaam had gekregen van 'Pietjepeut', te veel macht hadden gegeven.
Al na een jaar moest hij voor de antimafia-commissie verschijnen, omdat hij zonder iemand in te lichten naar de VS was gevlogen om daar Badalamenti, die wilde 'biechten', te spreken. De commissieleden berispten hem streng want, zo vertelden ze hem, 'de hoge commissaris moet niet optreden als een onafhankelijke rechter-commissaris'.
Sica sputterde wat tegen en vertelde dat hij enkele rechters op de hoogte had gesteld, maar zowel Falcone als Borsellino zeiden van niets te weten. 'La Stampa' schoot hem te hulp. 'Aan de ene kant wil men dat hij alles zo onopvallend mogelijk doet en op die manier resultaten boekt, maar lekt er iets uit dan wordt hij op zijn vingers getikt.'
Zichzelf verdedigend wees de hoge commissaris de commissie erop dat hij het afgelopen jaar 281 telefoons had afgeluisterd, de gegevens van 40.000 personen in zijn archief

had verzameld en 16.000 ondernemingen had doorgelicht. Ook stelde hij een programma voor dat onder andere een betere bescherming van de 'pentiti' moest inhouden en vooral van hun families, die volkomen onbeschermd waren indien de mafia wraak wilde nemen.
Vooral de communisten vonden het allemaal maar niets. Een van hen beschreef de resultaten van Sica's werk als 'tweeledig: onnuttig of gevaarlijk'.
'Laat hem toch rustig werken,' maande de minister van Binnenlandse Zaken, Gava. En een collega in de CSM, de raad van magistraten, verzuchtte: 'Toen Dalla Chiesa dit werk deed, hebben ze hem door de mafia laten afmaken. Bij Sica doen zijn eigen collega's het.'
Een half jaar later was de situatie nog slechter geworden, vooral toen de CSM besloot als motie van wantrouwen Sica de drie rechters te ontnemen die hem vanaf het begin hadden bijgestaan. Een van de drie rechters verscheen op de televisie om te protesteren tegen deze ontmanteling van weer een andere antimafia-instelling, maar het baatte niet. Integendeel. Van verschillende kanten nam de druk toe op de regering om de onmogelijke taak van deze lastpost en wijsneus nog onmogelijker te maken, maar premier Giulio Andreotti weigerde daaraan mee te werken. In maart maakte hij bekend er absoluut niets voor te voelen de 'competentie van de hoge commissaris te reduceren'. Reagerend op de giftige kritiek op Sica voegde hij er geïrriteerd aan toe, dat hij het klimaat van deze dagen herkende uit de tijd van Dalla Chiesa. 'Ook toen werd er ruzie gemaakt, was men jaloers. En toen de generaal dood was, stond iedereen te huilen.'
Sica had inmiddels zijn reizen naar het zuiden gestaakt. Zijn medewerkers vertelden dat hij in zijn kamer in het barokke oude paleis van justitie in Rome, uitkijkend over de Tiber, alleen maar rapporten schreef. De rechter, die ondanks zijn ascetische uiterlijk een levensgenieter was, glimlachte niet meer en sprak nog maar zelden. Over zijn vroegere voorstel een echte superprefectuur met nationale verantwoordelijkheden te scheppen, werd niet meer gepraat. Hij was al blij dat hij het voorlopig overleefde als hoge commissaris.

Een van de rapporten waarmee Sica zich bezighield in zijn ivoren toren aan de Tiber, kwam die winter van 1989 in de antimafia-commissie ter sprake. Het bestond uit twaalf dicht beschreven pagina's en bevatte belangrijk nieuws: de hoge commissaris had ontdekt dat drugs steeds meer de ware 'business' van Cosa Nostra was geworden. Ook was hij tot de conclusie gekomen dat het stoppen van hun geldtoevoer het beste wapen was om de 'bosses' te treffen. Dat betekende dus dat men vooral het witwassen van hun verdiensten moest verhinderen.

Het ging om vele duizenden miljarden lires, miljarden guldens. 'Mafia business is booming', schreef een Engelse krant naar aanleiding van een Italiaans rapport waarin werd geconstateerd dat Cosa Nostra 'een ware multinational' was geworden. En ook het Europese Parlement meldde dat 'de mafia in de wereld van financiën een plaats op de eerste rang inneemt'.

Een paar cijfers zijn voldoende om te bewijzen dat het parlement niet overdreef. Terwijl volgens een voorzichtige schatting van de Censis, het Italiaanse Bureau voor de Statistiek, de totale omzet in de mafia-wereld in 1991 ruim dertig miljard gulden bedroeg, heeft het prestigieuze 'Istituto Guglielmo Tagliacarne' uitgemaakt dat deze omzet veel dichter tegen de tweehonderd miljard gulden zit, twaalf procent van het Italiaanse nationaal produkt.

De associatie van winkeliers, Confcommercio, heeft uitgerekend dat de Octopus alleen al aan protectiegeld jaarlijks vijftig miljard gulden binnengraait. En het economische weekblad 'Il Mondo' ontdekte in 1990 dat twintig procent van het geld dat in Palermo in omloop is, het produkt is van de misdaad. In Trapani, een stad met 73.000 inwoners van wie 18.000 werkeloos zijn en vijftig procent in sloppen woont, zijn 156 financiële instellingen en niet minder dan 89 banken.

Om geld te verdienen laten mafiosi niets staan. Afgezien van hun inkomsten uit drugs en protectie, hebben zij ook een goede bron van inkomsten in de bouw en de verkoop van onroerend goed, het transport van aarde, de gezondheidszorg en de verwerking van afval. Vooral wanneer het aankomt op het binnenslepen van bouwcontracten zijn de mafiosi ware meesters: in de jaren 1985-1990 kregen zij meer dan de helft van de staatscontracten te pakken en in 1991 hebben zij daaraan bijna vijf miljard gulden verdiend.

Dat het grootste deel van deze inkomsten in de zakken van de Corleonesi terechtkomt, spreekt vanzelf. Totò Riina alleen was al goed voor een inkomen van anderhalf miljard gulden.

Het zou een probleem moeten zijn dit illegaal verdiende geld te legaliseren, maar ondanks alle pogingen van de Italiaanse regeringen is voor Cosa Nostra het witwassen van het zwarte geld geen probleem. Ook in Nederland heeft men dit gemerkt. Bij het uitspreken van een vonnis door een Londense rechter in 1987 werd de ABN ervan beschuldigd miljoenen drugsdollars van een aantal grote dealers witgewassen te hebben.

En de Italiaanse mafia-deskundige Antonietta Cardobo, auteur van het boek 'Le mani della mafia' (De handen van de mafia), vertelde verslaggever Joost de Haas van 'De Telegraaf' in september 1992: 'Ik beschik over een lijst met namen van banken die door de Criminalpol in Rome verdacht worden van het witwassen van mafia-gelden. Daaronder bevindt zich de ABN.' Daarnaast verdenkt politierechter Francesco Deleo nu ook andere Nederlandse banken van het doorsluizen van zwart geld bestemd voor de mafia, naar de inmiddels ter ziele gegane 'Banco Ambrosiano'. Tot 1982 onderhielden de NMB en Rabobank nauwe contacten met deze bank, die in dat jaar failliet ging.

Het werkelijke financiële centrum voor de mafia is uiteraard Milaan. 'Sinds Luciano Leggio daar tot 1974 heeft gewoond, is Milaan altijd vol mafiosi geweest,' vertelde Carlo Smuraglia in juli 1992 bij de publikatie van een rapport, opgesteld door een plaatselijke antimafia-commissie.

Smuraglia, een communistische senator die de commissie had voorgezeten, meent dat deze belangstelling voor Milaan normaal is gezien de faciliteiten die de stad de mafia kan bieden: meer dan 173.000 ondernemingen en achtduizend financiële instellingen. 'De instrumenten waarmee en de manieren waarop men het vuile geld kan witwassen, zijn talloos en zeer 'sophisticated',' aldus het rapport. En een van die instrumenten is de Beurs van Milaan, die volgens schattingen vijftien procent minder zou omzetten indien de mafia niet meedeed en die in 1990 twintig miljard gulden aan mafia-geld 'legaliseerde'.

Een veel gebruikte manier is het geld naar buitenlandse banken over te maken en deze vervolgens op te dragen Italiaanse staatsobligaties te kopen. 'Voor iedere emissie van aandelen,' aldus de Milanese commissie, 'komen er voor duizenden miljarden lires uit het buitenland. Men kan veilig aannemen dat deze weg wordt gebruikt voor het weer in omloop brengen van zwart geld.'

Falcone was er niet zo zeker van dat de mafia werkelijk in grote mate gebruik maakt van de Beurs. 'Je leest altijd in de krant dat het witwassen gaat via de financieringsbureaus in Milaan. Maar hoeveel daarvan zijn er geïdentificeerd?' Hij gaf zelf het antwoord op die vraag: 'Zeer weinig.' En van mafiose beursoperaties is volgens hem helemaal geen sprake. Hij gaf evenwel geen antwoord op de vraag waar het geld dan naar toe ging. Misschien wordt het gewoon opgeslagen, zoals in die garage in Londen, waar men in september 1992 twintig vierkante meter bankbiljetten vond ter waarde van acht miljoen gulden.
Er is zoveel geld beschikbaar dat de mafia niet aarzelt veel onroerend goed voor schrikbarend hoge prijzen te kopen.
'Aangezien zij geen financiële problemen heeft en haar balans niet hoeft te kloppen, kan Cosa Nostra miljarden investeren, zelfs als dit niet produktief is,' aldus Smuraglia.
Uiteraard heeft nu iedere belangrijke mafia-familie, net als een bank, haar branche in Milaan. Dit blijkt niet alleen uit het feit dat het aantal mafia-moorden de laatste jaren sterk is toegenomen - 69 in 1990 en 110 in 1991 - maar ook uit recente arrestaties. Zo werd op 18 oktober 1992 een groep mafiosi opgepakt bij een inval in een parkeergarage in de Via Salomono vlak bij de Milanese Ortomercato. De politie vond er een compleet wapenarsenaal, terwijl uit de gevonden boeken bleek dat daar dagelijks voor miljarden lires aan drugs werd omgezet.
De bende hield zich niet alleen bezig met deze handel. Dit bleek uit een afgeluisterd telefoongesprek. Het feit dat hierin werd gesproken over het plan een belangrijke rechter te vermoorden - het bleek later te gaan om de Milanese rechter Di Pietro - dwong de politie tot direct ingrijpen, hoewel zij van plan was geweest eerst te wachten op de aangekondigde komst van honderden kilo's heroïne.
De hele operatie was het werk geweest van een jonge Florentijnse rechter, Giuseppe Nicolosi. Deze had in februari Giacomo Riina, de 84-jarige oom van Totò Riina, te pakken gekregen. Hoewel de grijsaard, die sinds 1967 van Sicilië was verbannen en die werd gezocht wegens een veroordeling voor 'mafiose relaties', weigerde iets te onthullen, leidde zijn arrestatie uiteindelijk naar de mannen in het arsenaal.
De vangst van Giacomo Riina, een groot liefhebber van poëzie en zelf ook dichter, was overigens een goede zet.

Totò's oom, getrouwd met een zuster van Leggio, was namelijk de vertegenwoordiger van de Corleonesi, van Madonia en van Santapaola in het noorden, en in zijn bankkluis vond de politie behalve enkele compromitterende kasboeken ook vele miljarden lires.
De kans is groot dat Giacomo dit geld voorgoed kwijt is dank zij de wet Rognoni-La Torre, die sinds kort zeer actief wordt toegepast. Nadat deze wet in 1982 na de moord op La Torre haastig was aangenomen, was zij aanvankelijk, zoals zo vaak in Italië gebeurt met een wet, een dode letter gebleven. Een man als Vito Ciancimino, die dank zij zijn rampzalige mafiose activiteiten in Palermo miljarden heeft vergaard en daarvoor tot tien jaar gevangenisstraf is veroordeeld, mocht in afwachting tot zijn zaak in hoger beroep zou voorkomen al zijn geld behouden.
Sinds de moord op Falcone en Borsellino en de daarop volgende benoeming van de energieke Matteo Cinque tot prefect van Palermo is de wet echter nieuw leven ingeblazen. Voor de mafia zijn de gevolgen van dit enthousiasme van de autoriteiten niet erg plezierig geweest.
In november 1992 maakte de politie bekend dat zij dat jaar voor in totaal anderhalf miljard gulden aan geld en goederen van mafiosi in beslag had genomen, een schijntje vergeleken bij de enorme inkomsten van de mafia, maar in ieder geval beter dan wat er tussen 1982 en 1988 gebeurde. Ook toen werd beslag gelegd op anderhalf miljard, maar daarvoor had men zes jaar nodig.
Het ongelukkigste slachtoffer van de politiële ijver was de beruchte Madonia-familie uit Resuttana bij Palermo. Kort nadat de 'boss', de 68-jarige Francesco Madonia, met zijn zoons Salvatore (40) en Nino (36) en met Totò Riina 'in absentia' werd veroordeeld wegens de moord op carabinieri-kapitein Basile in maart 1980, werd alles wat hij bezat geconfisqueerd. De Guardia di Finanza wacht nu een lastige taak, want het bezit van de Madonia's is een vlechtwerk van 32 ondernemingen en aandelen in vele andere. Voorts is er een transportbedrijf en zijn er boetieks voor mannen- en vrouwenkleding, een vleeswarenfabriek en zelfs een bakker. Er is ook nog een wagenpark van 203 auto's, een villa in de Abruzzen, appartementen over Italië verspreid en tweehonderd bankrekeningen in drie verschillende landen.
Deze nieuwe campagne is precies waarop Domenico Sica had aangedrongen en waarnaar men toen geen oren had.

En volgens majoor Luigi Magistro van de Guardia di Finanza is het ook nu nog stukwerk. 'In de eerste plaats is het heel moeilijk erachter te komen wat precies aan een "boss" toebehoort en als je het dan in handen hebt, is er wel weer een wet die alles ongedaan maakt.'
De vraag is ook nog of iemand de in beslag genomen goederen van een 'boss' durft te kopen. Toen de geconfisqueerde villa van Stefano Bontade werd geveild, liepen er een paar zware jongens zo veelzeggend rond dat niemand durfde te bieden en de familie het huis kon terugkopen.
Het zijn vooral de banken die weigeren mee te werken en die het de politie moeilijk maken te ontdekken waar het zwarte geld blijft. 'Er komt geen enkele hulp van de kant van de banken,' zo klaagde de minister van Binnenlandse Zaken Nicola Mancino in de zomer van 1992. 'En dat moeten we nu maar eens publiek maken.' Hoewel het bijvoorbeeld sinds een jaar verplicht is financiële transacties die twintig miljoen lire te boven gaan, te melden, hebben maar weinig banken zich daaraan gehouden.
Gezien het feit dat volgens de Verenigde Naties in de 'drugs-business' jaarlijks voor driehonderd miljard dollar en volgens het Vaticaan zelfs voor vijfhonderd miljard dollar wordt omgezet, is dit misschien niet zo verwonderlijk, meent Luigi Rampone, hoofd van de militaire inlichtingendienst Sismi. 'Het principe bij de banken is nog steeds "pecunia non olet", geld stinkt niet.'

XV - Op glad ijs

Donderdagavond 24 september 1992 - een mooie zomeravond. Het is even over zeven en op het terrasje van het café 'Tre Scalini' op de schilderachtige Piazza Navona in Rome zitten twee mannen en een mooie blondine. Ze proeven van hun droge martini en zien er alle drie tevreden uit. Het is voor de Colombiaan José Duran, zijn partner Pedro Villaquiran en de Nederlandse Bettine M. uit Haarlem een goede dag geweest.
Geen van hen merkt hoe een tiental stevige jonge mannen en vrouwen op hen afkomt. Voor ze begrijpen wat er aan de hand is, zijn ze met een revolver in de rug en ieder geklemd tussen twee kordate politieagentes in de klaarstaande auto's geduwd. Niemand heeft het zien gebeuren.
Tegelijk met dit drietal werden er in Italië nog 26 personen gearresteerd, terwijl in de Verenigde Staten, Engeland, Costa Rica en Spanje nog 125 personen werden opgepakt. Operatie 'Green Ice', de grootste internationale antidrugsoperatie ooit ondernomen, was een groot succes. Alessandro Pansa, een officier van de Sco, de 'Servizio centrale operativo' ofte wel de Italiaanse antimafia-brigade, vertelde dat er ook nog eens twaalf miljoen dollar in contanten was gevonden, plus een grote lading juwelen en aandelen ter waarde van vele miljoenen. In Londen werd bovendien cocaïne met een straatwaarde van twintig miljoen gulden in beslag genomen.
Het had er voor de drugsdealers allemaal zo mooi uitgezien. Na maanden van voorzichtige onderhandelingen, waarbij de veertigjarige Bettine een belangrijke rol speelde, waren José Duran, bijgenaamd 'Tony de Paus', en een lid van het beruchte Pereira-kartel naar Rome gekomen om een van de grootste drugsdeals af te sluiten die men zich kon indenken. Nu de Amerikaanse markt met cocaïne verzadigd was, wilden de Colombianen de handel in Europa uitbreiden en ze hadden de Corleonesi uitgezocht als hun vertegenwoordigers.
'Na veel onzekerheid hadden de Colombiaanse mafia en ook de Chinezen besloten de drugsmarkt over te laten aan de Sicilianen,' beweerde Maurizio Calvi, vice-president van de Italiaanse antimafia-commissie. 'Cosa Nostra was het energiekst geweest, was beter in alle landen vertegenwoordigd en daarom klaar om de handel te controleren.'

De voorbereidingen waren vlot verlopen en ook tijdens de ontmoeting op die middag van 24 september in het restaurant 'Bracconiere' hadden de twee partijen elkaar goed begrepen. De twee vertegenwoordigers van Riina, Massimo Quatra en Antonino Mancuso, hadden de 38-jarige Duran, zoals altijd in het wit gestoken, verteld hoe zij de drugs via hun talloze activiteiten zoals export van fruit en vis konden transporteren. Ook konden zij een vlotte betaling garanderen, onder andere door de Colombianen de heroïne te geven die dezen nu op de Amerikaanse markt wilden gooien.
Later in de middag, in een kantoor van een van de vijftien spookondernemingen die Bettine de laatste maanden had opgezet voor het witwassen van het geld, werden de puntjes op de i gezet. Duran stond erop dat de handel moest gaan via bestaande ondernemingen, aangezien nieuwe te veel de aandacht zouden trekken. Ook moest alles zo waarheidsgetrouw mogelijk zijn. Als er sprake was van een lading vis, dan moest er vis zijn. En als er sinaasappelen op de laadbrief stonden, dan moesten die er ook zijn.
Bettine M. moet vrijwel zeker getwijfeld hebben aan de garantie die dit zou geven, denkend aan de lading van bevroren passievruchtensap die in februari 1990 per schip in IJmuiden arriveerde om daar in een pakhuis opgeslagen te worden. Het sap was de dekmantel voor 2.658 kilo cocaïne, die ondanks al deze voorzorgsmaatregelen toch werd gevonden. Bettine, die naar men aannam bij deze massale smokkel betrokken was geweest, ging vrijuit, maar vier Colombianen en vier Nederlanders gingen voor zeven tot veertien jaar naar de gevangenis.
Deze maal - in Rome - ontsnapte Bettine M. niet. De Haarlemse, gescheiden van haar Colombiaanse echtgenoot, was in feite degene geweest die de Italiaanse antimafia-brigade, die nauw samenwerkte met de Amerikaanse 'Narcotic Agency', op het spoor van Duran had gebracht.
Kort na haar aankomst in Rome in mei had Bettine namelijk kennis gemaakt met een charmante Italiaan. Hij was een van de 42 Sco-agenten die, sinds het onderzoek tien maanden eerder was begonnen in de Italiaanse hoofdstad, waren ingezet voor de operatie 'Green Ice'. Het was het klassieke verhaal: ze begon een soort relatie met hem en hij kon zonder problemen haar activiteiten volgen, zoals het opzetten van haar vijftien ondernemingen en het huren van kantoren en een flat. Hij kon haar zelfs hulp bieden, want,

zo vertelde hij haar, hij was de Europese vertegenwoordiger van de Amerikaanse financieringsmaatschappij Tava, The American Ventures Associates. Deze neponderneming in San Diego, Californië, had al vaker werk verricht voor Colombiaanse drugsdealers en ook Bettine kon nu via deze zaak haar miljoenen witwassen.
De grote kans kwam toen begin september de Sco-agenten, luisterend naar Bettines telefoons, hoorden dat Duran op 17 september naar Rome zou komen. Ze wachtten hem op Fiumicino op en schaduwden hem dag in, dag uit. Het was geen gemakkelijke taak. Duran was kennelijk gewend om mensen die hem schaduwden van zich af te schudden en wisselde niet alleen steeds van auto en route, maar zelfs iedere twee dagen van hotel. Alle listen maakten niets uit, op 24 september klapte de val dicht.
Ook zijn Corleonese vrienden kwamen die dag niet ver. Eerst misten ze het vliegtuig terug naar Palermo. Ze belden nerveus op om de mensen in Corleone op de hoogte te stellen van hun mogelijke succes. 'Blijf wachten, want we hebben iets heel belangrijks te vertellen,' hoorden de agenten Quatra zeggen. Hij belde ook zijn vrouw op om haar te zeggen dat het wat later zou worden. De Corleonesi en signora Quatra wachtten vergeefs, want op het vliegveld van Palermo stonden de carabinieri klaar om hen te arresteren.

Het oprollen van het Colombiaans-Italiaanse cocaïnecomplot was de tweede grote tegenslag die de drugswereld moest verwerken. Nauwelijks twee weken eerder werden in Venezuela de Cuntrera-gebroeders Pasquale (62), Paolo (54) en Gaspare (59), de grootste middenmannen in de drugshandel, van hun huis gehaald en zonder meer op een vliegtuig naar Italië gezet.
Tot enkele weken voor hun uitwijzing was dit ondenkbaar, zo niet onmogelijk geweest. Hun positie was toen net zoals Mona Ewell, een analiste van de Amerikaanse DEA, tien jaar tevoren Claire Sterling vertelde. 'Zij hadden de controle in Venezuela zoals je niet kon geloven,' rapporteerde die in haar boek 'The Mafia'. 'We zagen hun "businesses", allemaal een façade voor wat papierwerk. Waarmee deze mensen bezig waren, was geld, heel veel geld.' Ze waren onaantastbaar en beheerden volgens Ewell sinds 1978 de Siciliaanse pijplijn voor cocaïne naar Europa. De Italiaanse regering vroeg herhaaldelijk om de uitlevering van de Cuntre-

ra's, maar aangezien er geen uitleveringsverdrag bestond tussen de twee landen, vonden de Venezolaanse autoriteiten altijd wel een excuus om niet op het verzoek in te gaan. Falcone deed drie weken voor zijn dood nog een beroep op de Venezolaanse onderminister van Justitie, José Mendoza Angulo, toen die op bezoek was in Rome, maar vergeefs.

Door een handige zet van de Amerikanen veranderde de situatie volkomen. Geconfronteerd met een cocaïneconsumptie die in tien jaar tijds van 31 ton was toegenomen tot 72 ton, begonnen de autoriteiten in Washington in augustus 1992 hun geduld te verliezen en zij besloten tot actie over te gaan. Een rapport van alle illegale activiteiten van de gebroeders Cuntrera, dat de FBI te zamen met de narcoticabrigade had opgesteld, arriveerde plotseling op het bureau van Angulo met de opmerking dat een land als Venezuela zulke boeven toch eigenlijk niet kon herbergen.

Nog onder de indruk van Falcone's dringende verzoek zond Angulo het snel door naar president Carlos Andres Peres, met het advies de Cuntrera's nu maar het land uit te zetten. Peres bevond zich in een pijnlijke situatie: nog niet zo lang geleden was hij getuige geweest bij het huwelijk van een der jongere Cuntrera's. Toen evenwel de Amerikanen in Caracas lieten doorschemeren dat ze niet zouden aarzelen de wet toe te passen, die hen het recht geeft geweld te gebruiken indien de veiligheid van de VS in gevaar is, was het voor de Cuntrera's bekeken.

Het drietal werd officieel niet gearresteerd en ook niet uitgeleverd. Hun werd alleen maar aangeraden wegens 'veiligheidsredenen' het land te verlaten en naar Italië terug te keren. Ze hadden geen keus. Terwijl hun advocaat, tegelijk met de Cuntrera's opgesloten, woedend en machteloos moest toekijken, werden de drie broers op 11 september naar het vliegveld van Caracas gereden om van daar naar Rome te vliegen. Daar werden zij op Fiumicino door de politie met open armen ontvangen.

Het was precies veertig jaar geleden dat de Cuntrera's Sicilië hadden verlaten. De eerste twintig jaar van hun leven hadden ze doorgebracht in het gehucht Siculiana nabij Agrigento, waar hun vader een mafia-'boss' was en zij zelf te boek stonden als landarbeiders. Aanvankelijk gingen ze naar Canada, waar Buscetta hen op Kerstmis 1969 ontmoette.

Samen met hem zetten ze een exportbedrijf op, waarin ze

ieder twintigduizend dollar staken en dat duidelijk diende als een dekmantel voor minder legale handel, zoals die in cocaïne en heroïne. Toen de Canadese autoriteiten dit ontdekten, besloten de broers naar Venezuela uit te wijken waar ze in 1971 arriveerden. Daar zetten zij hun vroegere handel voort en al spoedig begon het geld, heel veel geld binnen te rollen.
Om zich te dekken en om hun geld te investeren richtten ze in de loop der jaren liefst 42 maatschappijen op, waarvan er na hun gedwongen vertrek slechts vijftien geregistreerd bleken te zijn. Zo handelden ze in vlees, metaal, meubelen, openden ze hotels en legden ze golfbanen aan. Voor zichzelf bouwden ze dure villa's, 'Mary' en 'Dalila' geheten, in de buitenwijken van Caracas. Ze namen de Venezolaanse nationaliteit aan - volgens Angulo 'op frauduleuze wijze' - en veranderden zelfs hun naam in het wat Spaanser klinkende De Cuntrera.
Het mocht allemaal niet baten. Het mooie leven was afgelopen: er werd beslag gelegd op hun bezittingen, onder andere een doos met zeven kilo juwelen die in de safe van het Hotel Royal in Caracas was gevonden, terwijl hun zeventig bankrekeningen werden bevroren.
De enige die nog wat redden kon, was de vrouw van Pasquale. Zij had de dag voor zijn arrestatie haar rekening bij de Banco Mercantile om onbekende redenen leeggehaald.
Voor de Corleonesi was de verdwijning van de drie Cuntrera's in de Rebibbia-gevangenis te Rome, direct gevolgd door de arrestatie van hun Colombiaanse vrienden, niet minder dan een ramp. Ze hadden er helemaal op gerekend het monopolie voor de hele drugshandel in Europa te krijgen en zagen deze hoop nu voorlopig in rook opgaan.
Voor de Amerikanen, die ook graag de Cuntrera's wilden spreken, was de uitwijzing naar Italië daarentegen een opluchting. De drie mannen waren verantwoordelijk voor vijftig procent van de heroïne die de VS binnenkwam. Zij haalden die voornamelijk uit de Gouden Driehoek in Zuidoost-Azië, maar ruilden ook Colombiaanse cocaïne voor heroïne.
In het geval van de Cuntrera's bleek, net als bij de operatie 'Green Ice', dat de samenwerking tussen de Italiaanse en Amerikaanse mafia-bestrijders heel vruchtbaar kon zijn en soms essentieel was. Toch was die samenwerking, sinds in 1957 tijdens de topconferentie in Palermo de drugsmarkt

in de VS aan de Sicilianen werd 'verhuurd', altijd zeer oppervlakkig geweest en kwam deze aanvankelijk sporadisch voor.
In 1966 was er voor de eerste maal serieus contact. De Amerikaanse regering stelde toen de Italianen ervan op de hoogte dat er een 'misdadig complot' bestond om narcotica uit Italië naar de VS te smokkelen. De bron daarvan was een pruikenfabriek nabij Messina. Er werd echter niets aan gedaan en de fabriek verdiende fortuinen.
Pas tien jaar geleden werd het contact hersteld. Dank zij de arrestatie van de frauduleuze Italiaanse bankier Michele Sindona in de VS voelden Italianen en Amerikanen plotseling de noodzaak tot betere samenwerking. De Italianen wilden Sindona graag uitgewezen zien om hem te ondervragen, maar daar bestond wettelijk geen mogelijkheid toe. Nood maakte in dit geval de wet en binnen enkele maanden waren de twee regeringen al in staat een akkoord te tekenen, waarbij uitwijzingen vereenvoudigd werden en zij elkaar steun beloofden in criminele zaken. Sindona werd uitgeleverd om vier jaar later in een Italiaanse gevangenis te sterven na het drinken van een kopje 'bittere' koffie.
In 1983 gingen de twee landen nog een stap verder in hun samenwerking: een Italiaans-Amerikaanse werkgroep werd gevormd, die de drugssmokkel tussen beide landen moest bestuderen. De groep, bestaande uit politiemannen van het hoogste niveau, juristen en parlementsleden en zelfs ministers, komt nog steeds geregeld bij elkaar en maakt het beide landen veel gemakkelijker de mafia aan te pakken.
Vooral Giovanni Falcone zag het nut in van een nauwe samenwerking met de Amerikanen en vloog voortdurend heen en weer tussen Palermo en New York. Het resultaat daarvan was onder andere een zeer soepele uitwisseling van de 'pentiti' Buscetta en Contorno voor wederkerige verhoren.
Dank zij deze samenwerking was het eveneens voor dit tweetal spijtoptanten nu mogelijk in de VS een nieuw bestaan op te bouwen en een schaduwleven te leiden, in de hoop dat de Octopus hen met rust zou laten.

XVI - Spijtoptanten

'Pas op, je houdt mogelijk de hand vast van een mafioso.' Dat was het wrange grapje, waarmee Domenico 'Mimmo' Signorino, advocaat-generaal in Palermo, de eerste dagen van december 1992 probeerde zijn gezicht te redden. Op 30 november hadden alle Italiaanse kranten met grote koppen aangekondigd dat de 46-jarige jurist was ontmaskerd als een 'vriend der vrienden'.

'Ik heb het zelf ook uit de krant moeten vernemen dat ik tot de mafia behoor,' zo vertelde hij zijn collega's in het paleis van justitie. Zij gaven hem het advies zich te verdedigen tegen een dergelijke laster. 'Maar wat moet ik doen om geloofd te worden?' vroeg de magistraat, die in 1987 bij het maxiproces te zamen met Giuseppe Ayala de straffen had geëist. 'Moet ik mij doodschieten?'

Op 3 december volgde hij zijn eigen raad op. Een briefje voor zijn vrouw achterlatend waarin hij zijn onschuld volhield, schoot hij zich in zijn garage een kogel door het hoofd.

De 'onthulling' over Signorino's vriendschap met de mafia was afkomstig van Gaspare Mutulo, de 52-jarige 'pentito' van de Pallavicino-clan. Deze had bij een van zijn verhoren verteld dat Signorino begin 1980 met de hulp van de plaatselijke 'boss', de op Kerstmis 1982 door Riina gewurgde Rosario Riccobono, een voor hem te duur huis had gekocht. In ruil daarvoor werden uiteraard enkele speciale diensten van hem verwacht.

Overeenkomend met dit verhaal waren de beweringen van drie andere 'pentiti'. Zij hadden al eerder verteld dat Signorino mafiosi thuis had ontvangen, een proces had geblokkeerd en de naam had 'plooibaar' te zijn tegenover de mafia.

De enige die het voor Mimmo opnam, was een verdrietige Ayala. Met de toevoeging dat hij geen intieme vriend van zijn collega was geweest, zei hij ervan overtuigd te zijn dat deze onschuldig was.

Het drama van de advocaat had grote opschudding veroorzaakt en de Italianen geconfronteerd met de vraag in hoeverre zij de 'pentiti' kunnen geloven. Deze vraag werd nog urgenter toen precies drie weken later politieman Bruno Contrada van zijn bed werd gelicht en naar Forte Boccea,

de militaire gevangenis nabij Rome, werd gebracht voor een verhoor.
Contrada, een 61-jarige die een spectaculaire carrière had gemaakt in dienst van de politie en de Sisde, de geheime dienst, werd door liefst vier 'pentiti' ervan beschuldigd nauwe contacten gehad te hebben met de mafia. Hij zou zelfs verscheidene malen de arrestatie van Riina verhinderd hebben door deze te alarmeren. Vooral toen hij de kabinetschef was van Dalla Chiesa's opvolger als superprefect, De Francesco, had hij toegang gehad tot alle geheimen van de antimafia-'pool'.
Contrada ontkende uiteraard schuldig te zijn en kreeg de steun van politiechef Vincenzo Parisi. In een ongebruikelijke aanval op de magistraten verklaarde deze kort aangebonden man dat de 'pentiti' vals nieuws verspreidden. In juridische kringen werd er echter op gewezen dat Buscetta al in 1984 Contrada's naam had genoemd en dat de rechters niet over één nacht ijs zijn gegaan alvorens deze uitermate belangrijke politieman op te sluiten.
Men heeft overigens in Rome nooit uitgesloten dat er 'pentiti' zijn 'geplant' door Cosa Nostra om chaos te creëren en vijanden van de mafia in diskrediet te brengen. Pater Bartolomeo Sorge van de jezuïeten, een in Palermo bekende mafia-bestrijder, noemde bij voorbeeld de dood van Signorino 'een voorbeeld van de wijze waarop de mafia zelfs door geruchten kan doden'.
Men was het er echter over eens dat het uitgesloten is de 'pentiti' de mond te snoeren. 'Een verhoor met een spijtoptant staat gelijk met vijf jaren gewoon onderzoek,' beweerde mafia-socioloog Pino Arlacchi.
Of dit het geval is met alle 280 boetelingen die men in Italië tegen het einde van 1992 had, valt te betwijfelen, maar velen van hen zijn van het grootste nut geweest. Mannen als Buscetta, Calderone en Mannoia hebben de Italianen in de jaren tachtig enorm geholpen bij het vergaren van kennis over Cosa Nostra en bij de processen tegen de 'bosses'. Ze hebben er zwaar voor moeten betalen: Contorno verloor 46 familieleden in de vendetta, Buscetta 36 en Mannoia's moeder, zuster en tante werden doodgeschoten terwijl zij in hun autootje naar huis reden.
Toch is de geschiedenis van de 'pentiti' nog maar heel kort. De wet van de 'omertà' was namelijk zo sterk op Sicilië, dat geen enkele 'uomo d'onore' eraan dacht verraad te plegen.

In 1868 verklaarde een bandiet, Angelo Pugliese, tegenover de politie: 'Tegen de geest der mafia in, die mij het zwijgen oplegt, zal ik spreken,' om later in de rechtszaal deze woorden weer in te slikken.
Ruim honderd jaar later, in 1973, verscheen er een mafioso die eindelijk wel zijn mond open deed. Hij was Leonardo Vitale, een wat labiele jongeman die na een ontvoering een ernstige gewetenscrisis doormaakte en eerst bij de priester en daarna bij de politie te biecht ging.
Vitale kwam kennelijk te vroeg, want zowel de politie als later de rechters weigerden te geloven in het bestaan van een geheime organisatie, Cosa Nostra geheten, die zulke verschrikkelijke misdaden bedreef. Van de mafia hadden ze natuurlijk gehoord, maar die bestond gewoon uit plaatselijke groepjes misdadigers. Nu vertelde deze gek dat er een overkoepelende organisatie bestond, geleid door de Corleonees Luciano Leggio. Hij maakte het nog erger door onder andere een serieus politicus als Ciancimino ervan te beschuldigen een vriend der mafiosi te zijn.
Het was dwaasheid. Ze konden maar één ding doen: de beklaagden die na de onthullingen van Vitale voor de rechter waren gesleept, weer naar huis sturen. Als dank voor zijn hulp werd Vitale tot elf jaar veroordeeld, door te brengen in een gesticht voor zwakzinnigen. In 1984 kwam hij weer op vrije voeten om op 2 december te worden doodgeschoten toen hij uit de kerk kwam.
Zijn einde was voor anderen geen aanmoediging om over te lopen - evenmin als dat van Giuseppe Di Cristina. Deze 'boss' uit Riesi, stammend uit een beruchte mafia-familie, was een gezworen vijand van de Corleonesi. Net als zijn vriend Stefano Bontade was hij een groot tegenstander van Riina's gewelddadige politiek en was hij vooral gekant tegen het vermoorden van politici en andere autoriteiten.
Heel goed begrijpend dat hij gezien zijn oppositie een volgend slachtoffer zou kunnen worden, ging hij naar de carabinieri in de hoop dat dezen hem in ruil voor informatie veiligheid konden bieden. Hij legde hun de hele opzet van Cosa Nostra uit en gaf opnieuw de namen, zoals ook Vitale had gedaan. Hij werd wel geloofd, maar het kon hem niet redden. Op 30 mei 1978 werd hij vermoord.
Tommaso Buscetta was daarom de eerste ware 'pentito' die het overleefd heeft. Ook hij legde in zijn lange gesprekken met Falcone uit hoe de structuur van de mafia was, maar

een van zijn belangrijkste bijdragen was de 'Buscetta-theorie', die van de gezamenlijke verantwoordelijkheid van de Cupola. En natuurlijk hielp hij enorm met zijn onthullingen die leidden tot de arrestatie van ruim 350 mafiosi en ten slotte met zijn getuigenis gedurende het maxiproces.
Salvatore 'Totuccio' Contorno, geboren in 1946, was al even belangrijk. Deze rechterhand van Bontade, die erop uit was wraak te nemen voor de moord op zijn baas in 1981, was een intelligente man, die ondanks zijn gebrek aan scholing en zijn onbehouwenheid binnen de mafia een goede reputatie had, onder andere als een 'killer'. Opgejaagd door de Corleonesi, die van zijn plannen voor een vendetta afwisten, werd zijn leven gered door zijn arrestatie in 1983. Bij het maxiproces werd hij tot zes jaar veroordeeld.
Hoewel buiten de gevangenis de moorddadige vendetta van de Corleonesi tegen zijn familieleden doorging, weigerde Contorno aanvankelijk samen te werken met de justitie. Een bezoek dat Buscetta hem in de gevangenis bracht, veranderde dat. Nadat hij deze 'boss van twee werelden' met een handkus had ontvangen, kreeg hij de verlossende woorden te horen: 'Totuccio, je kunt praten.' En dat was precies wat hij deed.
Niet alleen gaf hij een glasheldere beschrijving van de wijze waarop de mafia was veranderd van een landelijke organisatie in een bende gangsters zonder scrupules, bovendien legde hij uit hoe de tweede mafia-oorlog met al zijn 'excellente' slachtoffers door de Corleonesi was georganiseerd.
Ook de Amerikanen wilden hem graag spreken en hij vertrok naar New York. Nadat hij de FBI met zijn onthullingen had geholpen, kon hij zich als een vrij man bewegen, maar zijn clandestiene arbeid in een vleesfabriek beviel hem allerminst. Het was te koud in de ijskelders en zijn loon was niet voldoende om zijn gezin te onderhouden. Caponnetto herinnerde zich die periode met een huivering. 'Ik heb eindeloze telefoongesprekken met hem gevoerd vanuit Amerika,' zo schreef hij in zijn boek 'I miei giorni a Palermo'. 'Het werd een soort achtervolging... Hij ging maar door over zijn problemen en de moeilijkheden met zijn familie... Ik had soms het gevoel te sterven wanneer ik weer zijn stem hoorde.'
In 1989 kon Contorno het niet meer harden en keerde hij stiekem naar Italië terug, waar hij op 26 mei werd gearresteerd in San Nicola d'Arena in het huis van zijn neef. Sa-

men met enkele vrienden werd hij beschuldigd van 'het bijeenzijn om misdrijven van het mafiose type te begaan.'
Het was deze arrestatie die Falcone en andere magistraten ernstig in moeilijkheden bracht, aangezien de 'raaf' in zijn anonieme brieven hen ervan beschuldigde de 'pentito' teruggehaald te hebben om wraak te nemen op de Corleonesi. Contorno protesteerde fel en vertelde teruggekeerd te zijn om economische redenen. 'Ik wilde hulp vragen van mijn neef.'
Sindsdien heeft Contorno 'ergens' in Italië een schuilplaats gevonden, maar erg geheim kan die niet wezen. Een paar jaar geleden nog beklaagde hij zich bij de Sco, de antimafiabrigade, omdat hij een officiële brief had ontvangen met zijn naam en adres voluit.
Hoewel ook de daarop volgende jaren 'pentiti' naar voren kwamen, zoals Vincenzo Sinagra die de gruwelen van de martelkamer der Marchese's aan het licht bracht, moest de justitie tot 1987 wachten op een man van hetzelfde kaliber als Buscetta en Contorno: Antonino Calderone.
Voor de eerste maal was de 'pentito' niet afkomstig uit Palermo en omgeving, maar uit Catania. Beter nog, zijn oom had in 1925 de eerste mafia-clan in die stad gevormd en zijn broer Giuseppe, 'Pippo', was daar de eerste echte 'boss'. Nadat deze in 1978 door de Santapaola's was vermoord, vluchtte Antonino, vrezend voor zijn leven, naar Nice. Daar bouwde hij een mager bestaan op, maar ontdekte ook dat het leven buiten de mafia grote charme had.
In 1986 werd hij gearresteerd en in april 1987 begon hij te 'zingen'. De 'cantata' van Calderone, zijn lied, duurde zeven maanden, vulde achthonderd vellen papier en veroorzaakte een justitiële aardbeving in Palermo. Hij was degene die de achtergronden vertelde van het bloedbad van Ciaculli in 1963, waarbij zeven carabinieri omkwamen, en dat van de Viale Lazio, waarbij onder anderen de mafia-'boss' Cavatoia werd vermoord.
Sommige van zijn onthullingen waren werkelijk verbijsterend. Zo vertelde hij hoe zijn broer Pippo in 1970 door de voormalige fascistische generaal Valerio Borghese was uitgenodigd mee te doen aan een staatsgreep - en weigerde. Uiteindelijk leidde zijn medewerking tot een 'Blitz' in de nacht van 9 op 10 maart 1988, waarbij honderdzestig mafiosi van hun bed werden gelicht.
Opnieuw werd het voor enkele jaren stil. De Italiaanse staat

had nog steeds niet begrepen hoe belangrijk de 'pentiti' waren en deed absoluut niets om hen en hun familie de bescherming en veiligheid te geven zoals in de VS.
Het gebrek aan begrip was zelfs zo groot dat er geen ticket voor Buscetta was gekocht toen deze in 1984 van New York naar Rome vloog. Politieman De Gennaro die hem vergezelde, moest dit uit eigen zak betalen. Voor Calderone was er geen schuilplaats toen hij in 1987 begon te 'zingen' en ten slotte bracht men hem in een klooster onder. Een andere 'pentito', Stefano Calzetta, werd na zijn vrijlating volkomen aan zijn lot overgelaten en werd een bedelaar omdat niemand hem werk wilde geven. In de winter van 1991 werd hij dood in een park gevonden, gerold in kranten.
Vanaf begin 1992 begon de situatie te veranderen. De megalomane politiek van Riina en zijn demonische hegemonie lokten steeds meer verzet uit en vooral toen hij pogingen deed Zuid-Sicilië toe te voegen aan zijn crimineel imperium, volgde de grootste exodus in de geschiedenis van Cosa Nostra.
Lang niet alle overlopers kon men 'pentiti' of boetelingen noemen. Velen waren gewone mafiosi, die genoeg hadden van Riina's tirannie. Net als de snel opkomende organisatie van de 'stidde' (sterren), die een alternatief bood voor de oude mafia, waren zij erop uit de Corleonesi te gronde te richten om daarna hun misdadige werk weer te hervatten.
Er waren evenwel ook oprechte spijtoptanten in deze nieuwe generatie en de bekendste daarvan waren Giuseppe Marchese, Leonardo Messina en Gaspare Mutolo - de Buscetta's van de jaren negentig.
Vooral het 'verraad' van Pino Marchese heeft Riina persoonlijk diep getroffen. 'Pino was heel dicht bij Totò,' vertelde Buscetta bij zijn laatste bezoek aan Rome in december 1992. 'Hij is bijna familie. Nu kun je niemand meer vertrouwen. Als ook een man uit de familie der Corleonesi verraad pleegt, dan kan iedereen dat doen en dan kan niemand meer rustig slapen.'
Marchese nam zijn besluit een 'pentito' te worden nadat hij de indruk had gekregen dat hij door Riina in de steek was gelaten. En dat nog wel terwijl hij in opdracht van Totò zijn celmaat Vincenzo Puccio had afgemaakt met een slagersmes.
Ook Mutolo's biecht was een klap voor Riina persoonlijk. Mutulo, die door de 'boss' was ontdekt toen zij samen eind

1960 een cel deelden, was zijn vertrouwensman geweest. Dank zij deze positie was hij in staat de achtergronden van talloze 'excellente' moorden te onthullen. Ook Mutolo's bewering dat Bernardo Provenzano, Riina's schaduw, mogelijk geliquideerd is, leek waar te zijn. Eind 1992 deden er geruchten de ronde dat de 'numero due' van de mafia in maart vermoord was door een sluipschutter, terwijl hij op het balkon stond van het huis in Palermo waar hij zich verborg. De terugkeer van zijn vrouw Saveria en zijn kinderen in april 1992 naar hun grimmige villa in de Via Nicoletti in Corleone, wees er eveneens op dat hij of niet meer in leven of niet meer in het land was.

De 'pentito' die door de politie en rechters het meest gewaardeerd werd, was Narduzzu Messina. Deze voormalige playboy met het vriendelijke gezicht bleek een bron van informatie te zijn. Messina, die beweerde ook lid te zijn geweest van de Sisde, was de eerste die onthulde dat de aanslagen op Falcone en Borsellino in februari 1992 door de Cupola waren georganiseerd en ook dat er een 'wereld-Cupola' bestaat. Zijn biecht leidde echter ook tot de zelfmoord van Signorino.

Voor de nieuw gevormde 'Direzione Investigativa Antimafia', de DIA, kwamen deze drie laatste 'pentiti' als manna uit de hemel. Zij kwamen met de meest recente inlichtingen en waren gedrieën in staat meer dan honderdvijftig misdaden op te lossen. Vreemd genoeg waren het voor deze geharde mannen de tranen van een politievrouw die hen ertoe brachten hun leven te veranderen en hun verhaal te doen.

XVII - 'Cherchez la femme'

Toen Rosaria Schifani, de weduwe van een der omgekomen agenten van Falcone, op de dag van de begrafenis aan de mafiosi vroeg zich te bekeren, wist ze niet welke gevolgen haar smeekbede zou hebben. Vooral haar kreet 'te veel bloed, er is geen liefde hier' maakte zo'n diepe indruk dat volgens hun zeggen Pino Marchese en Narduzzu Messina op dat moment besloten dat ze genoeg hadden van de voortdurende en nutteloze moordpartij.

Mogelijk was dat een van de eerste keren geweest dat een vrouw die niet tot de mafia behoorde, zo'n directe en positieve invloed op mafiosi heeft gehad. Er bestaat in de mannenwereld van Cosa Nostra nog steeds een argwaan tegen het verschijnsel vrouw, ook al is het niet meer zo dat vrouwen niet meetellen.

Dat is in de jaren tachtig zodanig veranderd, dat het zelfs mogelijk is geweest dat zeven vrouwen een drugsbende opzetten, die ook nog miljarden binnenhaalde. In die jaren ging ook het principe dat de mafia geen vrouwen doodt overboord.

Al in 1974 was Sicilië in opschudding gekomen door de dood van Giacoma Gambino. Zij werd overhoop geschoten terwijl ze de Ucciardone-gevangenis verliet met haar echtgenoot. Deze dood kon aan een ongeluk geweten worden, maar de moord op Gilda Passerina in 1980 was wel degelijk met opzet. Zij was de minnares van een 'boss' en daarom slachtoffer van een vendetta.

Vanaf dat moment bestonden er geen remmen meer. Zowel Leggio als Riina had weinig mededogen met het vrouwelijke geslacht. Zij lieten achtereenvolgens de vrouwen van verschillende concurrenten zoals Giovanni Bontade en de 'capi' van Gela en Paterno vermoorden. Vooral voor de jonge vrouw van Dalla Chiesa bestond geen medelijden en toen de generaal werd vermoord, was zij het eerste doelwit geweest.

Mannoia betaalde zwaar voor zijn 'verraad' en verloor moeder, tante en zuster, maar ook een trouwe mafioso als Damiano Caruso was niet veilig voor de wraaklust van de mafia. Aangezien hij ervan werd verdacht een vriend van Leggio omgebracht te hebben, werd hij door deze vermoord. Leggio belde daarna Caruso's minnares op met de boodschap dat haar gewonde vriend hulp nodig had. Toen zij te

zamen met haar vijftienjarige dochter naar het opgegeven adres kwam, werd zij onmiddellijk doodgeschoten. De dochter werd eerst door Leggio verkracht alvorens vermoord te worden.
Over het algemeen is het leven van een mafia-vrouw - gelukkig - niet zo dramatisch en beperkt zij zich tot het uitoefenen van invloed achter de schermen. Soms is deze ten kwade, zoals die van de vrouw van de immer ongrijpbare Nitto Santapaola. Zij kwam uit een normaal gezin, maar is volgens Calderone nu meer mafioos dan haar echtgenoot.
Wat voor invloed de vrouw van Totò Riina, Ninetta Bagarella, gehad zal hebben, is nog een raadsel. Deze voormalige gymnastieklerares, die stamt uit een beruchte mafia-familie, staat bekend als de eerste vrouw die 'in confino' werd gestuurd, dus werd verbannen wegens contacten met de mafia. Dit vonnis werd veranderd tot een soort huisarrest, dat zij verbrak toen zij met Totò spoorloos verdween.
Ook zij kende aanvankelijk kennelijk geen angst voor arrestatie, want de vier kinderen die zij Totò schonk, werden immers doodgewoon in de Clinica Noto geboren. Daarnaast verdween ook zij steeds weer spoorloos, tot de zaterdag na haar mans arrestatie toen zij plotseling met haar vier kinderen weer in Corleone opdook.
Van haar vroegere befaamde schoonheid was niets meer over. De carabiniere die haar aantrof in het huis van haar zusters Emanuela en Maria Matilda in de Via Scorsone, nummer 24, kon zijn ogen niet geloven. 'Ze toonde haar 49 jaren en misschien wel meer,' was zijn commentaar. 'Ze had het gezicht van iemand die totaal verslagen was.' Ninetta gaf zonder meer toe dat zij 'signora Riina' was en vertelde de politieman dat zij zich weer in Corleone wilde vestigen. Waar zij al die jaren gewoond had, weigerde zij te onthullen. En over Totò had zij niet meer willen zeggen dan: 'Ze hebben hem verkocht,' om er met zachte stem aan toe te voegen: 'Hij is niet het monster dat men afschildert.'
Wat hun invloed ook is, mafia-vrouwen staan over het algemeen bekend als loyale partners. Een goed voorbeeld daarvan is de relatie van Mannoia, de scheikundige heroïne-expert van Cosa Nostra, met zijn vriendin Rita. Hoewel hij een kind bij haar had, moest hij de mafia-traditie volgen en in het huwelijk treden met een meisje uit het 'milieu'. In dit geval ging het om Rosa, de dochter van de beruchte 'boss' Pietro Vernengo.

Het werd een daverende mislukking en tot grote woede van de clan verliet Mannoia Rosa om weer bij Rita in te trekken. Het was ten slotte deze vrouw, die hem ertoe bracht het mafia-leven achter zich te laten en Cosa Nostra zelfs te verraden. 'Hij verkoos de liefde boven de traditionele waarden van de mafia-familie,' merkte een geroerde Falcone op.

Falcone heeft de rol van de vrouw in het leven van een 'pentito' altijd heel juist ingeschat. Christina bijvoorbeeld, de Braziliaanse vrouw van Buscetta, was volgens hem een doorslaggevende factor bij de 'bekering' van haar man. 'Ze heeft alles gedaan om hem te overreden,' vertelt hij in het boek 'Cose di Cosa Nostra'. 'En ze heeft hem altijd bijgestaan.'

De rechter had vooral bewondering voor de vrouw van Calderone, die hem opbelde toen deze in Nice was gearresteerd. Hij was stomverbaasd geweest dat de vrouw van een mafioso zoiets deed. 'Kom mijn man ondervragen,' had ze hem gezegd, 'hij heeft heel veel te vertellen.'

Het bleek dat deze typisch Siciliaanse, met een onbeperkte devotie voor haar man, uitgebreid met hem had gepraat over de mogelijkheid met de justitie te gaan samenwerken.

In het normale geval probeert een mafia-'boss' zijn vrouw buiten zijn zaken te houden. 'Vertel niets aan je vrouw,' was het advies van Contorno. En de vriendin van een vermoorde mafioso vertelde bitter tijdens het proces tegen de moordenaars: 'De vrouw van een man van eer moet in stilte toekijken, nooit tussenbeide komen. Het is aan te raden dat ze zich beperkt tot koffie en likeur.'

De rol van de mafia-vrouw is echter niet altijd passief. Zo kregen de huisvrouwen van Torretta, een gehucht nabij het vliegveld Punta Raisi, enorm veel publiciteit nadat was ontdekt dat zij maandenlang heen en weer naar New York hadden gereisd met drie à vier kilo heroïne in hun bustehouders. De truc werd ontdekt toen het een politieman opviel dat hun eens zo armzalige huisjes plotseling marmeren vloeren en luxe badkamers bezaten.

Falcone herinnerde zich hoe de vrouw van een 'pentito', die probeerde haar man te dwingen zijn woorden terug te nemen, tijdens het maxiproces een ware opstand onder de vrouwen op de tribunes organiseerde. Ook Caponnetto was geschokt door de gillende en vloekende vrouwen, die 'de rechters beschuldigden geweld gebruikt te hebben tegenover deze man'.

Calderone, die de Siciliaanse vrouwen goed kent, waarschuwde voor deze mentaliteit: 'Als een vrouw getroffen wordt in dat wat haar het liefste is, redeneert zij niet meer. Dan bestaat er geen "omertà", geen Cosa Nostra.'

Dat wordt vooral duidelijk wanneer Cosa Nostra een echtgenoot, maar speciaal een zoon vermoordt. Heel beroemd op Sicilië is het geval van Serafina Battaglia, de eerste vrouw die de 'omertà' verbrak teneinde de moordenaars van haar man Stefano en hun aangenomen zoon Salvatore in de gevangenis te krijgen.

Toen zij uiteindelijk in de rechtszaal verscheen, heerste er een diepe stilte en nadat zij een crucifix had gekust, deed zij haar verhaal. Ze eindigde met de woorden: 'De mafiosi zijn poppen, vallen alleen diegenen lastig die bang voor hen zijn, maar als men de moed heeft ze aan te vallen zijn ze laf. Het zijn zeker geen mannen van eer.'

Het resultaat van haar smartelijke pleidooi was dat dertig mafiosi voor 24 moorden aanvankelijk achter de tralies verdwenen om in hoger beroep toch weer vrijgesproken te worden, zodat zij zelf voortdurend met een revolver in haar korset moest rondlopen.

Het liep beter af voor Michele Buscemi. Zij wilde wraak nemen voor de moord op haar broer. Ze kreeg wat ze zocht tijdens het maxiproces van 1986-1987 toen alle mafiosi, door haar aangeklaagd, werden veroordeeld. Haar moed werd echter niet op prijs gesteld door haar familie en haar moeder ging zover Michele in een krante-interview uit te maken voor een idioot.

Hetzelfde overkwam Rita Atria, een zeventienjarig meisje dat zich eind 1991 na de mafia-moord op haar vader en broer tot Borsellino wendde en hem vertelde wat er zich in haar geboortedorp Partanna afspeelde. Nadat haar moeder haar daarom had verstoten en toen bovendien Borsellino werd vermoord, pleegde Rita zelfmoord door op 26 juli 1992 uit haar flatje in Rome te springen. Alleen enkele vrouwen van de antimafia-beweging en wat journalisten waren aanwezig bij haar begrafenis. Haar moeder liet zich pas drie maanden later zien toen zij op 2 november naar het kerkhof ging om daar de grafsteen van haar dochter aan diggelen te slaan. 'Mijn Rita heeft zich vergist,' was haar enige commentaar.

Het geval van Rita Atria is een goed voorbeeld van de grote problemen die de 'pentiti' de Italiaanse autoriteiten kun-

nen geven. Afgezien van het feit dat het meisje zich na de dood van Borsellino eenzaam en in de steek gelaten voelde, zijn er ook de psychologische problemen die door het 'verraad' ontstaan. 'Het is onvermijdelijk dat er na de euforie van de biecht enkele maanden later een anticlimax, een depressie volgt,' aldus Achille Serra, de directeur van de Sco. 'De "pentiti" moeten zich aanpassen aan een nieuw leven en blijven zich altijd zorgen maken over hun familieleden.'
Messina was op een zeker moment zo gedeprimeerd dat hij weigerde verder te praten. Pas toen de politie op een nacht bijna vijftig van zijn familieleden in een bus had weggevoerd uit hun woonplaats San Cataldo, 'zong' hij door met als gevolg dat begin december dank zij Operatie Leopardo meer dan tweehonderd man in Centraal-Sicilië werd gearresteerd.
Over het algemeen is de situatie voor 'pentiti' stukken verbeterd. In maart 1991 werd er een wetsvoorstel ingediend, waarin werd beloofd dat zij die met de justitie zouden samenwerken een nieuwe woonplaats, binnen of buiten Italië, volledige politiebescherming en economische hulp zouden krijgen. Verandering van identiteit zou voorlopig niet mogelijk zijn.
Het wetsvoorstel bleef uiteraard liggen, maar de moord op Falcone en Borsellino zette de parlementaire molens in beweging. In november 1992 kon de topbaas van de Italiaanse politie, Vincenzo Parisi, trots onthullen dat 280 'pentiti' en hun families, meer dan tweeduizend personen, door meer dan honderd man werden beschermd. De hele affaire kost de Italiaanse staat veertien miljoen gulden per jaar.
Cosa Nostra liet echter niet met zich spelen en veranderde als tegenzet van tactiek. Juist toen voor de 'pentiti' het fysieke gevaar van de kant van de mafia dank zij de nieuwe wet ietwat was geweken, ging de Octopus tot een psychologische oorlog over.
De gevallen van Signorino en Contrada zouden beide daarvan een goed voorbeeld kunnen zijn, want volgens sommige waarnemers waren dat pogingen van de mafia om de 'pentiti' en daarmee ook de rechters die met hen samenwerken, tot leugenaars te bestempelen.
Buscetta waarschuwde tijdens zijn bezoek in december tegen deze beproefde tactiek van Cosa Nostra. En de president van de antimafia-commissie, Violante, onthulde op 22 december 1992 dat er ook weer anonieme brieven met be-

schuldigingen de ronde deden. 'Het seizoen van de "raven" is weer aangebroken,' aldus Violante.
Niemand in Italië had steeds zonder meer geloofd dat wat de 'pentiti' zeiden altijd volkomen juist en betrouwbaar was. De raad van magistraten waarschuwde al in de zomer van 1992: 'Niet alles is goud wat blinkt.'
'Vonnismoordenaar' Corrado Carnevale zag in de 'pentiti' een nieuwe gelegenheid om een hindernis op te werpen voor hen, die de mafia willen aanpakken. Voor hij eind 1992 eindelijk gedwongen werd zijn ontslag te nemen als president van het Hof van Cassatie, decreteerde hij dat alleen de getuigenissen van enkele streng geselecteerde 'pentiti' aanvaardbaar waren in de rechtszaal.
Ten einde de aanval af te slaan, drongen veteraanjuristen als Caponnetto er dan ook op aan de verklaringen van 'pentiti' te controleren alvorens ze publiek te maken. Gebeurde dit niet, dan was volgens hem de kans groot dat in Palermo de sfeer van 1987 zou terugkeren, de periode van roddel en wantrouwen, de hoogtijdagen van het 'Vergiftigde Paleis' - juist wat de mafia wilde.
Ook Buscetta waarschuwde tijdens zijn korte verblijf in Italië eind 1992 voor het gevaar dat de mafia de 'pentiti' onmogelijk zal maken in de ogen der Italianen door verkeerde informatie uit te zetten. Dat zou een ramp zijn, want, zo beklemtoonde hij: 'Alleen met hen kunnen jullie die hyena van een Riina verslaan.' Don Massino zelf besloot echter voorlopig zijn medewerking in die strijd op te schorten. Vlak voordat hij op 11 december 1992 nogmaals voor de antimafia-commissie zou verschijnen, keerde Buscetta abrupt terug naar de Verenigde Staten.
Hij maakte er geen geheim van woedend te zijn. Tien dagen voordat hun beroemdste 'pentito' zou verschijnen voor de antimafia-commissie in de bunker van de Rebibbia-gevangenis, hadden de Italiaanse autoriteiten als een cadeautje aan de mafia datum, tijd en plaats van het gesprek gepubliceerd. 'Ik ben 65 jaar en het doet mij niet zoveel, maar ik vind het niet fair tegenover mijn lijfwacht,' vertelde hij bij zijn afscheid. 'Dit zou in de VS nooit kunnen gebeuren.'
Erger was dat Buscetta ook zwaar gedesillusioneerd was. Volgens hem maakten de Italiaanse rechters door hun rivaliteit en onervarenheid nog steeds een potje van het gevecht tegen de Octopus. 'Italië heeft,' zo herhaalde hij enkele malen, 'grote behoefte aan een Falcone.'

XVIII - Falcone's laatste confrontatie

Giovanni Falcone verwelkomde in 1990 de nieuwe vloed van 'pentiti' van harte. Hij had zich al eerder beklaagd over het feit dat na 1987 geen nieuwe spijtoptanten waren komen opdagen en hij maakte zich zorgen, omdat hetgeen de magistratuur wist van de mafia 'oude koek' begon te worden.
Hijzelf had niet veel te maken met hun verhoren. Procureur-generaal Pietro Giammanco deed wat hem van hogerhand was gevraagd en overlaadde zijn adjunct met kleine, maar tijd vergende processen. Falcone beklaagde zich bitter bij Borsellino: 'Ik heb het gevoel een leeuw in een kooi te zijn,' en hij vertelde Caponnetto: 'Ik leef in een vacuüm.'
Toen de socialistische minister van Justitie Claudio Martelli hem begin 1991 benaderde met het verzoek of hij niet naar Rome wilde komen, aarzelde hij niet lang en op 13 maart verliet hij voorgoed zijn sombere bunker in het 'Vergiftigde Paleis' om naar Rome te vliegen. Daar wachtte hem de functie van directeur-generaal voor strafzaken.
'Giovanni ging naar Rome uit wanhoop,' beweerde Caponnetto later. 'Zijn collega's van de CSM en de rechters in Palermo, Giammanco aan het hoofd, hadden hem kapot gemaakt. Ze hadden hem opnieuw uitgeschakeld en dat was voor hem een soort doodvonnis.'
Zelfs in Rome kreeg Falcone geen rust. Geleid door Orlando die druk bezig was zijn nieuwe antimafia-beweging, de 'Rete' (het netwerk), in de publiciteit te krijgen, stak er een koor van protesten op van hen, die zich door de rechter in de steek gelaten voelden. 'Falcone heeft zich aan de socialisten verkocht... Hij is niet meer wat hij was... Hij wil carrière maken... Hij is in de ban der machtigen.' Aldus enkele van de opmerkingen die de ronde deden.
Falcone in Rome trok er zich niet veel van aan. Hij had ontdekt dat Martelli hem de vrije hand gaf en hij kreeg weer plezier in zijn werk. Enkele maanden na zijn aankomst merkte hij bijna vrolijk op tegen de journaliste Liana Milella van de krant 'Sole 24 ore' dat hij blij was de ergernis van Palermo achter zich te hebben gelaten.
'Wat kon ik daar nog doen? Iedere dag ruzies. Neen, dan is Rome beter,' vertelde hij Liana. 'Er is hier zoveel te doen en ik kan in feite nu meer tegen de mafia uitrichten dan thuis.'

De mafia kwam tot dezelfde conclusie. 'Gedurende enkele maanden werd hij in Rome niet gevaarlijk geacht voor de organisatie,' onthulde Gaspare Mutolo later. 'Ik herinner mij dat we op een zeker moment zelfs ironisch opmerkten dat hij misschien zou eindigen als ambassadeur in een of ander Zuidamerikaans land.' Maar het duurde niet lang of ook de mafia begon in te zien dat Falcone in de hoofdstad nog veel gevaarlijker was dan in Palermo.

Het was vooral opvallend hoe snel sinds de aankomst van 'super-Falcone' op het ministerie plotseling alle mazen in het legale net werden gestopt, waar de 'bosses' in het verleden zo vaardig doorheen hadden kunnen glippen. Toen een grote groep mafiosi in februari 1991 vrijgelaten moest worden omdat hun zaak na twaalf maanden nog niet in hoger beroep was behandeld, kwam er al in maart een decreet dat hen weer achter de tralies bracht - tot grote opluchting van 'pentiti', getuigen en rechters, die hun wraak vreesden. En in oktober van dat jaar werden onverwacht alle 'bosses' die op een of andere manier huisarrest hadden versierd of die in een ziekenhuis lagen, weer opgesloten in de gevangenis.

'We realiseerden ons dat de post van directeur-generaal op het ministerie door Falcone was getransformeerd tot een instrument, waarmee hij snelle actie kon ondernemen tegen de mafia,' vertelde Mutolo. 'Het was duidelijk dat al die antimafia-decreten, getekend door de ministers Scotti en Martelli, volkomen door "dottore" Falcone waren geïnspireerd.'

Voorlopig wachtte de Octopus nog even alvorens in actie te komen. Het hoger beroep tegen de vonnissen van het maxiproces moest nog voorkomen en dat zou volgens de Cupola ongetwijfeld een succes worden voor Cosa Nostra. 'Men wist dat in cassatie de uitspraken van het hof vernietigd zouden worden, waardoor alle gevangenen in één klap vrij zouden komen,' aldus Mutolo. 'Al het werk van Falcone zou dan voor niets zijn geweest.'

Bij de gedachte alleen wreef iedere mafioso zich in de handen. 'Het zou hem in professioneel opzicht te gronde richten. Falcone zou gezien worden als de vervolger van onschuldige slachtoffers. Een daverende triomf voor Cosa Nostra.'

Terwijl de 'bosses' op hun moment van glorie wachtten, zat Falcone niet stil. Het oude idee, geboren in de antimafia-

‘pool’, om een superprocureur te benoemen met nationale bevoegdheden en verantwoordelijkheden, was eindelijk in Rome aangeslagen. Deze juridische superman zou bij zijn gevecht met de mafia worden bijgestaan door het DNA, het nationale antimafia-directoraat, bestaande uit de twintig beste juristen van het land.

Het was een enorme stap in de richting van een efficiënte coördinatie, ook al omdat de regering eindelijk had besloten de veel besproken samenwerking tussen de diverse politiemachten, de carabinieri, de politie en de Guardia di Finanza tot een realiteit te maken. Het was het idee van Vincenzo Scotti, de christen-democratische minister van Binnenlandse Zaken, die terecht van mening was dat een goede relatie tussen de drie machten essentieel was voor een overwinning op de mafia. Het gebeurde nog te vaak dat carabinieri en politie een onderzoek instelden naar dezelfde misdaad zonder enig overleg met elkaar te plegen.

Op 17 januari 1992 werd zowel het superprocuraat als het Italiaanse broertje van de FBI, de DIA ofte wel het directoraat voor antimafia-onderzoek, gevormd door de drie politiemachten, een feit. En twee dagen later al werd de 62-jarige generaal Giuseppe Tavormina van de carabinieri de commandant. Nummer twee werd de grote vriend van Falcone, de 42-jarige Gianni De Gennaro, tot dan toe commandant van de Sco, de antimafia-brigade van de politie.

Zo snel als het ging bij het benoemen van de commandant van de DIA, zo traag ging het bij het DNA. Martelli had vanaf het begin laten doorschemeren dat hij Falcone op deze post wilde zien, maar hij had de verbitterde vijand van de Palermitaanse rechter, de CSM, onderschat.

De raad van magistraten was toch al fel gekant geweest tegen de creatie van deze supermagistraat, die net als superprefect Domenico Sica het recht zou krijgen overal zijn neus in te steken. Maar vooral de mogelijkheid dat Falcone op die plaats zou komen, deed zijn jaloerse collega’s huiveren.

Er werd door enkele magistraten in de CSM een snelle campagne georganiseerd en in april werd er gestemd. Het resultaat, zestien regels lang, bereikte Martelli op 3 april en het was negatief voor Falcone. De commissie die voor de CSM de kwestie moest bestuderen, had met drie tegen twee stemmen de voorkeur gegeven aan de procureur van de republiek te Palmi, Agostino Cordova.

In de argumentatie legden de magistraten het accent op het feit dat zowel hij als Falcone uitmuntende magistraten waren met 'bravura e esperienza', maar dat Cordova 'zich verder van het centrum van de macht bevond', dus neutraler was.
Een magistraat legde later uit dat Martelli in zekere zin de oorzaak was geweest van Falcone's nederlaag. De minister van Justitie had met zijn enthousiasme voor de benoeming van zijn medewerker diens onafhankelijkheid in het geding gebracht. Ook het communistische dagblad 'l'Unità' schreef: 'De samenwerking tussen de minister en de magistraat is zo nauw, dat men niet meer weet of het de magistraat is die zijn pen leent aan de minister, of dat de minister politieke dekking geeft aan de magistraat.'
Falcone voelde zich opnieuw verraden. Diep gekwetst protesteerde hij in besloten kring: 'Ik onderworpen aan de minister? Wie dit zegt houdt geen rekening met één ding: het project van superprocureur is van mij. Het idee is afkomstig uit de antimafia-"pool". Wij zijn het, die Martelli hebben overreed er werk van te maken.'
De mafia was uiteraard op de hoogte van de intriges rond het gevreesde superprocuraat, maar dat Falcone was verslagen maakte voor haar niets uit. Zijn doodvonnis was bevestigd op die middag in februari, toen Messina bij zijn advocaat in Enna langs kwam en de Cupola in volle zitting aantrof. Het wachten was op het juiste moment.
'Wij allen in Cosa Nostra wisten dat Falcone gedood moest worden,' vertelde Mutolo. 'Die beslissing was al genomen toen hij de antimafia-"pool" leidde, want volgens Cosa Nostra was Falcone, en niet zijn kantoor de onvermurwbare vijand.'
Toentertijd had men besloten om in geval van een aanslag op Falcone te trachten een bloedbad te voorkomen. 'We wilden daarom de beste gelegenheid afwachten,' aldus Mutolo. Dat veranderde eind januari heel abrupt door de totaal verrassende uitspraak van het hof van cassatie in het appel tegen de vonnissen van het maxiproces.
Tien dagen lang hadden gevangenen en familie in het angstzweet moeten wachten, maar de rechters van het hof, die zich op 20 januari hadden opgesloten met de mededeling: 'We zien jullie aan het einde van de maand,' hielden woord. Op de dertigste, om tien voor vijf, gingen de deuren van de rechtszaal eindelijk open.

Terwijl een klein publiek van enkele familieleden en journalisten doodstil toeluisterde, las president Antonio Valente het vonnis voor. Het duurde vijftien minuten en de conclusie was simpel, maar vooral historisch: aan de vonnissen van het maxiproces in Palermo werd niet getornd. De 298 punten waartegen hoger beroep was aangetekend, werden verworpen.
De advocaten van de verdediging, die aanvankelijk vol zelfvertrouwen hadden rondgelopen, konden hun oren niet geloven. Sommigen verborgen hun gezicht in hun handen, anderen trokken wit weg. De families bleven stil - deze maal geen gegil en gescheld, alleen tranen.
Bij Cosa Nostra kon men de ramp niet onmiddellijk overzien. Tot nu toe had ieder hof van appel alles wat bij het maxiproces was bereikt, weer ongedaan gemaakt en Corrado Carnevale had heel duidelijk gemaakt niet te geloven in de Cupola en daarmee in de gezamenlijke schuld van de 'bosses'. Het besluit van het hof van cassatie daarentegen herstelde de rechters van het maxiproces, geleid door Falcone en Borsellino, volledig in ere.
De uitspraak van het hof was evenwel niet alleen een simpele overwinning voor deze magistraten, het hof gaf er eveneens mee te kennen dat Carnevale ongelijk had en dat de 'Buscetta-theorie' betreffende de zogenaamde 'uniciteit' van de Cupola geloofwaardig was. Daarmee werd tegelijkertijd, ook al in strijd met Carnevale's standpunt, de waarde van de 'pentiti' als getuigen erkend.
'Het vonnis van het hof van cassatie was een doodsklap,' vertelde Mutolo. 'Aan de ene kant vanwege de vele veroordelingen, aan de andere kant omdat dit een historische nederlaag van Cosa Nostra was. Haar bestaan en structuur waren voor de eerste maal bekendgemaakt, erkend en gestraft.' Ook deze nieuwe houding van het hof van cassatie werd aan Falcone toegeschreven en er was nu maar één ding dat het moreel van de mafia kon redden: het vonnis tegen Falcone moest worden uitgevoerd.
Iedere mafioso begreep dat dadelijk en het leidde volgens Mutolo tot een vreemd verschijnsel. Vele mafiosi die voortvluchtig waren en veroordeeld waren tot zware straffen, meldden zich bij de politie, een heel ongewone actie aangezien uit principe niemand in de mafia zich ooit aangeeft. De reden daartoe was heel eenvoudig het feit dat velen niet betrokken wilden raken bij de slachtpartij die onvermij-

delijk op de uitspraak van het hof van cassatie zou volgen. En zeker niet bij de moord op een belangrijk man als Falcone.

Voordat de rechter uit de weg geruimd zou worden, had de Cupola een andere klus te doen. Europarlementariër Salvo Lima, die volgens Buscetta en andere 'pentiti' de man was tot wie de mafia zich wendde als er iets 'geregeld' moest worden in Rome of Palermo, had Cosa Nostra verraden. Zijn verzekering dat de vonnissen van het maxiproces in hoger beroep vernietigd zouden worden, bleek op niets gebaseerd te zijn.

Lima had zonder twijfel zijn invloed verloren en was niet langer betrouwbaar en bruikbaar. Zes weken later betaalde hij daarvoor met zijn leven, geëxecuteerd door twee 'picciotti' op een motorfiets.

Nu was het de beurt aan Falcone. Riina en zijn trawanten waren zo door het dolle heen na de nederlaag in cassatie, dat het hen volgens Mutolo niet langer kon schelen of er bij de aanslag ook andere, onschuldige slachtoffers zouden vallen. Zij maakten zich evenmin zorgen over eventuele repercussies, ook al omdat die toch weer zouden overwaaien.

Ongestoord werkten enkele bomexperts dagenlang bij Capaci in de riolering onder de snelweg van het vliegveld Punta Raisa naar Palermo - volgens ooggetuigen zelfs gecontroleerd door Totò Riina persoonlijk - en toen de rechter op 23 mei met zijn vrouw Francesca op weg was naar huis, explodeerde zeshonderd kilo trotyl juist op het kritieke moment.

Falcone had zich in de loop der jaren min of meer verzoend met het feit dat hij ooit eens vermoord zou worden. 'De gedachte aan de dood vergezelt mij overal,' merkte hij eens op. 'Het wordt bijna een tweede natuur. Natuurlijk probeer je in leven te blijven, kijk je uit, organiseer je jezelf, vermijd je gewoontes en herhalingen en blijf je ver weg van bijeenkomsten en situaties waarover je geen controle hebt. Maar je krijgt ook een gezonde dosis fatalisme. Men kan per slot van rekening om zoveel redenen sterven, een autoongeluk, een vliegtuig dat in de lucht explodeert, een overdosis, kanker en ook om niets bijzonders.'

Hij vertelde de Franse journaliste Marcelle Padovani: 'Men sterft over het algemeen omdat men alleen is of omdat het spel te hoog wordt gespeeld.' En hij voegde eraan toe: 'In Sicilië treft de mafia die dienaren van de staat, die door de staat niet voldoende beschermd worden.' In een interview, drie dagen voor zijn dood, merkte hij met al even vooruitziende blik op: 'Eerst maakt de mafia je zwart, daarna maakt ze je af.' In de Ucciardone-gevangenis werd het nieuws van zijn dood door de mafia met applaus verwelkomd.

Borsellino wist na de moord op zijn vriend dat het ook voor hem afgelopen was. Hij was immers niet alleen de beste vriend van Falcone, maar ook het laatste 'wandelende geheugen' van de antimafia-'pool'. De aanslag die op 19 juli voor het huis van zijn moeder in de Via d'Amelio een einde aan zijn leven maakte, was daarom wat de Italianen een 'morte annunciata' noemen, een moord die aangekondigd was.

Minister Martelli had, ook al verzette de CSM zich ertegen, het idee gelanceerd dat Borsellino na Falcone de beste kandidaat was voor het superprocuraat. De magistraat had in een lange brief gevraagd om wat meer tijd om erover na te denken. Cosa Nostra wachtte niet af.

'Paolo stond op het punt in Giovanni's voetsporen te stappen en dat mocht niet gebeuren,' aldus hun vriend Giuseppe Ayala. 'Bovendien wilde de mafia de andere rechters schrik aanjagen. Haar boodschap was: probeer niet te doen wat Borsellino deed, want dan zul je op dezelfde manier eindigen.' Opgeblazen door een autobom.

Mutolo was het met Ayala eens. Hij vertelde de antimafiacommissie: 'Het is zeker dat dergelijke aanslagen gepleegd zullen worden op de magistraten die het onderzoek tegen Cosa Nostra zullen voortzetten met dezelfde volharding als de vermoorde rechters.'

Voor de Cupola waren de aanslagen op de twee rechters een groot succes geworden, ook al omdat in tegenspraak tot alle geruchten beide bommen door eigen mensen waren gemaakt.

Mutolo vertelde: 'Al sinds lange tijd, zeker sinds het begin van de jaren zestig, hebben wij mensen in Palermo die specialisten zijn op het gebied van explosieven en telecommando's. Voor belangrijke executies vermijdt Cosa Nostra uit principe gebruik te maken van mensen die niet tot de organisatie behoren.'

Totò Riina kon trots zijn op zijn mensen, maar niet alles ging zoals hij had voorspeld. De reactie van de Italianen en vooral van de regering op de moorden, die volgens Riina snel zou overwaaien, was heel anders dan was verwacht.

XIX - Een nieuw Malta

De explosie van de tachtig kilo trotyl, waardoor op 19 juli 1992 in Palermo Paolo Borsellino en vijf van zijn lijfwachten werden vermoord, echode door tot in Rome. In één klap maakten de intriges der partijen, de luiheid der ambtenaren en de grillen der ministers plaats voor een vastberaden haast om de mafia te tonen dat de oorlog niet van één kant kwam. Decreten, die soms jaren waren blijven liggen, werden er nu in één nacht tijds doorgejaagd.

Op 20 juli al werd bekendgemaakt dat er net als ten tijde van de Rode Brigade een 'speciaal regime' zou worden ingevoerd tegen de mafia. Zo moesten rechters eindelijk eens inzien dat een proces tegen een 'uomo d'onore' niet hetzelfde was als een gewoon proces. Wanneer bijvoorbeeld een getuige, geïntimideerd door de mafia, zijn verklaringen in de rechtszaal introk, behield voortaan zijn bekentenis eerder aan de politie gedaan haar waarde.

De regering wilde rond de mafia dezelfde atmosfeer van contra-terreur en onzekerheid scheppen als rond de terroristen van de jaren zeventig. Daarom kregen politie en carabinieri het recht onverwacht huiszoekingen te doen en hele buurten af te zetten zonder toestemming te hebben van een magistraat. Ook mochten zij mafia-'cosche' infiltreren en 'pentiti' kregen het recht hun naam te veranderen.

Op gang gebracht door de paniek werd ook de vorming versneld van de DIA, het antimafia-directoraat dat gevormd moest worden uit de drie verschillende politiemachten. Besloten werd het een elitekorps van 2.600 man te maken. De post van 'hoge commissaris voor de strijd tegen de mafia', die sinds Sica in 1990 aan de kant was gezet, werd bezet door Angelo Finochiaro, de prefect van Palermo, en zou met ingang van 1 januari 1993 verdwijnen, maar op de vraag wie de eerste superprocureur zou worden, werd nog geen antwoord gevonden.

Niet alleen werden deze decreten een dag na de moord op Borsellino een feit, bovendien werden de meeste met ongekende spoed op 3 augustus door het parlement goedgekeurd. Ministers en kamerleden konden na een emotionele zomer, tevreden over de gedane arbeid, eindelijk met vakantie gaan.

De voldoening duurde niet lang, want nauwelijks teruggekeerd in Rome werden zij geconfronteerd met een nieuw 'excellent' slachtoffer van de mafia, Ignazio Salvo.
Deze voormalige belastingontvanger, lid van een beruchte mafia-familie, werd op 17 september vermoord. Zijn bunker-villa aan het strand van Santa Flavia, vijftien kilometer van Palermo, waar Buscetta in 1980 had gelogeerd, had Salvo met zijn vrouw even verlaten om een nichtje naar haar auto te brengen. Teruglopend naar huis werd hij geconfronteerd met twee jongemannen die over de muur waren geklommen en die hem in koelen bloede voor de ogen van zijn vrouw doodschoten. Ooggetuigen vertelden later dat de daders hard waren weggerend om een stukje verder hun motorfietsen te pakken. Niemand had de jongens, met een kous over hun gezichten en bovendien gehelmd, kunnen identificeren.
De vraag was natuurlijk waarom Salvo was gedood. Te zamen met zijn neef Nino, die beschouwd werd als een soort onderkoning van Sicilië, had hij als een tollenaar jarenlang het alleenrecht gehad om de belastingen op het eiland te vergaren, zelf tien procent opstrijkend. De arrestatie van het ogenschijnlijk zo respectabele tweetal in 1984 en Ignazio's veroordeling - Nino stierf in 1986 - tijdens het maxiproces van 1986-1987 hadden in Sicilië grote opschudding veroorzaakt.
Na enkele jaren in de gevangenis was Ignazio nu weer op vrije voeten, maar terwijl hij zijn enorme rijkdom intact had teruggevonden, was zijn relatie met de mafia totaal veranderd. Net als Salvo Lima had hij geen nut meer voor Cosa Nostra. Alle toegangen tot de autoriteiten waren voor hem gesloten en tijdens de Cupola-bijeenkomst in het begin van 1992 was besloten ook dit overbodige lid van de oude garde, dat te veel wist, op te ruimen.
Deze moord was opnieuw een signaal aan de regering, waarmee de mafia duidelijk wilde maken dat zij zich niet door de nieuwe contra-terreur liet intimideren. Ook wilde zij, net als met de moord op Lima, te kennen geven dat zij nog steeds sterk en zelfstandig was.
'Wat men nog steeds niet helemaal begrijpt, is dat de mafia volkomen autonoom is,' zo vertelde rechter Alberto Di Pisa in een interview met de 'Corriere della Sera' kort na de moord op Salvo. 'Vroeger stonden de mafiosi in dienst van de politiek. Vandaag is Cosa Nostra, dank zij haar economi-

sche macht, in de positie de politici de wet voor te schrijven. De rollen zijn omgedraaid.'

In zekere zin kwam na deze moorden van 1992 een einde aan de 'vreedzame samenleving' die sinds de oorlog tussen mafia en christen-democraten had bestaan.

Het gebeurde niet helemaal onverwacht. De 'speciale relatie' was al sinds enige tijd grondig bedorven door de grote interesse die regering en kranten hadden gekregen voor de gevaarlijke Octopus. Onder andere door het maxiproces was voor een 'flexibele' politicus de ruimte voor de bescherming van mafia-belangen aanzienlijk gekrompen - het risico ontmaskerd te worden was veel groter.

In 1972 nog merkte een carabinieri-kapitein op dat 'iemand, die zich op Sicilië anti-mafia zou opstellen, bij verkiezingen hoogstwaarschijnlijk geen enkel succes zou boeken'. Ruim twintig jaar later ligt de situatie anders. Hoewel verschillende politici nog steeds de mafia het hof maken in de hoop haar stemmen te krijgen, vindt het gewone Siciliaanse publiek het steeds vaker onaanvaardbaar wanneer een politicus bekend staat als een 'vriend der vrienden'.

Dit verhinderde niet dat er in de loop der jaren op Sicilië een heel netwerk werd opgebouwd waarin politici en mafiosi elkaar ontmoetten. Violante beweerde in december 1992 nog dat er 'buitengewoon gecompliceerde connecties bestaan, die verder reiken dan de gewone politieke wereld'. Met andere woorden: de Octopus had volgens de president van de antimafia-commissie zijn tentakels uitgestrekt tot in de staatsinstellingen, de plaatselijke autonomie, het bedrijfsleven en de vrije beroepen. Vooral de vrijmetselarij zou, aldus Violante, daarbij een belangrijke rol spelen.

Dat was na de Tweede Wereldoorlog heel anders geweest. Nadat de mafiosi eerst met enthousiasme na de bevrijding van 1943 het separatisme hadden omhelsd, veranderden zij van gedachten toen de Amerikanen hun angst voor een mogelijk communistisch regime in Rome verloren en hun steun gaven aan de christen-democraten. De mafia kreeg de boodschap en volgde zonder enige aarzeling het Amerikaanse voorbeeld.

Om Rome ervan te overtuigen dat Cosa Nostra het met deze 'bekering' serieus meende, zou Luciano Leggio in 1950 besloten hebben Salvatore Giuliano, de zwaar geromantiseerde bandietenleider in de separatistische beweging, als cadeautje aan de staat te geven.

De dood van de toen 28-jarige charismatische struikrover, die op het televisietijdperk vooruitliep door de wereldpers in zijn schuilplaats te ontvangen voor interviews en fotosessies, is altijd een mysterie geweest. Bekend was dat Giuliano, die door de mafia en de separatisten was gebruikt om hun doeleinden op soms gewelddadige manier te bevorderen, op 5 juli in de binnenhof van het huis van zijn advocaat werd gevonden. Daarna lopen de versies van zijn dood ver uiteen.
Om te beginnen was er sergeant-majoor Antonio Perenze van de carabinieri, die beweerde dat hij de bandiet had doodgeschoten. Maar nauwelijks een jaar later kwam plotseling Giuliano's luitenant Gaspare Pisciotta naar voren om te bekennen dat hij de moord had gepleegd.
Het feit dat Pisciotta vier jaar daarna na het drinken van een kopje koffie in de gevangenis stierf, maakte het niet gemakkelijker de waarheid te ontdekken. In november 1992 bracht 'pentito' Leonardo Messina evenwel eindelijk licht in de zaak met de bewering dat de mafia en in het bijzonder de toen 25-jarige Leggio verantwoordelijk was voor de dood van de bandiet, daarmee eerdere rapporten bevestigend.
De christen-democraten maakten na de oorlog onmiddellijk onbeschaamd gebruik van de faciliteiten die de mafia hun bood - in de eerste plaats de stemmen van de Sicilianen.
Nino Calderone geeft in zijn boek 'Gli uomini del disonore' een goed voorbeeld van het aantal stemmen dat een DC-kandidaat kan krijgen van zijn 'vrienden', bijvoorbeeld in Palermo. Daar zijn 1.500 tot 2.000 'uomini di onore', die ieder verantwoordelijk zijn voor plusminus vijftig personen, hetgeen in totaal 75.000 tot 100.000 stemmen betekent.
Vittorio Emanuele Orlando, na 1918 premier van Italië en met Woodrow Wilson, Lloyd George en Clemenceau de 'grote vier' van na de Eerste Wereldoorlog, geneerde zich dan ook allerminst Cosa Nostra te hulp te roepen. Per slot van rekening was hij in de tijd van Mussolini een van de weinigen geweest die was opgekomen voor de mafia. Bij de eerste vrije verkiezingen in Italië in 1946 hing er in het mafia-bolwerk Particino, waar Orlando in 1897 voor de eerste maal was gekozen, een spandoek met de woorden: Stem voor Orlando, 'amico degli amici', vriend der vrienden.
Een 'leerling' van Orlando, de gedeputeerde Gaetano Palazzolo, schreef in diezelfde periode aan een mafia-'boss':

'Caro Don Ciccio, als wij het eens kunnen worden over het kiezen van een bevriende kandidaat die een vriend der vrienden is, dan slagen we er zeker in te winnen.'
De zaken liepen een beetje uit de hand toen in de jaren vijftig enkele christen-democraten voorstelden Giuseppe Genco Russo, de slonzige en norse 'capo' uit Mussomeli, kandidaat te stellen voor het Huis van Afgevaardigden. De mogelijkheid dat deze compromitterende man naar Rome zou komen, ging de partijleiding te ver en zijn kandidatuur werd geblokkeerd.
'Zi Peppi Jencu' van zijn kant liet zich niet onbetuigd. Hij nam zijn wraak toen hij in het begin van de jaren zestig voor de rechter moest komen en zijn advocaat een petitie indiende, getekend door zevenduizend vooraanstaande Italianen. 'Don Giuseppe heeft een voorbeeld gesteld door zijn rechtzinnigheid en eerlijkheid,' zo luidde een van de frasen.
Zijn advocaat beloofde bovendien de bedankjes te publiceren van 37 christen-democratische politici voor Russo's electorale hulp. Het dreigement hielp hem echter niet veel en de bejaarde 'capofamiglia' verdween voor de rest van zijn leven achter de tralies. Een jonge mafioso becommentarieerde verdrietig: 'Het was alsof ze mijn vader hadden gearresteerd. Ze durfden hem niet aan te raken toen hij nog kon laten zien wat voor een man hij was, dus ten slotte doen zij een oude, bijna blinde man de handboeien aan... Zij hebben hem in de gevangenis gegooid om te tonen dat ze de situatie aankunnen.'
Kort voor het proces tegen Russo was voor de laatste maal een politicus openlijk opgekomen voor een mafioso, in dit geval notabene voor Leggio. De moedige, maar uitermate domme man was een gedeputeerde van de christen-democraten in de regionale raad van Sicilië, Dino Canzoneri.
Hij had geen slechter moment kunnen kiezen. Drie dagen nadat Canzoneri in de assemblée Leggio boos verdedigd had tegen een communistische aanval en had beweerd dat zijn protégé 'het slachtoffer was van de valse beschuldigingen van communistische zijde', ging de autobom in Ciaculli af en werden zeven carabinieri de lucht in geblazen. Toen kort daarna Leggio en andere 'bosses' werden gearresteerd, begreep Canzoneri dat het beter was de politiek te verlaten.
Het feit dat mannen als Russo en Canzoneri van het politieke toneel verdwenen, was mede te wijten aan de opkomst

van een nieuwe generatie, die van Lima en Ciancimino. Ook hun contacten met de mafia waren heel nauw, maar tegelijkertijd veel discreter dan die van hun voorgangers. Lima maakte in de jaren zestig bij voorkeur gebruik van de diensten van een intelligente 'boss' als Stefano Bontade, voor wie hij zelf later optrad als de contactman met Rome toen hij in 1968 in de Kamer werd gekozen. Ciancimino, als een goede Corleonees, was daarentegen de enige vertegenwoordiger van eerst Leggio en later Riina.

In de jaren dat dit illustere duo naar voren kwam, verscheen er ook een ander politiek patroon. 'In de jaren zeventig begon de commissie aanwijzingen te geven op wie te stemmen,' herinnerde Calderone zich. Het was een aanwijzing, geen bevel, maar aangezien mafiosi nimmer op een linkse partij stemden, hadden ze maar één mogelijkheid, de christen-democraten. En heel misschien de sociaal-democraten.

Ieder lid van Cosa Nostra kende de verhalen over de 'ijzeren prefectuur' van Mussolini heel goed en ze wisten dat het afgelopen zou zijn met de mafia indien een totalitaire partij aan de macht zou komen. Dus geen communisten, socialisten of fascisten.

Het zou voor de mafia in vele opzichten gemakkelijker zijn geweest de politiek te beïnvloeden als zij zelf politici afvaardigden, maar dat bleek moeilijk te zijn. Afgezien van Russo waren er vrijwel nooit mafia-kandidaten geweest, vooral omdat de Octopus politici niet waardeerde en vertrouwde. 'Het zijn mensen zonder erewoord, zonder principes,' vond onder anderen Calderone.

In de late jaren zeventig veranderde de Cupola van gedachten en had de mafia enkele politieke vertegenwoordigers. Calderone gaf toe dat ook hij met de gedachte had gespeeld zich kandidaat te stellen voor de regionale assemblée als een sociaal-democraat, maar dat hij er uiteindelijk van afzag omdat de politiek hem 'au fond' niet interesseerde.

Een van de politieke afgevaardigden van de mafia was Riina's man, Ciancimino, de Mefistofeles van Palermo. Hij heeft dit uiteraard altijd ontkend. 'Ik weet niets van Cosa Nostra af,' hield hij vol toen hij uiteindelijk zijn tien jaar gevangenisstraf kreeg wegens mafiose relaties.

Aanvankelijk had Ciancimino deel uitgemaakt van een trio, bestaande uit het christen-democratische kamerlid Gio-

vanni Gioia, Salvo Lima en hemzelf, maar midden jaren zestig ontstond er eerst een verwijdering tussen de oudere Gioia - een beruchte pro-mafia-man - en de twee 'jonge Turken' en daarna ook tussen het tweetal zelf.
De schuld daarvan lag bij Lima. Tot 1968 had het Siciliaanse trio trouw de DC-leider Amintore Fanfani gesteund, maar Lima's politieke ambities dreven hem in de richting van de man die vanachter de schermen jarenlang de Siciliaanse - en vaak ook de Italiaanse - politiek zou domineren, Giulio Andreotti. De samenwerking legde deze twee mannen geen windeieren: Lima kreeg in 1968 zijn zetel in de Kamer van Afgevaardigden en Andreotti, tot dan toe alleen gesteund door Rome en Lazio, werd met de stemmen van 49.000 Palermitaanse christen-democraten bevorderd van politicus klasse B tot een van klasse A.
Andreotti bleef Lima eeuwig dankbaar en heeft hem ook altijd verdedigd. Iedere keer wanneer zijn Siciliaanse protégé in een antimafia-rapport werd genoemd - 149 maal in dat van 1976 - veegde hij het van de tafel met de opmerking: 'Die feiten hebben geen gezag.' Ook na de dood van Lima herhaalde Andreotti met klem dat deze onschuldig was.
'Men heeft hem decennia lang gepresenteerd als een mafioso,' zo schreef hij in september in het weekblad 'Europeo', 'maar dat is misschien omdat hij een intelligente en actieve, nationale en Europese vertegenwoordiger was van een Democrazia Cristiana waarvoor de andere politieke krachten op het eiland bang waren.' Voor de rest was het alleen maar geroddel, aldus Andreotti.
Lang niet iedereen op Sicilië is het met Andreotti eens. Kort na Lima's dood merkte zelfs een mede-christen-democraat op dat men nu eindelijk kon toegeven dat deze een belangrijk contact was geweest met de mafia. 'Nu kunnen we eindelijk praten, met nieuwe regels beginnen.' En ook een aantal 'pentiti', onder anderen Buscetta, heeft steeds volgehouden dat Lima de man was die de mafia direct met Rome en in het bijzonder met Andreotti kon verbinden.
De vraag rijst dan natuurlijk welke rol deze politieke veteraan, zeven maal premier en nu senator voor het leven, in die gecompliceerde situatie heeft gespeeld. Was hij alleen maar de man die in Rome garant stond voor mannen als Lima? Of stak er meer achter?
In Italië wordt vaak gespeculeerd over het bestaan van een 'derde macht', die de mafia zou dirigeren. Deze zogenaam-

de 'Grande Vecchio', een soort 'Big Brother', zou bestaan uit een supercommissie van mafiosi, bankiers, vrijmetselaars en industriëlen, die aan alle touwtjes trekt en zelfs over de dood beschikt.
Mafia-experts als Falcone en Buscetta hebben het bestaan van de 'Grote Baas' altijd ontkend, maar de Italianen blijven gissen en Andrea Marcenaro vertolkte de gedachten van velen toen hij op 10 december 1992 in 'Il Giorno' schreef: 'Het is allemaal heel mooi voor Buscetta te zeggen dat het "derde niveau" van de mafia niet bestaat, maar niemand kan uit zijn hoofd zetten dat, indien het bestaat, Andreotti het vertegenwoordigt.'
Ayala beantwoordde eens de vraag of deze uitermate slimme politicus inderdaad een mafioso was met de woorden: 'Dat weet ik niet, maar hij beschermt de mafia zonder twijfel.' En Insalaco, de vermoorde burgemeester van Palermo, had Andreotti op zijn lijst van 'slechteriken' staan.
Andreotti heeft zich ogenschijnlijk altijd weinig aangetrokken van deze insinuaties, maar hij was duidelijk geschokt en boos toen op nieuwjaarsdag 1993 plotseling de 'New York Times' aandacht besteedde aan zijn mafiose reputatie en onthulde dat hij mogelijk door de antimafia-commissie zou worden verhoord. Hij gaf onmiddellijk een communiqué uit waarin hij bitter wees op de vele antimafia-wetten die hij de laatste jaren als premier had ingevoerd.
Het verhaal in de Amerikaanse krant over zijn 'liaison dangereuse' was, zo verklaarde hij op 3 januari in een interview met 'La Repubblica', dan ook onderdeel van een campagne van de mafia tegen hen, die haar dwars zitten.
In het artikel citeerde de 'New York Times' natuurlijk ook Andreotti's grootste vijand Leoluca Orlando. Deze heeft herhaaldelijk geëist dat er een onderzoek naar Andreotti wordt ingesteld en dat ook het onderzoek naar de moorden op politici als Matarella en La Torre zou worden heropend. 'Dat zijn misdaden, herleidbaar naar een machtssysteem dat Andreotti als garantie, als medeplichtige heeft gehad.'
Volgens Orlando was Andreotti nog steeds gevaarlijk omdat Cosa Nostra hem niet losliet en de politicus zo gecompromitteerd was dat hij een verzoek niet meer kon afwijzen.
Deze aanvallen maakten Orlando niet dierbaarder bij Andreotti en bij de mafia, die in het midden van 1992 heel duidelijk maakte dat hij bovenaan haar zwarte lijst stond.

Messina gaf de ex-burgemeester, sinds april 1992 gedeputeerde voor zijn 'Rete', het wijze advies voorlopig niet naar Palermo terug te keren. En hijzelf besloot zijn vrouw Milly en dochtertjes Eleonora en Lena haastig naar Noord-Italië te zenden en zijn lijfwacht van vier man met acht man te versterken.
'Ik heb al zeven jaar geen normaal privé-leven gehad,' verzuchtte hij in augustus, veilig gezeten in zijn kantoortje aan de Lungotevere in Rome. 'Ik geloof niet dat er een foto van ons gezin bestaat en ik weet niet meer hoe het is met hen in een auto te rijden.'
Na een bittere breuk met de christen-democraten, die hem gedurende de 'Palermitaanse lente' in zijn hemd hadden laten staan, begon het in de zomer van 1992 politiek gezien heel goed te gaan met hem en zijn beweging. Bij de algemene verkiezingen van april 1992 had hij in Palermo 134.732 stemmen gekregen.
Ondanks het feit dat het hele programma van de 'Rete' bestaat uit één punt: de strijd tegen de mafia, werd dit eerste succes bevestigd bij 55 raadsverkiezingen in december. Het 'netwerk' werd toen de vierde partij van Italië. De christen-democraten daarentegen verloren in het zuiden liefst acht procent.
Terwijl Orlando met leedvermaak toekeek hoe zijn voormalige partij terrein verloor, ging de mafia op zoek naar nieuwe politieke bondgenoten. Aan de christen-democraten viel geen eer te behalen. Die waren zo voorzichtig geworden dat rechter Bruno Siclari, op 30 oktober gekozen tot superprocureur, durfde te beweren dat er volgens hem geen enkele nauwe band meer tussen politici en de mafia bestond.
'In het verleden waren er zeker gebieden waar zij elkaar raakten, punten van besmetting en misschien van meer dan dat, maar dat bestaat nu vrijwel zeker niet meer,' aldus een volgens velen te optimistische Siclari. 'Men is voorzichtig geworden.'
Gedeeltelijk gedwongen door deze voorzichtigheid, maar ook door andere motieven kreeg Cosa Nostra de laatste maanden van 1992 plotseling weer belangstelling voor een oude en bijna vergeten droom: een onafhankelijk Sicilië. Plotseling keerde het woord 'separatisme' terug in het nieuws.
Messina was de eerste die alarm sloeg, gevolgd door Buscet-

ta die, voor hij in december naar de VS terugkeerde, in een interview met 'La Repubblica' vertelde dat een autonoom Sicilië voor Riina mogelijk 'het laatste strand' zal worden. Waarschuwend voegde hij eraan toe: 'Ik zeg jullie dat we niet meer aan bandieten of criminaliteit moeten denken wanneer we over de mafia praten. Er schuilt veel meer achter.'

De DIA, het nieuwe directoraat voor antimafia-onderzoek, hechtte net als Buscetta veel waarde aan Messina's onthulling. En Pino Arlacchi, de mafia-socioloog die al enige tijd geleden een come-back van het separatisme had voorspeld, zei in december: 'Er bestaan voor de 'bosses' op het ogenblik maar twee mogelijkheden: of hun hele leven voortvluchtig blijven, of levenslange gevangenisstraf. In een onafhankelijke republiek van Sicilië dromen zij ervan hun fortuin te laten terugkeren en het te investeren in de hoop het eiland tot een soort Malta te maken, een fiscaal paradijs.'

Luciano Violante, de president van de parlementaire antimafia-commissie, verwachtte dat vooral de nieuwe politieke bewegingen garen zouden spinnen bij dit verlangen naar onafhankelijkheid. 'Als deze zeven tot negen procent hebben, kunnen zij beslissend zijn voor het plaatselijke politieke evenwicht.' En met dit nieuwe evenwicht zou de mafia eventueel het spel kunnen spelen van het separatisme - 'de enige kans om op eigen benen te staan'.

De hamvraag is van welke partij de mafia gebruik wil maken, maar waarnemers achten het niet uitgesloten dat Cosa Nostra een oogje heeft op Orlando's 'Rete'. Deze beweging wordt door velen toch al gezien als een surrogaat-liga, dus als een partij die federalisme, zo niet separatisme voorstaat. Bovendien liet een van Orlando's medewerkers, Nando Dalla Chiesa, na de verkiezingen van december doorschemeren dat de 'Rete' mogelijk zou kunnen samenwerken met de liga.

Giuseppe Campione, de president van de regio Sicilië, maakte er geen geheim van zich zorgen te maken over een dergelijke mogelijke ontwikkeling. 'Orlando wil alles veranderen, hij maakt gebruik van de wanhoop om de hele zaak te ontmantelen, zonder een idee te hebben hoe het weer op te bouwen. Daar schuilt een groot gevaar.'

Een dergelijke waarschuwing was te verwachten uit de mond van een behoudzuchtige christen-democraat, maar de onthullingen van Messina gaven haar een sinister aspect, vooral ook omdat volgens de spijtoptant de mafia op de loer ligt en naar een kans zoekt om de 'Rete' te infiltreren. Deze infiltratie kon, althans zo dacht Cosa Nostra, gemakkelijk georganiseerd worden, aangezien Orlando ooit zeer nauw verbonden was geweest met de mafia. Zo nauw dat volgens een celgenoot van Messina, Diego Di Trapani, Cosa Nostra wilde proberen de leider van de 'Rete' via een lid van zijn beweging die ook mafioso was, ertoe over te halen de oude relaties te herstellen.

Orlando deed het verhaal af met de verklaring dat het een onderdeel was van een campagne, georganiseerd door de mafia, om hem in diskrediet te brengen. Het was een ontkenning die een Italiaanse krant niet verhinderde zich af te vragen wat Orlando nu dacht van het gezegde, dat hij zo vaak voor anderen had gebruikt: 'Het vermoeden is de voorloper van de waarheid.'

XX - Een zwarte september

De kleine villa in Longare nel Vicentino, niet ver van Vicenza, had niet onopvallender kunnen zijn. Gelegen aan de rand van het dorp tegen de vlakke landerijen van Veneto aan, was het typisch het huis van een gegoede Italiaan. Zo iemand als 'il dottore', die in augustus 1992 daar zijn intrek nam. De buren zagen af en toe deze keurige heer met zijn witte haren in gezelschap van twee stevige jongemannen het huis verlaten om in een paar auto's snel weg te rijden. Verder niets bijzonders.

De hele buurt was dan ook verrast en gefascineerd toen op 6 september plotseling veertig mannen de villa omsingelden. Nadat enkelen van hen over de omheining waren gesprongen, vond een buurman dat het tijd werd de carabinieri, enkele honderden meters verderop, te alarmeren. Dezen waren snel ter plaatse en het zag er even naar uit dat het tot een handgemeen zou komen. Pas toen een van de mannen de carabinieri toeriep dat het om een politieoperatie ging, dropen ze met duidelijke tegenzin af.

Het had weinig gescheeld of het gebruikelijke gebrek aan communicatie tussen de twee politiemachten had een van de belangrijkste arrestaties sinds de oorlog verstoord. Nog geen tien minuten later arriveerde er namelijk een Mercedes voor de hekken van de garage. Terwijl de buren door de spleten van hun luiken gespannen toekeken, zagen ze hoe hun keurige buurman na uitgestapt te zijn de handboeien aan kreeg. Ook zijn twee metgezellen moesten meekomen.

Een dag later konden de buren op de voorpagina's van alle kranten lezen dat ze getuige waren geweest van de arrestatie van niemand minder dan de man die nummer twee in de Cupola was, Giuseppe Madonia. Acht maanden lang had de politie hem op de hielen gezeten voor zij had kunnen toeslaan, maar toen het eenmaal zover was, beloonde hun arrestant, die ongewapend was, hen met een glimlach en de woorden: 'Mijn complimenten voor de perfecte operatie.'

Voor de meeste Italianen was de toen 46-jarige 'Piddu Chiacchiera' een onbekende en zelfs in de politiearchieven was vrijwel niets over hem te vinden. Pas dank zij Leonardo Messina werd ontdekt dat deze bescheiden Siciliaan een uitermate belangrijke 'uomo d'onore' was die bekend stond

als de 're del Vallone'. Op deze onherbergzame bergpas met steden als San Cataldo en Mussomeli, die meestal door toeristen worden gemeden, had hij een groot fortuin vergaard, onder andere dank zij een bouwbedrijf - maar vooral door afpersing en drugshandel.
Geboren in het dorpje Vallalungo Pratameno en geschoold in het naburige San Cataldo was hij als kleinzoon en zoon van een 'capomafia' vanaf zijn jongste jaren een mafioso in hart en nieren. Hij groeide op in de dagen van de agrarische mafia, maar dank zij zijn peetvader Salvatore Mazzarese werd hij al spoedig geconfronteerd met het bloedige karakter van deze 'goede oude' mafia. Deze pleegde namelijk een moord die vooral in mafia-kringen zo gewaardeerd werd, dat zij nog steeds tot de mythologie van Cosa Nostra behoort.
Het slachtoffer was een hotelier, Candido Ciuni geheten. Toen deze weigerde de 'pizzo' te betalen, werd hij in zijn zaak neergeschoten, maar raakte slechts gewond. Nadat hij in alle haast naar het ziekenhuis was gebracht, executeerde Mazzarese hem alsnog door verkleed als verpleger zijn ziekenkamer binnen te dringen. De enige getuige was Ciuni's echtgenote, die op bezoek was. De politieman die bij de deur had moeten zitten, was om mysterieuze redenen even verdwenen.
Enkele jaren later, op 8 april 1978, werd Giuseppe's vader Don Ciccio vermoord terwijl hij in zijn auto van Gela naar Riesi reed. De toen 22-jarige jongeman, die twee jaar eerder was ingezworen, stapte onmiddellijk in zijn vaders schoenen, vastbesloten wraak te nemen op de moordenaar van zijn vader, Giuseppe Di Cristina, de 'boss' van het naburige Riesi. Hij hoefde niet lang te wachten, want al op 30 mei werd Di Cristina, ervan verdacht de mafia aan de carabinieri verraden te hebben, op last van Riina geëxecuteerd.
In 1980 ontsnapte Madonia zelf ternauwernood aan de dood. Terwijl hij in een bar in Gela stond te praten met vrienden, leegde een zekere Salvatore Micastro een geweer op hem. Piddu bleef door een wonder gespaard, maar besloot na zijn genezing een tijdje naar Duitsland te verdwijnen. Geldgebrek dwong hem daar tot een bankoverval in de buurt van Bonn, maar hoewel hij gepakt werd, had hij opnieuw geluk. Wegens gebrek aan bewijs mocht hij vrijuit gaan op voorwaarde dat hij het land verliet.
In de tweede mafia-oorlog in het begin van de jaren tachtig

stond Giuseppe, inmiddels getrouwd en vader van twee kinderen, aan de goede kant, die der Corleonesi. Hoewel de bittere strijd, die bijna duizend slachtoffers maakte, eindigde in een totale zege op de Palermitanen, kreeg Madonia weinig tijd om van zijn gezin te genieten. In de Vallone-vallei brak namelijk een van de bloedigste vendetta's uit die de mafia in jaren had gekend.

Het slagveld was vooral Gela, de havenstad die dank zij de stinkende olieraffinaderijen van Agip in enkele jaren van een plezierig stadje was uitgegroeid tot een cementen doolhof, vol 'abusivi', huizen gebouwd zonder vergunning, waar het bovendien ontbrak aan licht en water. Voor de bevolking van tachtigduizend zielen, van wie twaalfduizend jonge werkelozen, was de mafia een welkome werkgever.

De stad met zijn vijfduizend winkeliers, zijn bouwexplosie en de aanleg van een enorme stuwdijk, zou een ideaal werkterrein voor Madonia zijn geweest ware het niet dat er een andere kaper op de kust was. Salvatore Iocolano was vanuit Palermo naar Gela verhuisd om voor de chemische onderneming Enichem te gaan werken, maar had al spoedig ontdekt dat het afpersen van winkeliers veel lucratiever was.

Iocolano slaagde erin de macht te krijgen over de alternatieve mafia, de 'stidde' (sterren), die enkele jaren tevoren in de streek was gevormd door mafiosi die uit Cosa Nostra waren gezet of gestapt. Volgens Calderone en Mannoia werkten de 'stidde' met de mafia mee, maar de pogingen van Iocolano al het protectiegeld in eigen zak te steken, maakten een einde aan de samenwerking.

Na een aarzelende start begon in 1987 de slachtpartij pas goed, met als resultaat dat er tussen dat jaar en februari 1992 honderdtwintig doden vielen. De climax was een bloedbad op 27 november 1990, toen bij fusillades op vier verschillende plaatsen van de geterroriseerde stad acht mensen om het leven kwamen en zeven werden gewond.

Madonia leed zelf ook aanzienlijke verliezen. Zo werd op 21 december 1988 zijn zakenpartner Salvatore Pomara vermoord, toen een paar 'killers' diens flat binnendrongen en daar Salvatore, zijn vrouw en twee van hun zoons doodschoten. De jongste zoon, de veertienjarige Pietro, bleef gespaard.

In het nauw gedreven door Riina en Madonia besloot Iocolano in 1990 dat het beter was de wijk te nemen en een soort van 'pax mafiosa' was het gevolg. Madonia was intus-

sen al twee jaar eerder ondergedoken. Hoewel hij af en toe werd gesignaleerd, verscheen hij - noodgedwongen - pas weer op het toneel toen hij op 6 september 1992 werd gearresteerd om opnieuw te verdwijnen, nu in de gevangenis op het Italiaanse Duivelseiland Asinara.
De arrestatie van Madonia luidde voor de mafia een zwarte september in. Afgezien van de arrestatie op 10 september van de 49-jarige Carmine Alfieri, de meest gezochte man van de Napolitaanse branche van de mafia, de Camorra, werd in Alcamo een dag later een 'superkiller' van de mafia, de 25-jarige Lorenzo Greco, opgepakt.
Nog rampzaliger voor Cosa Nostra, maar vooral voor de clan van Nitto Santapaola, was de arrestatie van Francesco Cannizaro op diezelfde elfde september. De 55-jarige drugskoerier die speciaal voor Nitto werkte, werd in Rome gevonden twee dagen nadat de 'cosca' bij een aanslag twee trouwe 'picciotti', de gebroeders Marchese uit Catania, had verloren.
De uitlevering door Venezuela van de drie gebroeders Cuntrera op 12 september aan Italië was ook al een enorme klap voor het moreel en voor de belangrijkste handel van de mafia, die in drugs. Deze klapte vrijwel helemaal in elkaar toen de maand werd besloten met de spectaculaire operatie 'Green Ice', waarbij op 24 september in Italië alleen al vijf dealers werden gepakt.
De rampen voor de Octopus beperkten zich niet tot september. Zo werd in oktober Maurizio Abbatino, het hoofd van de Palermitaanse Magliana-clan, Venezuela uitgezet om in Italië zijn veertig jaren uit te zitten. Op Sicilië werd de Santapaola-familie een harde klap toegebracht door de arrestatie van elf 'picciotti' in oktober en die van nog eens tien man, onder wie de twee zonen van Nitto, op 18 december. Nitto zelf slaagde erin op het nippertje te ontsnappen. Minder gelukkig waren de tweehonderd mafiosi die eind december dank zij Messina en de Operatie Luipaard achter de tralies verdwenen.
Twee dagen later maakte politiecommissaris Matteo Cinque van Palermo eveneens een einde aan de vrijheid van Vito Ciancimino. De politieman liet weten deze maatregel te nemen omdat hij vreesde dat Ciancimino, die zijn paspoort had teruggevraagd, de wijk naar het buitenland zou nemen. De Corleonees was voorlopig op vrije voeten in afwachting van de behandeling van zijn zaak in hoger beroep.

Eerder die maand had minister Martelli van Justitie al opdracht gegeven een onderzoek in te stellen naar de magistraten, die nog steeds geen beslag hadden gelegd op Ciancimino's goederen en kapitaal.
Geen wonder dat minister Nicola Mancino van Binnenlandse Zaken aan het eind van 1992 een opgelucht en trots man was. 'De vis zwemt eindelijk het net binnen,' juichte hij in een interview met de 'Corriere della Sera'. 'We beginnen de vruchten te plukken van de nieuwe vastberadenheid van de staat en van ons besluit over te gaan van een defensieve politiek op een offensieve.' Mancino gaf toe dat een groot deel van het succes te danken was aan de 'pentiti', maar, zo voegde hij eraan toe, 'het is ook een grote hulp geweest dat de gewone man steeds meer gaat meewerken. Personen die niets met de mafia te maken hebben, komen nu naar voren met kostbare inlichtingen over feiten, personen en omstandigheden'.
Ondanks het feit dat volgens Mancino de 'omertà' niet langer zo zwaar zou meetellen, liepen er begin 1993 in Italië nog steeds ruim elfduizend 'latitanti', voortvluchtigen voor de justitie, vrij rond. Natuurlijk waren het niet allemaal mafiosi, maar dezen waren wel de gevaarlijksten en drie van hen waren de meest gezochte misdadigers van Italië.
Aanvankelijk werd er op 31 juli 1992 een lijst van vijf man gepubliceerd, maar dank zij de arrestaties van Madonia en Alfieri in september, waren aan het eind van het jaar behalve Riina nog Vincenzo Milazzo uit Trapani en Nitto Santapaola over.
Dat het zo moeilijk was deze mannen te pakken te krijgen, was volgens commissaris Cinque eenvoudig te verklaren. 'Deze "latitanti" hebben de kennis en de vrienden om zich te verbergen, maar het is vooral zo moeilijk een man als Riina te vinden omdat hij nu de gewoonte heeft zich te verbergen. Het is zijn tweede natuur geworden.'
Het feit dat volgens enkele 'pentiti' Riina bovendien door goed ingewijden zoals politiechef Bruno Contrada gewaarschuwd werd als een speurtocht dreigde, heeft bepaald niet geholpen.
Afgezien daarvan bestonden er voor hen, die tegen de mafia vochten, nog vele andere handicaps. Zo bleek uit een rapport van de carabinieri, gepubliceerd in augustus 1992, dat de mafia nog steeds zo sterk is, omdat in de gevangenis vrijwel ongestoord de inwijdingsceremoniën doorgaan.

Ook is de structuur van Cosa Nostra intact en worden de enorme winsten die zij maakt zonder veel problemen witgewassen.

Rossi, het hoofd van Criminalpol, dus in tegenstelling tot Mancino een man van de praktijk, was eveneens veel minder zeker van de medewerking van het publiek. 'In heel Italië en niet alleen op Sicilië zijn de relaties van de burgers met justitie op zijn best neutraal,' merkte hij op in een interview met het Italiaanse opinieblad 'Panorama'. 'De "omertà" is nog steeds de norm. We hebben een miljard geboden voor hen die met inlichtingen komen, maar geen enkele reactie.'

Een groot struikelblok voor een succesvolle strijd tegen Cosa Nostra is natuurlijk de inefficiënte organisatie van de politie. Hoewel politie, carabinieri en Guardia di Finanza te zamen bijna een kwart miljoen man sterk zijn, is slechts twintigduizend man effectief in het veld. Voorts zijn 3.500 mannen en vrouwen voortdurend ingeschakeld als escorte, staan vijfduizend reserve voor deze dienst en moet de rest met behulp van formulieren, stempels en zegels de almachtige Italiaanse bureaucratie te lijf gaan.

Een ander knelpunt is de moeizame samenwerking tussen de drie machten. Hoewel men hoopte dat de vorming van de DIA, het directoraat voor antimafia-onderzoek, deze toestand zou verbeteren, waren de voortekenen niet erg gunstig. Niet alleen vlogen er gedurende de recrutering al de gebruikelijke beschuldigingen van vriendjes- en partijpolitiek rond, bovendien wilde ieder van de drie de beste baantjes.

Ten slotte zagen ook de inlichtingendiensten van de drie politiemachten, aangeduid met de bij Italianen zo geliefde afkortingen als Sco, Ros en Gico, de komst van de DIA op hun terrein met lede ogen aan, om van de Criminalpol en de Italiaanse militaire en civiele inlichtingendiensten, de Sismi en de Sisde, niet eens te spreken.

Dezelfde verwarring omringde de vorming van het DNA, het nationale antimafia-directoraat, en de benoeming van de langverwachte superprocureur. Falcone's dood had de relatie tussen de CSM, de raad van magistraten, en minister Martelli allerminst verbeterd. De raad had echter aan één verzoek van de minister voldaan: de kandidatuur van Cordova, de rechter van Palmi, werd ingetrokken en nieuwe kandidaten mochten zich melden.

De belangstelling voor de toppositie was heel groot. Niet minder dan 42 rechters solliciteerden en in afwachting van een oplossing werd Giuseppe Di Gennaro ondanks verzet van de CSM tot regent benoemd. Voor de 45-jarige politieman werd het een martelgang. Toen hij in oktober moest vertrekken omdat er eindelijk een definitieve superprocureur was gevonden, vertelde hij de pers bitter dat de magistraten hem op alle mogelijk manieren hadden tegengewerkt.
Hij was vooral gekwetst door het feit dat ze hem niet hadden benoemd, maar hij was niet erg verrast, zo zei hij. Het was volgens hem tekenend voor de wijze waarop in Italië carrière wordt gemaakt. 'Ik herinner mij een gesprek met mijn vriend Falcone. Ik wilde officier van justitie in Rome worden. Falcone vroeg me of ik ooit christen-democraat, socialist of communist was geweest. Toen ik antwoordde dat dat niet het geval was, zei hij letterlijk: "Dan kun je het wel vergeten."'
In zijn plaats hadden de magistraten op 29 oktober Bruno Siclari, de procureur-generaal van Palermo, gekozen en voor éénmaal waren zij en Martelli het eens met elkaar. Maar zelfs het kiezen van de man die een einde moest maken aan de chaotische toestanden bij het juridische onderzoek in Italië, kon niet zonder een bitter incident verlopen. Eén magistraat weigerde op Siclari te stemmen aangezien deze volgens hem als verantwoordelijke man in Palermo Borsellino niet voldoende bescherming had gegeven.
Een ontstelde Siclari vertelde na afloop van de stormachtige bijeenkomst zijn benoeming niet te zullen vieren. 'Alle vreugde daarover is vernietigd door de insinuatie dat ik niet alles heb gedaan om het leven van Paolo te sparen. Hoe kunnen ze dat zeggen. Hij was een van mijn beste vrienden en ik zou graag in zijn plaats gestorven zijn.'
De elf maanden die waren voorafgegaan aan de verkiezing van een superprocureur, waren zoals altijd gekenmerkt geweest door roddels en ruzies. In die periode waren de mannen die het meest voor die post geschikt waren, Falcone en Borsellino, door de mafia vermoord. Er was evenwel ook iets anders gebeurd. Bedreigd door een langzaam aan efficiënter wordende politieorganisatie en na alle arrestaties en de onthullingen van de 'pentiti', zou de staat volgens Buscetta de mafia kunnen verslaan. De Octopus begon kwetsbaar te worden.

XXI - De poorten naar de hel

Op een landkaart van het Middellandse-Zeegebied zijn het minieme stipjes, maar voor de mafia zijn de twee eilandjes voor de kust van Italië de poorten naar de hel. De twee stippen zijn Pianosa en Asinara, die als de Italiaanse versies van het beruchte Duivelseiland sinds de zomer van 1992 gastvrijheid verlenen aan de elite van de mafia, ten minste tweehonderd top-'bosses'.

Tot 21 juli was het leven van een mafioso in de gevangenis nog zo slecht niet. Don Vito Cascio Ferro had in het begin van de eeuw al het goede voorbeeld gegeven en sindsdien stonden 'uomini d'onore' bekend als modelgevangenen.

'Ze vallen onmiddellijk op,' schreef Giorgio Bocca in zijn boek 'L'inferno', 'want ze geven je de indruk alsof ze op vakantie zijn.' Een gevangene had hem toevertrouwd dat ieder van hen altijd zodanig gekleed moest zijn dat hij van het ene moment op het andere vrijuit kon gaan en 'meteen een wandeling op de Via Ruggiero Settino kon maken'.

Zo gedisciplineerd zijn de 'picciotti', dat zij ook in de gevangenis voor een 'capo' onmiddellijk ruim baan maken als ze hem in de gang tegenkomen, zijn cel schoonhouden en uiteraard zijn hand komen kussen. En, zoals Gandolfa Trabunella, de directrice van de Ucciardone-gevangenis in Palermo vertelde, ze zijn zo keurig, dat hun favoriete lectuur de bijbel is.

'Het is een vreemd fenomeen, dat voor allen geldt. Ze vragen om de bijbel en citeren onmiddellijk het Oude Testament,' aldus Trabunella.

Zij beschreef de Ucciardone als een verblijf met vele privileges voor de mafia. 'Het is de ideale plaats om leden te werven. De "bosses" hebben autoriteit en geld. Ze kunnen geld weggeven om iemand eten te laten kopen of om voor een advocaat te betalen. Ze hebben een enorme macht.' De gevangenis in Palermo gaf de 'capofamiglia' bovendien de kans volledig deel te nemen aan het doen en laten van zijn 'cosca'.

Men kon een mafioso dan ook niet erger straffen dan hem van de buitenwereld af te snijden en, zoals Calderone voorstelde, naar een afgelegen eiland te zenden. En dat is precies wat Claudio Martelli, de minister van Justitie, na de aanslag op Falcone besloot te doen.

'Als het waar is dat de "bosses" vanuit de cel niet alleen gewoon hun bedrijf kunnen voortzetten, maar ook kunnen bevelen iemand te doden, dan moeten we krachtig ingrijpen,' zo vertelde hij op 7 juli in een interview met de 'Corriere della Sera'. 'De administratie is al ingelicht en alle maatregelen zijn genomen.'
Twee weken later vertrokken de eerste 55 'bosses' per vliegtuig van Palermo naar Pisa, vanwaar ze per helikopter naar Pianosa vlogen. Het was een desolaat stel. Om relletjes en dergelijke te voorkomen had men de mannen niet gewaarschuwd en was het vertrek zo gehaast geweest, dat ze nog gestoken waren in hun pyjama's.
Filippo, een van de driehonderd bewakers die aan de operatie deelnamen, had enigszins medelijden met hen, vooral met een oude baas die kennelijk in zijn broek had geplast. 'Ik vroeg hem wat hij nou gedaan had en ontdekte toen pas dat het Michele Greco, de "paus" van Cosa Nostra was.'
De onherbergzame toestand in de gevangenis op Pianosa maakte de Ucciardone tot een luxe-verblijf. Vooral de sectie 'Agrippa', genoemd naar een neef van keizer Augustus die tweeduizend jaar geleden het eiland had bezocht, was grimmig en primitief.
De kale cellen, die in de jaren zeventig de leden van de Rode Brigade onderdak hadden verleend, waren tamelijk groot, vier bij zes meter, maar schamel gemeubileerd: drie bedden, een kastje, en een tafel die aan de grond was vastgeschroefd. In een hoek een hurktoilet achter een scherm. Maar afgezien van een zwart-wittelevisietoestel was er niets dat aan de beschaafde wereld herinnerde.
Konden de gevangenen op het vasteland iedere week een pakket voedsel van vijf kilo van de familie in ontvangst nemen, op Pianosa was het daarmee afgelopen. Ook was er geen gelegenheid om zoals in Palermo een eigen potje te koken en van het bestellen van een maal in een restaurant was helemaal geen sprake meer, ook al omdat er zich op Pianosa geen restaurant bevond.
Zoals gewoonlijk pasten de mafiosi zich snel aan. 'Het enige probleem is dat het eiland moeilijk toegankelijk is voor onze families,' vertelde een van hen aan Marco Taradash, een kamerlid dat in de herfst eens kwam kijken. Hij maakte een ronde met de directeur, dokter Sparacia, en was onder de indruk van het strenge regime voor de mafiosi.
Niet alleen konden ze maar eenmaal per maand bezoek

ontvangen, ze kregen ook maar twee uur per dag gelegenheid hun benen te strekken in de binnenhof. Hun brieven werden allemaal gecensureerd en het was het bewakingspersoneel uitdrukkelijk verboden zich ook maar enigszins met de gevangenen te verbroederen.
Het viel Pippo Calò niet mee. 'Ze hebben mij zelfs mijn kammetje en nagelschaartje afgenomen,' klaagde deze voormalige 'ambassadeur' van Cosa Nostra. In Spoleto had hij in een gevangenis gezeten waar hij in de keuken werkte en in zijn vrije tijd kon schilderen. Greco vond het evenwel een vooruitgang. 'In Palermo zat ik zes jaar lang alleen in een cel van bijna twee bij anderhalve meter en ik werd alleen niet gek omdat ik mijzelf hardop voorlas,' vertelde hij Taradash.
Het kamerlid was ervan overtuigd dat ontsnappen van dit Italiaanse Alcatraz onmogelijk was. Afgezien van het feit dat Elba twintig kilometer ver weg is, is de gevangenis, door Mussolini gebouwd, een soort fort. De sectie 'Agrippa' is eerst omringd door twee muren van gewapend beton, vervolgens door een weg waarop pantserwagens 24 uur per dag patrouilleren en ten slotte door een ring van prikkeldraad met op de hoeken nog eens vier uitkijktorens.
De gevangenis op het andere eiland, Asinara, waarheen in de herfst van 1992 de echte 'bosses' zoals Greco, Madonia en de gebroeders Cuntrera werden overgebracht, was niet veel beter. Het wonderschone eiland was net als Pianosa aanvankelijk een strafkolonie waar landbouw werd gepleegd. Tot midden 1992 bestonden er plannen om het tot een nationaal park te maken, maar het besluit van Martelli om gevangen mafiosi daar voor drie jaar totaal te isoleren, maakte voorlopig een einde aan deze droom van natuurliefhebbers.
Waar in de herfst van 1985 Falcone en Borsellino hun toevlucht moesten nemen voor de mafia om daar in alle rust het requisitoir te schrijven voor het maxiproces, werden nu 97 'capi' gehuisvest. Hun afdeling draagt de sinistere naam 'Fornelli', ovens, omdat zij in 1919 onderdak had geboden aan Oostenrijkse krijgsgevangenen die vrijwel allemaal door een epidemie werden gedood en daarna waren gecremeerd in de steenovens vlak voor hun gevangenis.
Ook hier geen ramen die een blik naar buiten gunden en ook hier dikke muren die iedere gedachte aan ontsnappen ontmoedigden. Alleen de Sardijnse bandiet Matteo Boe

slaagde erin te ontsnappen, toen hij door zijn vrouw met een rubberbootje van Sardinië werd opgehaald terwijl hij op de akkers aan het werk was. Sindsdien is het eiland van radar voorzien.
De mafiosi dachten er ogenschijnlijk niet aan Boe's initiatief te imiteren. De enige mogelijkheid te ontsnappen was door cipiers te gijzelen en dezen zorgden er dan ook altijd voor in de meerderheid te zijn.
'Zij zijn modelgevangenen,' aldus directeur Gianfranco Pala. 'Nooit een incident, nooit een protest.' Zoals het 'uomini d'onore' betaamt. Levend begraven, maar met goede manieren.
Net als Pianosa bood Asinara bitter weinig afleiding. Deze maal vier bedden in een cel, maar hetzelfde meubilair. Geen verwarming, dus alleen maar dikke kleren als het koud werd. De hoogtepunten van de dag waren de maaltijden, te gebruiken in de eigen cel. Voor het ontbijt 400 gram brood en twee liter melk, voor de lunch twee gangen en afgezien van anderhalve liter water ook een halve liter wijn of een karton bier. Wilden ze iets extra's, dan konden ze maandelijks voor een bedrag van een half miljoen lire in de gevangeniswinkel iets kopen.
Een ander hoogtepunt was het luchten. Daarvoor was een precieze organisatie vereist om te verhinderen dat daarbij iets fout zou gaan. De leden van sommige clans moesten namelijk streng gescheiden blijven om vechtpartijen of erger te voorkomen.
'De relaties tussen mafia-families kunnen snel veranderen,' legde Trabunella uit, 'en om te weten wat er gebeurt, hebben we de medewerking van de politie nodig.'
Een goed voorbeeld van hoe gevaarlijk in deze omstandigheden een conflict voor een gevangene kan zijn, gaf Giuseppe Marchese. Hij was degene die in opdracht van Riina zijn celgenoot met een slagersmes vermoordde, omdat deze behoorde tot de oppositie. En het aantal mafiosi dat in de cel is omgekomen na het drinken van een kopje koffie is zo groot, dat men in mafia-kringen precies weet wat het betekent als men iemand een 'bitter kopje koffie' geeft.
Voor de 'bosses' was deze totale afzondering - Martelli noemde het de 'carcere duro' - een grote ramp. Voor de eerste maal sinds de tijd van Mussolini waren zij afgesneden van hun troepen in het veld en konden zij niet langer persoonlijk hun territorium controleren. Het had hen vrijwel

machteloos gemaakt. En het was een volledige breuk met een verleden waarin, aldus mafia-expert Michele Pantaleone, 'de macht, die een "boss" vanuit de cel uitoefent, een essentiële voorwaarde is voor de overheersing van de mafia over de maatschappij'.

XXII - De grote uitdaging

De twee scherpschutters op hun Vespa-scooter gaven Gaetano Giordano nauwelijks tijd om uit zijn Panda te stappen, toen hij op 10 november 1992 van zijn zaak thuiskwam. Terwijl hij nog probeerde weg te duiken en ontsteld uitriep: 'Wat doen jullie?' knalden hun 'lupare' en viel de 55-jarige juwelier uit Gela neer, dodelijk getroffen door vijf kogels. Zijn 22-jarige zoon Massimo, die bij hem was, werd door twee kogels gewond. De 'sicari' ontsnapten zonder moeite in de nauwe straten van Gela's centrum.
Giordano was de elfde ondernemer die in acht jaar tijd op Sicilië was vermoord, en de tweede die het slachtoffer werd omdat hij weigerde de 'pizzo', het protectiegeld, te betalen. De eerste was Libero Grassi, een fabrikant uit Palermo, die op 29 augustus 1991 werd doodgeschoten nadat hij met een brief in alle kranten de mafia had laten weten niet toe te zullen geven aan haar chantage.
Voor Cosa Nostra zijn dergelijk weigeringen een onacceptabele uitdaging. Borsellino vertelde in een van zijn laatste interviews dat ondanks alle rijkdom, onder andere vergaard door de handel in drugs, de mafia nooit zal afzien van het eisen van protectiegeld van winkeliers. Alleen op deze manier oefent zij immers controle uit op haar territorium.
'Het gaat soms maar om honderdduizend lire,' aldus de procureur, 'maar men weet instinctief dat de mafia niet langer de mafia is als zij geen controle meer heeft over haar gebied, vooral wat betreft de economische activiteiten.'
Ook bij Giordano had de Octopus de gebruikelijke weg gevolgd. Eerst een telefoontje met een verzoek om enkele miljoenen lires. De juwelier was maar al te goed met de gewoonte op de hoogte, want 'fari vagnari u pizzu' - het snaveltje nat maken - is een oude traditie in de mafia, maar hij reageerde niet, hoewel hij wist wat de consequenties konden zijn. Zoals gebruikelijk volgde inderdaad kort daarop het bezoek van een 'vriend', die wel iets voor hem kon regelen als hij betaalde.
Tot grote verrassing van de mafia besloot Giordano heel moedig een aanklacht in te dienen, met als resultaat dat zijn 'vriend', een 21-jarige jongeman, werd gearresteerd en veroordeeld. Zijn dappere gebaar, dat hem zijn leven kostte, had echter ook tot gevolg dat een aantal ondernemers in

Gela eindelijk besloot een anti-'racket'-associatie op te richten om de mafia het hoofd te bieden.
De Gelesi waren niet de eersten, want al op 7 december 1990 had in het stadje Capo d'Orlando een afgestudeerde filosoof en schoenenverkoper, de toen 33-jarige Tano Grasso, hetzelfde initiatief genomen en met enorme publiciteit in de Italiaanse pers de Acio, de vereniging van Orlandese winkeliers en ondernemers opgericht.
In zijn boek 'Contro il racket' vertelt Grasso hoe het was begonnen. 'Op een ochtend in november 1990 kwam Ciccio Signorino mij in de winkel opzoeken. Hij is samen met zijn broer vertegenwoordiger voor Renault. We spraken voor de eerste maal. De avond tevoren had hij voor de zoveelste keer een aanslag op zijn bedrijf moeten ondergaan. Hij keek me aan: "Wat moet ik beginnen?" Ik stelde hem voor diezelfde avond te komen naar een bijeenkomst in de parochiezaal.'
Samen met pater Totino Licata, de plaatselijke priester, en vijf andere vrienden luisterde Grasso die avond sprakeloos naar Ciccio. 'Hij vertelde ons zijn dramatische verhaal: slapeloze nachten, afpersingen, chantage, dreigementen, angst. We luisterden ongelovig en ontzet. Het leken verhalen van een andere planeet.'
Diezelfde avond nog werd de associatie geboren. Het werd een enorm succes. Binnen enkele weken waren er 27 leden en een jaar later waren het er al 150. Belangrijker was evenwel dat de Acio erin slaagde veertien plaatselijke mafiosi achter de tralies te krijgen.
'Dat was een historische uitspraak,' verklaarde Grasso toen het aanvankelijke tribunaal-vonnis in oktober 1992 door het hof van appel in Messina werd bevestigd. 'Vanuit deze stad komt nu de boodschap dat men van de mafia kan winnen, maar alleen als men samenwerkt, elkaar helpt en gezamenlijk aanklachten doet.'
De victorie van Grasso, die intussen kamerlid voor de voormalige communisten was geworden, was een klein begin, want volgens de politie moest er nog heel wat gebeuren voor het betalen van protectiegeld verleden tijd zou zijn. Een onderzoek heeft uitgewezen dat in 1991 nog steeds negentig procent van de zakenlieden op Sicilië de mafia 'subsidieerde'. En voor een behoorlijk bedrag: tweehonderd miljard gulden voor heel Italië.
Vooral in steden als Palermo, Catania en Gela waren de 'ra-

cketeers' goed georganiseerd. Uit een 1.500 pagina's tellend rapport van de carabinieri in de laatstgenoemde stad, gepubliceerd in oktober 1992, bleek dat er daar iedere week een leger van driehonderd man op uit trok om de 'pizzo' te innen.

De familie van Giuseppe Madonia, die na het bloedbad van het einde der jaren tachtig de buit deelde met de Ianni-Cavallo- 'cosca', zou volgens ruwe schattingen in totaal jaarlijks zeker 35 miljoen gulden hebben geïnd. Daaruit ontvingen de 'kolonels', de mannen die de strategie bepaalden, iedere maand een salaris van tienduizend gulden, terwijl de zogenaamde 'bombaroli', dus zij die de aanslagen pleegden als men niet betaalde, vijfduizend gulden kregen. De jongetjes, de 'picciotti', die erop uitgestuurd werden om het geld op te halen of lichte schade aan te richten, werden afgescheept met een paar honderd gulden.

De twee clans hadden nog jarenlang zo kunnen doorgaan, ware het niet dat bij een politieoverval op een boerderij in het gehucht Scavone volkomen bij toeval het grootboek van de Madonia's was gevonden. Hoewel namen, adressen en betaalde bedragen in code waren gesteld, wist de politie dank zij het afluisteren van telefoongesprekken en het schaduwen van verdachten de hele organisatie te ontrafelen.

Toen de winkeliers, die volgens het boek protectiegeld betaalden, op het matje werden geroepen, weigerden er dertig mee te werken. De meerderheid gaf evenwel zonder aarzelen de namen van hun afpersers op. 'Een gunstig teken,' aldus een politieofficier.

Ook in Rome constateerde men dat na de moorden op Grasso en Giordano zich steeds meer zakenlieden meldden die met de politie wilden samenwerken. De wens eindelijk iets te doen tegen afpersingen was ongetwijfeld beïnvloed door het feit dat de regering het verschijnsel erkende en in oktober 1992 besloot de slachtoffers van de 'racketeers' daadwerkelijk steun te geven. Zij, die weigerden de 'pizzo' te betalen en daardoor een schade opliepen van meer dan honderd miljoen, kregen een vergoeding tot zeventig procent. Tegelijkertijd werd de maximumstraf voor afpersers verhoogd van drie tot vijf jaar.

Het resultaat was dat in de laatste vijf maanden van 1992 het aantal aangiften van afpersing ruim 1.800 bedroeg, veertig procent meer dan voorheen. Ook hier begon de muur van de 'omertà' snel af te brokkelen.

Terwijl de staat in materiële zin de slachtoffers van de Octopus begon bij te staan, liet hij verstek gaan bij de begrafenis van Giordano. De psychotherapeutische of spirituele zorg voor mafia-slachtoffers werd duidelijk aan de rooms-katholieke kerk overgelaten.
En deze weerde zich kranig. Het voorbeeld volgend van kardinaal Salvatore Pappalardo van Palermo bij de begrafenissen van de Falcone's en de lijfwachten, nam in 1992 het aantal priesters dat de mafia vanaf de preekstoel te lijf ging, aanzienlijk toe.
'Onze kerk staat tegenwoordig vooraan aan het front,' aldus pater Sorge van het opleidingscentrum 'Pedro Arrupe' in Palermo. 'En we willen Cosa Nostra met wortel en al uitroeien door bij de jeugd te beginnen. De mentaliteit van de jeugd moet veranderen.' Hij moest toegeven dat men daarbij te kampen heeft met het grote probleem dat voor de half miljoen jonge werkelozen de mafia heel verleidelijk is.
Ook Don Domenico Cufaro, auteur van het boekje 'Vi racconto qualche cosa sulla mafia' (Ik vertel jullie iets over de mafia), gelooft dat men de mafia niet alleen als een organisatie moet aanpakken, maar ook als mentaliteit. 'Zo is het op Sicilië nog steeds gewoon eerst zijn eigen belangen te dienen tegen de wet in, maar met gebruik van de wet en de mensen die haar moeten toepassen. Typisch mafioos.'
Voor de kerk is de strijd tegen de Octopus nog maar kort geleden begonnen. Pas in 1974 noemde een paus voor de eerste maal de mafia, toen Paulus VI in zijn nieuwjaarstoespraak verklaarde diep bedroefd te zijn over de kwalijke invloed van de mafia op 'onze naam als natie, onze waardigheid als volk en onze christelijke overtuiging als aanhangers van de kerk'.
Daarvoor heerste er diepe stilte wat Cosa Nostra betrof, hoewel ten tijde van de agrarische mafia bisschoppen en kloosters vaak van deze gebruik maakten om hun bezittingen te beschermen. Menig pastoor ontkende het bestaan van de mafia of negeerde haar en de voorganger van Pappalardo, kardinaal Ernesto Ruffini, beweerde zelfs in de jaren zestig nog dat men alleen over de mafia sprak om Sicilië een slechte naam te geven.
De 'peetvaders' speelden met hun giften dikwijls een grote rol in het kerkelijke leven en liepen vaak vooraan in de processies. Een 'capofamiglia' als Calogero Vizzini, die twee

broers had die priester waren, werd in 1954 nog met alle eer door de kerk begraven.
Het valt niet te ontkennen dat Cosa Nostra in sommige opzichten op de rooms-katholieke kerk lijkt en - hetgeen begrijpelijk is in een katholiek land - door deze kerk is beïnvloed. Falcone beweerde eens dat lid worden van de mafia gelijk stond aan het bekeren tot een geloof. Hij wees erop dat Cosa Nostra net zo strak georganiseerd is als de kerk van Rome en even hardnekkig probeert de manier van denken te beïnvloeden. Ze hadden zelfs een 'paus', Michele Greco, die tijdens het maxiproces nooit zonder zijn bijbel in de beklaagdenkooi verscheen.
Volgens een legende zou de mafia trouwens de vleesgeworden Christus zijn. Deze kwam in de gedaante van een Catalaanse ridder, Osso geheten, eeuwen geleden uit de zee opdagen, te zamen met twee andere ridders, Mastrosso en Carcagnosso. Terwijl deze twee, in feite de aartsengel Michael en de apostel Petrus, naar Calabrië en Campanië doorreisden, bleef Osso op Sicilië achter om daar zijn orde, de mafia, te stichten.
De inwijding van nieuwe mafiosi heeft in ieder geval veel weg van een religieuze plechtigheid. Eerst de 'geboden': de beloften niet te liegen, armen te helpen, respect te hebben voor vrouwen et cetera, daarna de bloedende vinger en ten slotte het verbranden van het heiligenprentje, bij voorkeur van Sint Antonius of de Madonna, ter bezegeling.
Volgens kerkelijke kringen op Sicilië hebben uiteraard de bijbel lezende en uit de bijbel citerende mafiosi met religie te maken. 'Bij hen is het meer bijgeloof dan religie,' schreef pater Nino Fasullo in zijn blad 'Segno'. En Don Paolo Turturro, de pastoor van de kerk van Santa Luca in Palermo, sprak uit ervaring toen hij zei niet te geloven in de vrome 'boss': de Ucciardone-gevangenis is in zijn parochie.
'Er is inderdaad veel bijgeloof,' zei hij, 'maar er zijn er ook die tot het ware geloof komen.' Hij vertelde de gevoelens van de mafiosi niet te sparen wanneer hij de mis kwam opdragen. Meestal nam hij stroken papier mee met antimafialeuzen en zijn 'Onze Vader' eindigde steevast met de woorden: 'En bevrijd ons van Cosa Nostra.'
Afgezien van een krachtige antimafia-politiek hebben de bisschoppen op Sicilië ook enkele praktische maatregelen genomen. Hoewel zij weigerden mafiosi te excommuniceren, lieten zij weten dat het mogelijk was hun het sacrament

te onthouden. Ook was het niet langer toegestaan een 'capo' peetvader van een kind te maken, een harde klap aangezien dit de mafia-families nauwer bindt. En opzienbarende begrafenissen van 'padrini', zoals die van Vizzini, waren uitgesloten.
'Toen kardinaal Pappalardo de ramen van de kerk op Sicilië opengooide, was dat een herademing,' aldus een tevreden Dino Paternostro, vakbondsleider uit Corleone. 'Maar hij had heel wat goed te maken, want de kerk heeft in het verleden heel weinig tegen Cosa Nostra gedaan.'
Ennio Pintacuda, een jezuïetenpater en medeoprichter van Orlando's 'Rete', was eveneens van mening dat de kerk op Sicilië met de komst van Pappalardo erop vooruitgegaan was. 'Zij is overgestapt van onverschilligheid, via verontwaardiging, naar een oprechte veroordeling van die mensen die kwaad doen. De zondaars zijn uit de tempel verdreven.'

XXIII - Nieuwe hoop

De twee bommen die in mei en juli 1992 op Sicilië explodeerden, doodden niet alleen twee rechters, zij brachten enorme rimpelingen teweeg in het troebele water waarin de Octopus op jacht gaat. Voor de eerste maal reageerden Sicilianen en andere Italianen zo sterk, dat de regering in Rome in actie moest komen.

'In de oorlog met de georganiseerde misdaad heeft de staat nieuwe grenzen getrokken,' zo verklaarde premier Giuliano Amato in zijn kersttoespraak van 1992. 'De oorlog is niet over, maar we vechten stevig door.' Hij erkende het belang van de publieke opinie in deze strijd. 'We zijn nu veel sterker dank zij de Italianen die de muur van de "omertà" hebben afgebroken en die de magistraten en ordediensten op zo'n efficiënte wijze helpen bij het bestrijden van de misdaad.'

Amato had gelijk, want voor de eerste maal waren de Palermitanen na de twee bloedbaden naar voren gekomen om te getuigen.

'Tussen de traditie van stilte en de stroom van onthullingen liggen zes maanden van sterke emoties,' zo schreef Enrico Deaglio op 21 december in 'La Stampa'. 'Niet alleen heeft men het bestaan van de mafia erkend, ook wordt er iets tegen gedaan.'

Dat het zover kwam, was in grote mate te danken aan de twee mannen die het slachtoffer waren geworden van de bommen, Giovanni Falcone en Paolo Borsellino. Zij maakten met hun antimafia-'pool', hun 'pentiti' en hun maxiproces een einde aan de mythe dat de mafia een organisatie was van 'mannen van eer' die respect hadden voor de staat, die alleen elkaar af en toe vermoordden en die geen vrouwen en kinderen doodden.

De twee magistraten keken niet, zoals zelfs tegen het einde van de jaren zeventig nog gebruikelijk was, naar de mafia door een roze filter en waardeerden deze niet op basis van een typisch Siciliaanse ideologie, maar op basis van de werkelijkheid. Zij slaagden erin dit ook aan de Sicilianen zelf duidelijk te maken.

Borsellino merkte eens op dat toen hij klein was niemand ooit over de mafia sprak. 'Dat men dit nu wel doet, is enorm belangrijk.' En Falcone, die het woord 'mafia' in zijn

jeugd niet mocht uitspreken, constateerde in zijn boek met grote tevredenheid dat men de laatste jaren enorme sprongen vooruit heeft gemaakt wat betreft de kennis van Cosa Nostra.
Dit bewustzijn is ook voor Europa van groot belang. Sinds de Europese Gemeenschap haar grenzen op 1 januari heeft geopend, kan de Octopus zich immers met nog groter gemak door ons werelddeel bewegen dan voorheen. Verschillende landen hadden al hun tegenmaatregelen genomen, zoals Duitsland, dat in 1991 een antimafia-wetgeving invoerde, en Frankrijk, waar begin januari 1991 de Ucram tot stand kwam, de eenheid voor het coördineren van het antimafia-onderzoek. Maar ook al hebben de EG-landen Italië duidelijk laten weten haar te willen steunen in haar strijd tegen de mafia, het blijft uiteindelijk toch een Italiaans probleem.
'De georganiseerde misdaad moge internationaal zijn,' zo merkte Falcone eens op, 'maar de mafia is wel degelijk van oorsprong typisch Siciliaans.'
Dat dit in de zomer van 1992 tot Rome doordrong, bleek uit diverse ontwikkelingen. Zo begon in Palermo werkelijk de 'jacht op de mollen', het zoeken naar functionarissen die een dubbelrol spelen. De arrestatie in december 1992 van Bruno Contrada, ex-hoofd van de mobiele brigade, ex-chef van de Siciliaanse tak van de Criminalpol en inspecteur-generaal van de Sisde, was daarvan het beste bewijs. Dat de staat voortaan oprecht een rol wilde spelen in de strijd tegen Cosa Nostra bleek onder andere ook uit het zenden van zevenduizend soldaten in de zomer. Ook de benoeming van de superprocureur, de vorming van de DIA en ten slotte de benoeming van de energieke Giancarlo Caselli uit Turijn tot nieuwe procureur-generaal in Palermo, waren allemaal goede tekenen aan de wand.
Het feit dat de laatste, in september 1992 gevormde antimafia-commissie onder het presidentschap van kamerlid Violante veel actiever is dan haar voorgangers, helpt ook. In de laatste vier maanden van het jaar was zij achttien maal in zitting geweest, had zij Sicilië drie maal bezocht en 85 personen verhoord, onder anderen Buscetta. Dat zij heeft laten weten ook Andreotti eventueel te willen verhoren, bewees dat niemand meer gespaard zal worden.
De strijd tegen de mafia zou echter niet mogelijk zijn geweest als deze niet door het volk werd gesteund. En ook

daar had een verandering van mentaliteit plaatsgevonden. De vorming van de antimafia-associaties en het naar voren komen van een kerk die meevocht waren twee aspecten daarvan. Een ander aspect was het doorbreken van de 'omertà', zowel door de gewone Siciliaan als door de 'pentiti'.

Andere manifestaties van de toenemende betrokkenheid der Sicilianen waren de hongerstakingen die een groep vrouwen iedere maand hield in een tent in het hart van Palermo. Heel symbolisch hadden zij hiervoor de dagen tussen de negentiende en de drieëntwintigste uitgekozen, de data van de moorden op Borsellino en Falcone.

En dan was er de witte-lakenrevolutie, die op 26 mei 1992 begon op initiatief van de sociologe Marta Cimino. 'Het was de dag na de begrafenis van Falcone en ik wilde iets doen om mijn emoties tot uitdrukking te brengen.' Ze hing zes lakens uit de ramen met leuzen erop geschilderd als 'Palermo wil recht' en 'Wanneer komt er een einde aan?' Enkele uren later hingen er uit de ramen tegenover haar huis in het hart van Palermo nog vier lakens en enkele weken later wapperden ze ook in Rome.

T-shirts met de woorden 'Mafiosi, op de knieën', welke Rosaria Schifani uitte op de begrafenis van haar man, ballonnetjes, menselijke ketens die zich over Sicilië slingerden en de talloze boeken over de mafia - van Falcone's boek, dat zijn testament werd, werden in elf talen 570.000 exemplaren verkocht - droegen er allemaal toe bij dat de strijd tegen Cosa Nostra in 1992 in het nieuws bleef en sinds de zomer dagelijks meestal een pagina vulde.

Zelfs de Corleonezen lieten zich niet onbetuigd. In december 1991 hadden de schoolkinderen al in lange opstellen laten weten wat zij dachten van de belangrijkste werkgever in hun stad. 'Waar de mafia is, is geen geluk,' schreef Alessio toen en Maria deed een beroep op de mafiosi het moorden te staken, 'want we worden er zo verdrietig van'.

Op 19 december 1992 waren het de studenten die het initiatief namen te protesteren. Geleid door Dino Paternostro, de vakbondsleider die met zijn maandblad 'Città Nuove' heel dapper de antimafia-campagne in Corleone gaande houdt, trokken die dag ruim vijfhonderd jongeren door de verlaten straten van hun stad om Falcone en Borsellino te herdenken. Op hun spandoeken stonden de teksten 'Corleone is niet alleen mafia' en 'Mafiosi, schaam je'.

'Al deze protesten zijn het bewijs dat de Italianen de mafia definitief verwerpen,' verklaarde minister Martelli en ook de weduwe van de vermoorde rechter Cesare Terranova juichte deze nieuwe mentaliteit toe: 'De Italianen zijn te lang door hun stilte medeplichtig geweest. De mafia moet in vrees leven, pas dan kun je haar verslaan.' Pater Pintacuda waagde het zelfs optimistisch te zijn: 'De Italianen zijn ontwaakt en de staat heeft enkele harde klappen uitgedeeld.'

Dit bleek ook uit de cijfers die de antimafia-commissie in december publiceerde: 21 procent minder moorden dan in 1991, 13 procent bomaanslagen minder en 31 procent meer aanklachten wegens afpersingen. Ook werden er 42 gemeenteraden ontbonden wegens mafia-contacten en waren er van de 11.457 voortvluchtigen 5.793 opgepakt, onder wie zeventig gevaarlijke mafiosi.

Ondanks al deze positieve gebeurtenissen bestond er begin 1993 de grote vrees, dat de Octopus nog lang niet getemd was. Rond de jaarwisseling werd onder andere bekend dat er nieuwe plannen bestonden voor aanslagen op Leoluca Orlando, terwijl ook de levens van premier Amato en minister Salvo Ando van Defensie gevaar zouden lopen. En nauwelijks was het nieuwe jaar begonnen of de 47-jarige Giuseppe Alfano, correspondent van het dagblad 'La Sicilia', werd in het stadje Barcellona Pozzo di Gotto nabij Messina de achtste journalist die de laatste twintig jaar het slachtoffer is geworden van de mafia.

Minister Nicola Mancino van Binnenlandse Zaken zei begin januari dan ook te vrezen dat 1993 nog erger zou worden dan 1992. Hij vermoedde dat Riina bezig was een alternatieve mafia op te bouwen omdat hij de oude niet meer vertrouwde, maar hoopte ook dat deze achter de tralies zou verdwijnen voor het zover kwam. Dat was, zo biechtte hij op 13 januari op in een gesprek met buitenlandse journalisten, zijn hartewens voor het jaar 1993.

Zelden zal een wens zo snel in vervulling zijn gegaan.

XXIV - 'Grande finale'

'Vertel aan generaal Delfino dat ik een dode man ben, maar ook een "man van eer". Ze willen mij vermoorden, daarom wil ik praten.' Zo luidde de boodschap die generaal Francesco Delfino van de carabinieri van Piemonte op de ochtend van zaterdag 9 januari 1993 op zijn bureau vond.

De man die met Delfino wilde praten was de 39-jarige Baldassare 'Balduccio' Di Maggio uit het dorp San Giuseppe Jato nabij Palermo. De jonge mafioso was enkele dagen eerder gearresteerd en had besloten met de politie samen te gaan werken. Zoals was voorspeld zouden uiteindelijk de onthullingen van een verbitterde en bange 'pentito' de ongrijpbare Riina fataal worden.

Di Maggio was in mafia-kringen niet erg bekend en had ook voor de politie nauwelijks een verleden. Voor Delfino was hij evenwel geen onbekende. De 56-jarige generaal had na een briljante campagne in de jaren zeventig tegen de Rode Brigade dienst gedaan op Sicilië. In 1989 had hij daar Di Maggio ontmoet tijdens een overval van de carabinieri op een grote villa nabij San Giuseppe Jato, waar volgens een tip Riina zou wonen. De mafia-'boss' was echter via een tunnel gevlucht, Di Maggio, op wiens naam het huis stond, achterlatend om de generaal te woord te staan.

Delfino aarzelde die zaterdag dan ook niet voor hij in zijn auto stapte om naar Novara te gaan, waar Di Maggio zich onder arrest bevond. Het werd een sensationele ontmoeting, want nauwelijks hadden de twee mannen elkaar begroet of de arrestant vertelde: 'Ik herinner mij u uit de dagen dat u in Palermo werkte. U kent de situatie daar. Ik wil u vertellen waar Riina is, want ik ben door de clan van San Giuseppe Jato ter dood veroordeeld.'

Hoe deze Siciliaanse mafioso, die zegt zeven moorden op zijn geweten te hebben, in het noorden was terechtgekomen en tot zijn 'verraad' was gekomen, is een verhaal op zichzelf. Het begon enkele jaren geleden toen hij verliefd werd op een jong meisje in het dorp. Hoewel de dorpelingen en vooral de maffia-bazen de romance met afkeuring volgden - Balduccio was al getrouwd en vader van twee kinderen - liet men hem aanvankelijk zijn gang gaan.

Toen in 1989 eerst de 'capofamiglia' van San Giuseppe Jato, Bernardo Brusca, en daarna diens zoon Giovanni in

de gevangenis verdwenen, maakte men Di Maggio zelfs 'reggente' van de clan. De jongeman kreeg de smaak van macht te pakken, maar moest weer opzij gaan toen Giovanni vrij kwam. Gezien de grote spanningen die ontstaan waren, besloot hij naar Canada te emigreren, samen met zijn vriendin die inmiddels een baby had gekregen.
Zijn afwezigheid duurde slechts een jaar, want in maart 1992 was hij terug in het dorp, vastbesloten daar de baas te worden. Hij ging naar Riina en legde hem de situatie uit: San Giuseppe Jato was een betere 'boss' waard dan de Brusca's. Riina luisterde zoals altijd geduldig als een vriendelijke oom, maar zijn antwoord was keihard. Di Maggio had geen enkel recht van spreken. Hij had immers vrouw en kinderen in de steek gelaten en dit betekende volgens de mafiatraditie dat hij nooit 'capo' zou kunnen worden.
Di Maggio wist wat dit betekende. Niet alleen was zijn 'coup' mislukt, bovendien had Riina hem in zekere zin ter dood veroordeeld. De Brusca's zouden niet lang wachten voordat zij wraak namen en hij besloot daarom naar het noorden te vertrekken.
Daar had hij onmiddellijk contact opgenomen met andere 'mannen van eer', die evenwel door de politie werden geschaduwd. En begin januari werd de nieuwkomer uit het zuiden in het dorp Borgomanero opgepakt terwijl hij zich in een garage vol wapens bevond.
De arrestatie leek niets bijzonders te zijn. De plaatselijke kranten meldden deze als het resultaat van een normale controle en de politie vermoedde dat zij Di Maggio spoedig weer zou moeten laten gaan. Maar haar arrestant dacht er anders over. Terwijl het doodvonnis van Riina en de Brusca's boven zijn hoofd hing, bood de politie hem eindelijk de bescherming die hij al maandenlang had gezocht. Zijn verzoek Delfino te spreken was de volgende stap.
Het gesprek tussen beide mannen verliep vlot. Delfino ontdekte onmiddellijk dat Di Maggio het meende en werkelijk iets te vertellen had. Toen deze hem om een 'behoorlijke som geld' vroeg om zijn toekomst veilig te stellen, stemde Delfino daarmee in.
Op een stuk papier schetste Balduccio vervolgens de buurt waar Riina in Palermo zou wonen, Uditore, en wees hij de straten aan die de 'boss' geregeld volgde op weg naar het centrum van de stad. 'In deze buurt kunnen jullie hem vinden. In de ochtend.' En de auto? 'Een Citroën.'

De hoge officier begreep dat hij niet kon talmen. Hij alarmeerde Turijn en in het bijzonder Giancarlo Caselli, de officier van justitie in de Noorditaliaanse stad die op 17 december was benoemd tot procureur-generaal van Palermo. 'Kom onmiddellijk. We zijn op het goede spoor.'
Maandag 11 januari begon in de gevangenis van Novara de lange biecht van Di Maggio aan Caselli. Het was een dramatisch verslag van vijftien jaar mafia-geschiedenis met onthullingen over de nieuwe 'capi', de 'killers' en de relaties met politici. Vrijwel niets lekte er uit, maar het verhaal was belangrijk genoeg om de inlichtingen naar Palermo door te seinen. Hoewel hij niet in staat was precies te zeggen in welk huis Riina woonde, besloot men de nieuwe spijtoptant naar het zuiden terug te halen zodat hij ter plaatse zijn onthullingen kon verifiëren. Rijdend in de buurt rond de Viale Regione Sicilia bleek alles precies te kloppen.
In het noorden besloot Caselli om het moordproces waarmee hij in Turijn bezig was, over te dragen aan een collega teneinde zijn vertrek naar Palermo te versnellen. Op Sicilië kon hij nu immers van groter nut zijn bij de slotfase van de langdurige speurtocht naar Don Salvatore, een onderneming, wier codenaam 'Operazione Belva' geïnspireerd was door de bijnaam die sommige mafiosi Riina hadden gegeven: 'het roofdier'.
De onthullingen van Di Maggio waren een belangrijke factor bij de jacht op de mafia-'boss', maar hij was niet de enige 'pentito' die de autoriteiten op het spoor had gebracht van staatsvijand nummer één. Een andere jonge mafioso, de 26-jarige Salvatore Romano, had al maanden eerder de carabinieri een tip gegeven die van grote waarde bleek te zijn.
'Ik kan niet zeggen waar Totò Riina woont, maar ik weet dat hij veel omgaat met een zekere Salvatore Biondino. Als jullie die vinden, vinden jullie ook Totò,' zo vertelde hij de magistraten in Florence. De jongeman, die oorspronkelijk uit Gela kwam maar zich met zijn familie in de Noorditaliaanse stad had gevestigd, was gearresteerd en veroordeeld wegens heling en het gebruik van valse documenten.
Bij het natrekken van Romano's informatie bleek dat Biondino, een veertigjarige werkeloze houtvester, in San Lorenzo woonde, vlak bij het huis waar Riina zich in de jaren zeventig verborgen had gehouden. Belangrijker nog was dat de houtvester de carabinieri inderdaad rechtstreeks naar de

nieuwe schuilplaats van Riina bracht, de grote villa bij de Viale Regione Sicilia. Niemand was dan ook verbaasd te ontdekken dat de chauffeur die Riina bij zich had toen hij op 15 januari werd gearresteerd, dezelfde Biondino bleek te zijn.

Hoewel de inlichtingen van de twee 'pentiti' van enorm belang waren geweest, ontkende niemand in Italië dat het harde werk verricht was door een groepje van dertig jonge carabinieri. En hun commandant, generaal Antonio Viesti, was daar bijzonder trots op.

In een interview met Paolo Guzzanti in 'La Stampa' op 17 januari vertelde hij hoe dit team, deel uitmakend van de Ros, de groep voor speciale operaties, enkele maanden geleden was gevormd met als enig doel Riina te pakken te krijgen. 'Dat was een enorme revolutie in de wereld van speurders,' gaf hij toe, 'maar het heeft gewerkt.'

De mannen waren volkomen anoniem en kleedden zich als gewone jongens, in jeans en leren jacks. 'De groep heeft maandenlang gewerkt zonder een woord te wisselen met collega's van de carabinieri. Ze hadden geen enkel bewijs van hun identiteit en moesten zelfs voor een tramritje betalen,' aldus Viesti.

Heel essentieel was dat ze niet getrouwd waren, zodat niemand ooit wilde weten waar ze geweest waren of waarmee ze bezig waren. En om hun anonimiteit te garanderen mochten ze nooit op Sicilië dienst gedaan hebben, zodat de kans daar herkend te worden vrijwel nihil was. Het belangrijkste was mogelijk evenwel het bevel dat ze meekregen: ga naar Palermo en kom niet terug zonder een levende Riina.

Maandenlang hielden zij zich verscholen in de buurt van Riina's villa, alle activiteiten registrerend met behulp van de modernste technologie. Op de avond van 14 januari kregen ze eindelijk het bevel toe te slaan. 'Het was onvermijdelijk geworden Riina te arresteren,' vertelde minister Mancino later, zonder uit te leggen waarom dit zo was.

De volgende ochtend voor zonsopgang hadden 35 carabinieri zich over de hele buurt verdeeld. Vanuit hun schuilplaatsen zagen zij hoe Biondino even over achten arriveerde in de Citroën, de villa binnenwandelde en vijf minuten later terugkeerde met een kleine gedrongen man, die licht hinkte. Het was Riina.

De twee mannen stapten in de wagen en reden langzaam weg, onmiddellijk gevolgd door vier auto's van de Ros.

Twintig minuten later, na de razendsnelle arrestatie, zat het tweetal met een jas over hun hoofden in een van de auto's van de carabinieri, op weg naar kolonel Mori. De arrestatie was zonder bloedvergieten verlopen. Riina en Biondino, die beiden ongewapend waren, hadden geen verzet gepleegd. En na eerst nog even geprobeerd te hebben de indruk te wekken dat het een vergissing was, ging Riina door de knieën en bevestigde zijn ware identiteit.

Voor de carabinieri, die 'het monster' van nabij zagen en die hem fotografeerden terwijl zij hem naast een foto van Falcone lieten poseren, was hij een teleurstelling. Het kleine boerenmannetje met zijn opgeblazen buik en een pijnlijk rechterbeen waardoor hij wat kreupel liep, had op het eerste gezicht geen enkel charisma. 'Hij kan de rol van de oude patriarch heel goed spelen,' gaf carabinieri-kolonel Domenico Cagnazzo toe. 'Hij is rustig en attent en maakt geen enkel gebaar te veel.'

De vijf magistraten, die een uur na de arrestatie van Riina het arrestatiebevel wegens de moord op Salvo Lima kwamen voorlezen, waren ook niet erg onder de indruk. 'Hij lijkt gewoon op een van die Sicilianen die je tegenwoordig nog maar weinig vindt,' zei rechter Lo Forte. Zoals gebruikelijk in ouderwetse mafia-kringen bleef Riina onder alle omstandigheden hoffelijk en stond hij steeds weer eerbiedig op als een politieofficier of magistraat de kamer binnenkwam en het woord tot hem richtte.

Nadat hij had toegegeven wie hij was, weigerde hij evenwel verder nog iets te vertellen. Alleen toen men hem te eten wilde geven en hem een kop minestrone aanbood, weigerde Riina, die suikerziekte bleek te hebben, met de mededeling dat hij zich niet zo goed voelde. 'Ik heb de laatste tijd ook wat last van mijn hart,' biechtte hij op.

Na de eerste nacht in Palermo onder dak gebracht te zijn, werd hij de volgende dag per helikopter naar Rome gevlogen, waar hij werd opgenomen in de extra beveiligde vleugel van de Rebibbia-gevangenis. Van hogerhand was het bevel uitgegaan hem ten koste van alles in leven te houden. 'Alles wat hij eet en drinkt moet gecontroleerd worden,' aldus minister Mancino. 'Zelfs de lucht die hij inademt.'

Mancino waarschuwde de Italianen tegelijkertijd zich niet de illusie te maken dat na de arrestatie van de 'boss' de oorlog tegen Cosa Nostra was gewonnen. Zijn collega van Justitie, Martelli, had eenzelfde commentaar. 'We beginnen de strijd te winnen, maar we vergissen ons als we denken dat we er zijn. De mafia kan de schade herstellen en haar "bosses" kunnen vervangen worden.'

Ook mafia-expert Pino Arlacchi, die de val van de Corleonesi voor 1993 had voorspeld, geloofde niet dat dit de definitieve nederlaag van de mafia was. 'Het is niet eens het begin van het einde,' schreef hij in 'La Repubblica', 'het is een historische ontwikkeling en een harde klap voor de meest criminele coalitie die geregeerd heeft sinds de mafia bestaat.' Maar ook volgens hem was de macht van de clan nog steeds heel groot.

Uiteraard gingen er sceptische stemmen op. Carmino Marcuso, senator voor de beweging 'Rete', het netwerk, was ervan overtuigd dat Riina zich overgegeven had in ruil voor een soepele behandeling en Luciano Violante van de antimafia-commissie zei te hopen dat Riina hem het antwoord zou geven op de vraag wie hem zo lang beschermd heeft. Leoluca Orlando merkte bitter op niet te begrijpen waarom de arrestatie zo laat was gekomen. 'Wat speelt er zich af in het staatsapparaat, waardoor het mogelijk is geweest de mafia in het verleden te beschermen,' zo vroeg hij zich af.

In zijn interview met Guzzanti gaf generaal Viesti een antwoord op deze vraag door erop te wijzen, dat de late actie te wijten is aan het feit dat de politieke wil om de mafia aan te pakken van heel recente datum is.

'Pas sinds korte tijd heeft het parlement de ordediensten eindelijk de wetten gegeven die hen toestaan de misdadigers de boeien aan te doen, een onderzoek in te stellen, de mafia te infiltreren, haar bankrekeningen te controleren en de kleine vissen te arresteren in de hoop daarmee de grote vis te vangen. Die wetten zijn de vruchten van een politiek besluit - en het resultaat daarvan is de arrestatie van Riina.'

Maar afgezien van deze cynische klanken was er grote opluchting in Italië over de geslaagde afloop van de 23 jaar lange speurtocht. In Corleone durfde men zelfs enthousiast te zijn. Terwijl in de Rua del Piano op nummer 13 Riina's 85-jarige moeder en zijn twee zusters Arcangela en Giovanna de journalisten probeerden weg te jagen, werd in de bar op de hoek het glas geheven.

Op het lyceum 'Guido Baccelli' barstten de leerlingen in applaus uit toen zij het nieuws hoorden en de bejaarde socialistische burgemeester Giuseppe Syracuse verklaarde te hopen dat hiermee eindelijk de kwalijke reputatie van zijn

stad ongedaan gemaakt zou worden. 'Dan hoeven we ons niet langer te schamen.'
De arrestatie van Riina was echter vooral voor zijn aartsvijand Tommaso Buscetta de kroon op zijn werk. 'Het eerste wonder van 1993,' zo luidde het commentaar van de man die met zijn biecht als eerste de positie van de 'capo dei capi' begon te ondermijnen.
'Hij was mijn grootste vijand,' vertelde hij de journalist Enzo Biagi. 'Ik weet niet wie mijn halve familie heeft vermoord, maar ik weet dat hij er zijn toestemming voor heeft gegeven. God is groot en Riina moet nu betalen voor alles wat hij heeft gedaan.'
In Rome zit een onverstoorbare 'padrino' nu in dezelfde cel die in 1981 na de aanslag op paus Johannes Paulus onderdak bood aan de Turk Ali Agca. De ruimte is slechts vier bij vier meter met een bed, vastgeschroefd aan de grond, een tafel en een stoel, een toilet en twee telecamera's die de gevangene 24 uur per dag in de gaten houden.
Waarom hij daar zit, zegt Riina niet te begrijpen. 'Ik ben geen monster, ik ben gewoon een oude en wat ziekelijke boer,' vertelde hij de Siciliaanse magistraten die hem na zijn arrestatie kwamen verhoren. 'Die mannen, die mij beschuldigen, zijn leugenaars. Ik wil ze in het gezicht zien.'
Over het feit dat hij 23 jaar was ondergedoken wilde hij alleen maar onthullen dat hij die tijd gebruikt heeft om zijn kinderen op te voeden. 'En vraag mij niet wie mij verborgen hebben. Die vrienden kan ik niet verraden.'
Geconfronteerd met een lijst van mafiosi als Nitto Santapaola, Bernardo Provenzano, Luciano Leggio, Michele Greco en politici als Salvo Lima en Vito Ciancimino, ontkende hij simpelweg hen ooit ontmoet te hebben. En toen de magistraten het woord 'mafia' gebruikten, vroeg Riina verbaasd wat dat was.
Agostino Gristina, de officier van justitie die te zamen met zijn collega's Guido Lo Forte en Gioacchino Natoli uit Palermo was overgekomen, vond het soms moeilijk te geloven dat deze bedaarde oude man de bloeddorstige dictator van Cosa Nostra was. 'Hij ziet er zo onschuldig uit.'
De Octopus moge gevangen zijn, hij spartelt nog steeds hard tegen.

Bibliografie

Anonymus - Man of respect; Pan Books, 1991.

Arlacchi, Pino - La mafia imprenditrice; Soc. Editr. Il Mulino, Bologna, 1983.

Arlacchi, Pino - Gli uomini del disonore; Mondadori, 1992.

Barzani, Luigi - The Italians; Hamish Hamilton, 1964.

Biagi, Enzo - Il boss è solo; Mondadori, 1986.

Bocca, Giorgio - La disUNITA d'Italia'; Garzanti, 1990.

Bocca, Giorgio - l'Inferno. Profonde Sud, male oscuro; Mondadori, 1992.

Bovenkerk, Frank - Hedendaags kwaad; Meulenhoff, 1992.

Cavallaro, Felice - Mafia, album di Cosa Nostra; Rizzoli, 1992.

Caponnetto, Antonino - I miei giorni a Palermo; Garzanti, 1992.

Chubb, Judith - Patronage, Power and Poverty in Southern Italy; Cambridge University Press, 1982.

Colletto, Giovanni - Storia della città di Corleone; Helix Media, 1992.

Dalla Chiesa, Carlo Alberto - Michele Navarra e la mafia del corleonese; La Zisa, 1990.

Dalla Chiesa, Nando - Il giudice ragazzino; Einaudi, 1992.

Falcone, Giovanni (in collaborazione con Marcelle Padovani) - Cose di Cosa Nostra; Rizzoli, 1991.

Fava, Giuseppe - Mafia: da Giuliano a Dalla Chiesa; Riuniti, 1986.

Galasso, Alfredo - La mafia non esiste; Pironti, 1988.

Gisborg, Paul - A History of Contemporary Italy; Penguin Books, 1990.

Gosch, Martin A. en Richard Hammer - The Last Testament of Lucky Luciano; Little, Brown and Company, 1975.

Gotti Tapes, The - Times Books, 1992.

Grasso, Tano - Contro il racket; Laterza, 1992.

Haycraft, John - Italian Labyrinth; Penguin Books, 1987.

Hess, Henner - Mafia; Laterza, 1984.

LaPalombara, Joseph - Democracy Italian Style; Yale University Press, 1987.

Lodato, Saverio - Potenti, Sicilia, anni Novanta; Garzanti, 1992.

Lodato, Saverio - Dieci anni di mafia; Rizzoli, 1992.

Maas, Peter - The Valachi Papers; Panther, 1975.

Maxwell, Gavin - The Ten Pains of Death; Alan Sutton, 1986.

Orlando, Leoluca - Palermo; Mondadori, 1990.

Panorama (Serie Oro) - Mafia; Mondadori, 1992.

Pansa, Giampaolo - Il maloppo; Rizzoli, 1989.

Pantaleone, Michele - Mafia e antimafia; Tullio Pironti, 1992.

Paternostro, Dino - A pugni nudi; La Zisa, 1992.

Perriera, Michele - Orlando; La Luna, 1988.

Petruzzella, Francesco (a cura di) - Sulla pelle dello stato; La Zisa, 1991.

Puzo, Mario - The Godfather; Putnam, 1969.

Roth, Jurgen en Marc Frey - Die Verbrecher-Holding; Piper, München, 1992.

Royen, Marion van - Italië op maandag; Nijgh & Van Ditmar, 1991.

Schifani, Rosaria (in coll. Felice Cavallaro) - Lettera ai mafiosi: Vi perdono ma inginocchiatevi; Pironti, 1992.

Servadio, Gaia - De Maffia, misdaadsyndicaat of mentaliteit; Het Spectrum, 1977.

Shawcross, Tim en Martin Young - Men of Honour; Collins, 1987.

Spotts, Frederic en Theodor Wieser - Italy, a Difficult Democracy; Cambridge University Press, 1986.

Sterling, Claire - The Mafia; Hamish Hamilton, 1990.

Talese, Gay - Honor Thy Father; Dell, 1986.

Tranfaglia, Nicola - Mafia, politici e affari 1943-91; Laterza, 1992.

Tranfaglia, Nicola - La mafia come metodo; Laterza, 1991.

Vecchio, Angelo - l' Anti Stato; Brancato, 1991.

Ward, William - Getting it right in Italy; Bloomsbury, 1990.